류재상 詩論

5,000편이 넘는 그 많은 '詩'를
"나는 이렇게 썼다!!"

**류 재 상 全詩集 서문[서시] 및 대표시[표제시],
그리고 後記蛇足과 류재상詩 평설[평론] 모음집**

'한 줄의 마지막 연(聯)'으로, 작품 전체의 주제(主題)를 집약
시켜, 마지막 마무리까지 그 작품의 감동(感動)을 지속시키기
위해, 느낌표 '두 개[!!]'로 화룡점정(畵龍點睛)을 찍는,
가장 독특한 개성적 작법(作法)으로, 한국문학사(韓國文學史)
최초로 시의 형식을 새롭게 디자인(design)하여 '자기 브랜드
(brand)화' 시켰다.
― 제31시집 『삶의 여백』〈평설〉에서 ―

도서출판 **평 강**

| 책을 내면서 |

  독자 여러분 안녕하세요. 이번에 '**41번째 책**'을 또 새롭게 출간하게 되었습니다. 지금까지 상재(上梓)한 제 시집 40여 권〈**시 5,000편 이상 창작**〉중에, 서문(序文)과 서시(序詩) 그리고 각 시집(詩集)마다의 대표시〈**표제시(標題詩)**〉와 후기사족(後記蛇足)과 문학 평론가들이 쓴, 제 작품의 평설(評說)〈**평론**〉을 한데 모아 책으로 묶어보았습니다.
  지금까지 창작한 그 많은 제 작품 전체를 한번 가장 간략(簡約)하게 요약(要約)해 본다면, 가장 한국적이고 동양적인 여유(餘裕)와 멋인, 제 작품의 그 여백(餘白)〈**예술적인 관점**〉과 삶의 근본 이치(理致)인, 제 작품의 그 조화(調和)와 균형(均衡)〈**철학적인 관점**〉그리고 작품의 그 주제〈**문학적인 관점**〉에 집중해 왔습니다. 이런 세 관점(觀點)에서, 독자 여러분들이 각 시집의 그 '**대표시**'들을 한번 읽어보시면, 오직 제 작품만이 가진 그 독특한 '**개성(個性)**'에 또 다른 흥미와 재미와 관심이 생기지 않을까 합니다.

류 재 상 올림.

목 차

책을 내면서 / 3

제1시집 「감 하나」 / 7
제2시집 「소박한 애국」 / 13
제3시집 「달콤한 죽음의 연습」 / 17
제4시집 「대지의 힘」 / 21
제5시집 「동백꽃」 / 25
제6시집 「가슴 뛰는 세상」 / 29
제7시집 「정말 반성해 봅시다」 / 33
제8시집 「돌아보기 1」 / 39
제9시집 「돌아보기 2」 / 45
제10시집 「여보! 당신만을 사랑해요」 / 49
제11시집 「꺾어 심은 나무」 / 85
제12시집 「과수원 빨간 사과」 / 91
제13시집 「하얀 밥풀 하나」 / 95
제14시집 「시인의 나라」 / 101
제15시집 「아침이슬」 / 107
제16시집 「감각 · 21」 / 111
제17시집 「이야기」 / 115

목 차

제18시집 「봄소식」 / 119

제19시집 「사랑의 시」 / 123

제20시집 「가장 싸늘한 불꽃」 / 127

제21시집 3행시 ·「위대한 사람」 / 141

제22시집 「파란 풀잎」 / 145

제23시집 1행시 ·「촌철살인(寸鐵殺人)」 / 189

제24시집 「시는 행복해요」 / 193

제25시집 「가장 촉촉한 침묵」 / 197

제26시집 「행복을 팔아요」 / 203

제27시집 「황홀한 죽음」 / 207

제28시집 「수채화」 / 211

제29시집 「가장 황홀한 원」 / 215

제30시집 「정말 감사합니다」 / 221

제31시집 「삶의 여백」 / 235

제32시집 「우리는 모두가 혼자 꿈꾸는 존재」 / 263

제33시집 「참 새콤한 시」 / 271

제34시집 「가장 아름다운 초월」 / 277

류재상 詩論 편집을 끝내면서 / 307

제1시집
「감 하나」

감 하나

⟨序(서)⟩

　定時(정시)에 나타나는 그런 詩(시)의 弟子(제자)나 後輩(후배)가 아니라, 전연 豫想(예상)하지 않을 때에 문득 내 庭園(정원)의 小路(소로)에 날라드는 무슨 나비나 선들바람처럼, 그렇게만 찾아 왔다가 가는 그런 詩(시)의 젊은 친구들이 있는데, 우리 柳在相(류재상) 詩人(시인)은 그들 가운데서도 가장 드물고도 또 매우 自由自在(자유자재)키만한 사람으로, 그는 아무리 빨라도 삼사년이나 사오년만큼 식 사이를 두고 아무 豫告(예고)도 없이 나를 찾아왔다가는 或(혹) 내가 있으면 만나고, 없으면 또 그냥 가고, 그렇게만 나하고 接觸(접촉)해온 그런 나의 弟子(제자)다.
　그런 그가 이번에 내게 가져 온 **'處女詩集 原稿(처녀시집원고)'** 인지라 **"어디 한번 보자"** 는 내 關心度(관심도)가 한층 더해져서 이걸 읽을밖에 없었던 것인데, 읽어 본 결과, 매우 드물게 自由自在(자유자재)로만 나타나는 者(자)는 역시 그만큼 한 값어치는 하는 것을 내게 일깨우게 해주어, 柳在相君(류재상군) 그를 위해서나 이걸 읽는 나를 위해서나 彼此(피차)에 참 多幸(다행)이었다.
　솔직히 말해서 이 詩集(시집) 속의 三十餘篇(삼십여편)의 詩(시)는 이 하늘과 땅 사이에서, **詩(시)를 잘 아는 그 누구라도 이걸 읽는다면**, 승거웁지 않을 것이라고 나는 생각한다. 승거웁지 않을 뿐 아니라, 柳君(류군) 아니면 아무도 構成(구성)해내지 못할 獨自的(독자적)인 構成(구성)의 魅力(매력)을 가지고 있다. 그리고 이런 構成(구성)에 參與(참여)하고 있는 그의 理解(이해)들과 感應(감응)들은 우리 겨레의 精神傳統(정신전통)의 適切(적절)한 選擇(선택)도 잘 해 낸 것으로 내게는 보인다. **人生(인생)을 늘 딱한 極限點(극한점)에서 追求(추구)하여, 거기서 그것을 餘裕(여유) 있게 다시 매만져 가지고 노는, 말하자면 우리나라 선비적인 그런 風流(풍류)가 그에게는 꽤나 잘 나타나 있는데, 이것들은 이미 익살스런 '웃음의 感覺(감각)'으로까지 化(화)해져 있어, 이 作者(작자)를 꽤나 나이 많은 高齡(고령)의 童心(동심)의 할애비로까지 느끼게 하고 있다.**

   늙은 감나무가, 老妄(노망)은 했어도!
   감 하나를, 저 높이 매달아
   놓고 있다!
   그것은
   햇볕과
   물소리가
   결혼한, 달콤한 첫날밤이기 때문이다!
   그것은 짐승 같은 나를 꾸짖는, 순수
   말씀이기
   때문이다!
   또,
   그것은
   昇天(승천)한 내 할아버지가!
   내 아들 딸, 손자가 되어 살고 있는!

   가장, 아름다운 宮殿(궁전)이기 때문이다!!
                     〈감하나〉 전문

어떤가? 내 序文(서문)의 말씀이 거짓말인지 참말인지 그것은 讀者(독자)들이 識別(식별)해 주시기 바란다.

우리 柳在相(류재상)군은 우리 여러 詩人(시인)들 속에서도 詩(시)를 **가장 잘 공부한 大學生(대학생)다웁다.** 一生(일생) 이렇게 가장 공부를 잘 했던 大學生(대학생)다웁게만 계속 詩(시)에 꾸준하게 노력한다면, 앞으로 틀림없이 이 나라 '**文學界(문학계)**'를 이끌어 갈 가장 훌륭한 詩人(시인) 될 것을 나는 조금도 의심하지 않는다.

一九七七年 五月
冠岳山蓬蒜山房(관악산봉산산방)에서
未堂學人(미당학인) 徐 廷 柱(서정주) 識(지).

〈대표시〉

그 소녀(少女)와 연(蓮)꽃의 나라

저 금빛 햇살을 열면, 연(蓮)꽃의 나라! 눈을
가진, 짐승은 못 간다!
여름날,
발목이 추운
소녀의
그
싸늘한
발걸음은!
지금쯤, 얼마나 고운, 연꽃으로 피었을까?

나는, 가장 고독한 새[鳥]의 날개를 뽑아!
내 눈은,
이
지상에
박아놓고!
하늘을,
묻혀 올 때!
지상(地上)의 내 눈아,
보이겠다! 올 봄 찾아오는 저 싱그러운
새싹들이, 연꽃의 나라!

그 소녀가, 다시 돌아오는 발걸음인 것을!!

〈後記(후기)〉

이제 막 출발이다. 괴로운 고갯길을 아무 준비 없이 뼈 지팡이 하나만 짚고 맨 몸으로 출발한다.

나처럼 걸음이 느린 거북이가 또 있을까? 나는 아무래도 가장 느린 거북이 같다. 다들 잘도 뛰어가는데, 나는 **'서른이 훨씬 넘도록'** 요만큼 뿐이 못 왔으니 말이다. 그러나 땀이 피가 될 때까지 최선을 다해 걸어가 볼 생각이다. 쫓기고 넘어지는 한이 있어도.

시(詩)를 안 것이 아니고 시를 알려고 몸부림치고 노력한 것을, 여기에 **'빈약한 시집'**으로 모아 보았다. 우선 부끄럽고 쑥스러워서 뼈가 다 욱신거린다.

"가장 훌륭한 시는 가장 아플 때 태어난다"는 어느 은사님의 말씀이 떠오른다. **여기에 모인 시편들은 내가 뜨거운 사랑에 찔려 가슴으로 울고, 차가운 현실에 찔린 아픔을, 또 우리의 生(생)과 死(사)의 그 뼈저린 고통들을 詩(시)로 써 보았다.** 거기에 무슨 시의 形式(형식)과 思想(사상)이 있겠는가? 형식과 사상을 훌훌 벗어 던지고 시의 **自由(자유)를 찾고 싶은 것이 앞으로의 나의 '課題(과제)'다.**

재주 없는 저를 지금까지 이끌어 사랑해 주시고 문단에 소개해 주신 未堂(미당) **徐廷柱(서정주)** 은사님과 **金丘庸(김구용)** 은사님께 무릎 꿇고 감사를 드리옵고, 이 시집이 완성되기까지 모든 노고로 보살펴주신 宋永擇(송영택) 은사님과 愼重信(신중신) 선배님께 감사를 드리옵니다. 그리고 金南七(김남칠) 兄(형)의 뜨거운 정성을 평생 잊지 못할 것입니다.

저를 아껴 주시고 끝없이 사랑해 주시는 모든 분들의 은혜에 보답코자 **부지런히 모든 힘을 다해 노력할 것을 꼭 약속드립니다.**

1977. 6. 25
류 재 상 씀.

제2시집
「소박한 애국」

소박한 애국

〈序文(서문)〉

「감하나」에 이어서 **'두 번째 詩集(시집)'**이다. 부끄럽기는 처음보다 더 온몸이 화끈거린다. 그러나 磨滅(마멸)하는 내 生(생)의 證票(증표)라는 意味(의미)에서 이렇게 또 정리해 본다.

詩(시)의 알갱이를 찾아내려다가 오히려 껍질만 쥐고 있는 느낌이다. **'만족보다 불만족'**이 生(생)에 있어서 더 큰 意味(의미)같기에, 이렇게 불만족을 주워 모아보는 내 손끝이 자꾸만 떨린다. 그리고 아직까지도 우리 詩壇(시단)의 시대착오적인 추천 제도를 나는 통탄하면서 이 詩集(시집)을 上梓(상재)한다.

우선 이 詩集(시집)은 第四部(제4부)로 나누어져 있다. 第一部(제1부)의 〈祖國統一(조국통일)〉은 나의 새로운 感覺(감각)과 認識(인식)으로 祖國統一(조국통일)을 自然(자연)과 相議(상의)해 본 것이고, 第二部(제2부)의 〈素朴(소박)한 愛國(애국)〉은 글자 그대로 오늘의 우리 현실저변을 살펴본 것이며, 그 중에서도 **'貧富(빈부)'**의 격차와 심각한 **'공해문제'** 등은 우리 모두의 직간접적인 우리들 삶의 관심사가 아닐 수 없다. 第三部(제3부) 〈어느 山寺(산사)에서〉는 첫 詩集(시집) 감하나 계통의 詩篇(시편)들이고 마지막 第四部(제4부)의 〈1980년의 봄〉은 第一部(제1부)와 또 다른 感覺(감각)과 認識(인식)으로 나의 日常(일상)에서 늘 품고 다니는 祖國統一(조국통일)의 한없는 **戀情(연정)**을 다루어 본 것이다.

아무튼 여기의 내 詩篇(시편)들은 서로 그 얼굴이나 성격은 조금씩

다를지는 모르나, 그 속에 강력히 흐르는 피[血]는 '**오직 自然(자연)의 핏줄**' 한 가지 뿐이다. 모든 自然(자연)의 현상, 모든 自然(자연)의 사물, 그리고 모든 自然(자연)의 구석구석 하나하나가 다 구체적 나의 존재, 내 이웃의 존재로 파악될 뿐 아니라, 궁극적으로 나의 '**신앙적 神(신)의 존재**'로 파악하고 있다.

이렇게 자연이 나의 가장 眞實(진실)한 신앙적 神(신)의 존재로 마지막 파악될진대, 여기 이 詩篇(시편)들을 **自然(자연), 즉 나의 神(신) 앞에 바치련다. 내 祖國(조국)과 나의 구원을 위해서.**

1980년 10월
山人居處古鄉安義本家月葉堂(산인거처고향안의본가월엽당)에서
著者(저자) 識(지).

〈대표시〉

소박한 애국
  − 심각한 공해(公害)

심지어, 저 작은 풀 한 포기의 흔들림 속에서도!
내 할아버지의,
그 큰
기침소리가 들리는
내 조국에!
심지어
꺾어진

저 작은 나뭇가지
하나에도, 내 손가락이 잘린 아픔에! 피[血]가
흐르는, 내 조국에!
심지어
작은
풀벌레
한 마리의, 생명까지!
내
생명으로, 느껴지는
내 조국에! 그 어떤 이유의, 찬란한 별빛이라도!
강물에

하늘에, 절대로! 그 새까만, 독(毒)을 풀 수는 없다!!

〈後記蛇足(후기사족)〉

  불행을 경험하지 못한 사람은 결코 **행복한 사람이 아니다.** 불행을 모르는 행복은 '**논리적**'으로 존재하지 않는다. 불행은 두려움이 아니라 행복을 위한 새로운 **희망이다.** 아픔도, 슬픔도, 가난도, 절대로 우리를 배신하지 않고, 언젠가는 반드시 새로운 희망을 데리고 올 삶의 가장 소중한 **친구들이다.** '肯定(긍정)'이야말로 가장 건강한 우리들의 '**희망**'이기 때문이다.

月葉(월엽) 씀.

제3시집
「달콤한 죽음의 연습」

달콤한 죽음의 연습

〈序文(서문)〉

「감하나」와 「素朴(소박)한 愛國(애국)」에 이어서 **'세 번째 詩集(시집)'**이다. 이제 나도 세권의 詩集讀者(시집독자)가 된 셈이다. 이렇게 작자가 자기의 作品(작품)을 **讀者(독자)에게 出家(출가)**시키는 심정은, 부모가 **딸을 키워 出家(출가)**시키는 심정에 버금갈 것이다.

四十代(사십대)의 **'不惑(불혹)'**은 인생의 새로운 전환적 時期(시기)다. 인생의 궁극을 파악하는 동시에, 거기서 生(생)의 의미를 재발견하여 자기의 實存(실존)을 거듭 확보하려는 매우 **成熟(성숙)된 時期(시기)다.**

내 詩(시)도 이 시집의 제목이 암시하는 바와 같이 **인생의 궁극(窮極)인 '죽음'의 새로운 인식을 통하여, 앞으로 남은 생의 虛無(허무)를 超克(초극)하고, 거기서 창조적이고 생산적인 힘을 다시 발견하여 내 확고한 '實存(실존)'을 확보해 보려는 노력에서, 나의 온 精神(정신)을 집중하여 보았다.** 自然(자연)에 완전 흡수되는 그날의 새로운 탄생의 꿈과 그 환희에 의하여, 현재의 나의 모든 생의 괴로움은 충분히 극복되어지지 않을까? 그러면 **내 詩(시)는, 나의 구원인 동시에 또한 讀者(독자)들의 구원도 될 수 있을 것이다.** 아무튼 작품의 감상과 이해는 讀者諸賢(독자제현)들의 완전한 **'자유의 영역'**이다. 作者(작자)는 오직 그것을 존중할 뿐이다.

끝으로 이 詩集(시집)이 나오기까지 온 희생을 아끼지 않았던, 내 內子(내자)인 **'海里(해리) 梁正淑(양정숙) 여사'**에게 진심으로 감사를 드리면서.

1983년 11월
山人居處故鄉安義本家月葉堂(산인거처고향안의본가월엽당)에서
月葉 류 재 상 씀.

〈대표시〉

달콤한 죽음의 연습(演習)

지금 마지막 이승, 여기서부터! 내가 새로이 출발하여! 잘 익은
과일 속의 그 달콤한, 궁궐(宮闕)을 찾아가리다!
나의 전 생애를,
하얀 연기로
가볍게 등에 지고!
저 눈부신
푸른
하늘로,
아무런 두려움
없이
출발하리다! 내 곁에, 사랑하는 사람들아!
마지막 떠나는, 내 손에! 잘 익은, 과일 하나만 쥐어다오!
꽉, 지어다오! 아름답게 찾아가는, 달콤한
내
궁궐 하나를

쥐어다오!
지금,
내 무거운
이 뼈와 이 살을!
찰랑거리는
저 맑고 깨끗한
물빛 위로, 다 전송(傳送)한 다음에! 잘 익은,
과일 속에서! 가장 달콤한, 그 빛나는 금관(金冠)을 쓰고!
다시 한 번

내 증손자(曾孫子), 고손자(高孫子)로! 훨훨, 이승에 찾아오리다!!

⟨後記蛇足(후기사족)⟩
　詩(시)란 자연을 **'언어로 再加工(재가공)'** 하여, 인간에게 가장 만족한 **정서적 행복감을 제공하는 예술이다.** 다라서 만약 詩(시)가 존재하지 않았다면, 우리 인간은 한낱 먹고 사는 저 **짐승들의 세계에 머물렀을 뿐,** 꿈의 날개를 달고 저 황홀한 **'창조적 세계'** 로 飛翔(비상)할 수 없었을 것이다. 우주 만물을 창조했다는 저 엄숙한 신앙적 神(신)의 존재도, 알고 보면 인간의 위대한 상상력이 만들어 낸 **'詩的(시적) 創造物(창조물)'** 이다.

月葉 씀.

제4시집
「대지의 힘」

대지의 힘

〈서시(序詩)〉

자화상(自畵像)

시인(詩人)이, 성인(聖人)이란 사람이 갑자기 나타났음!
정열처럼 나타나서, 예언처럼
굴러다니고 있음!
그는, 배짱도 없음!
털 난
양심으로,
그 잘난
세상을
제멋대로! 둥근 공처럼,
발로 차고 다니는,
그런
배짱도 없음!
그는, 혓바닥도 없음! 날름거리며 바위를 쪼아
아름다운 여인을 탄생시키는, 그런 나긋나긋한
혓바닥도 없음!
그는
그저, 가까움에서

멀리로! 깊이에서, 높이로!
오직
처박히며
없음에서
있음으로
있음에서 없음으로
한없이, 굴러다니는
존재! 언제나 시인을, 성인(聖人)이라
믿고 사는 가장 어리석은 사람! 오늘도, 그는 막노동처럼!

예언처럼, 하늘로 땅으로 막무가내로 지금 굴러다니고 있음!!
1985년 9월 1일
고향안의본가(故鄕安義本家)에서
月葉 류 재 상 씀.

〈대표시〉

대지(大地)의 힘
―도대체 시인(詩人)이란?

나는 나 이외의, 친구(親舊)가 필요치 않음!
나는 나 이외의, 스승이 필요치 않음!
날고 있는
작은,
저 솔 씨 하나!

그
속에 잠들어
있는,
큰 노송(老松)
한 그루! 나처럼, 스승이 필요치 않음! 나처럼,
친구(親舊)가
필요치
않음! 오직
제
껍질 속에 간직한,
제
힘만으로
태어나! 저렇게 날마다, 가장 행복하게
춤추는 저 노송! 니체(Nietzsche)의, 우뚝 선
그 초인(超人)! 신(神)도

그만, 목졸라버리는! 시인(詩人)의, 그 위대한 힘!!

〈後記蛇足(후기사족)〉
　　인생은 길면서도 **너무나 짧다.** 삶의 시간은, 기억되는 추억들만 **항상 압축되어 나타나기 때문이다.** 몇 개의 압축된 삶의 기억들만 인생을 대표하게 된다. 그래서 누구나 삶을 뒤돌아보면, '**어느새?!**' 라는 탄식 속에, 인생은 아무리 길어도 너무 짧은 '**극적인 순간**' 일 뿐이다.
　　　　　　　　　　　　월엽 씀.

제5시집
「동백꽃」

동백꽃

〈序文(서문)〉

「감하나」·「소박한 愛國(애국)」·「달콤한 죽음의 演習(연습)」·「大地(대지)의 힘」에 이어서 이「동백꽃」이 '**다섯 번째 詩集(시집)**'이다. 딸을 다섯 명이나 온 정성껏 귀엽게 키워서 出家(출가) 시키는 부모의 심정이다. 出家(출가)하는 내 詩篇(시편)들아, 훌륭한 독자를 잘 만나서 부디 偕老(해로)하여라. 이제 너희들은 나와는 '**出家外人(출가외인)**'이다.

내가 詩作(시작)을 시작한 지도 근 '**20여 년**'의 그 긴 세월이 흘렀다. 그 동안 젊을 때의 그 예민했던 감각이 퍽이나 무딘 느낌이 들어 마음 안타까울 때가 많다. 그러나 그 만큼 언어와 동거한 세월이 길다보니 언어와 나 사이는 '**內外間(내외간)**' 같은 느낌이 들 때가 종종 있다.

첫 詩集(시집)「감하나」의 서문에서 未堂(미당) 徐廷柱(서정주) 선생님이 내 詩(시)를, "**現實(현실)이나 人生(인생)을 늘 마지막 딱한 極限點(극한점)에까지 추구하여 거기서 그것을 여유 있게 다시 매만져 가지고 노는, 우리나라의 선비적인 風流(풍류)에서 오는 익살스런 웃음의 感覺(감각)**"이라 말씀한 바 있는데, 이 지적은 내 詩篇(시편)들의 가장 깊은 脈(맥)을 짚어준 말씀이라 생각된다.

초기작품인 시집「감하나」의 여러 詩篇(시편)들에서부터 이번 第五詩

集(제5시집)「동백꽃」에 이르는 詩篇(시편)들에까지 초기의 精神的(정신적)인 그 脈(맥), 즉 詩精神(시정신)은 큰 山脈(산맥)으로 줄기차게 흐르고 있으나, 그 동안 외형적인 형식과 표현방식에 있어서는 많은 변화의 진통을 겪고 있는 셈이다.

이를테면 내 詩精神(시정신)인 **'대쪽 같은 선비정신'** 에서 바라보는 現實(현실)의 여러 視覺(시각)의 무게가 커진 셈이다. 그래서 이 엄청난 중압감을 어떻게 달래고 매만져서 웃음의 感覺(감각)으로까지 밀고 나가느냐가 문제이다. 앞으로의 내 詩(시)의 과제는 **'이 詩的(시적) 挑戰(도전)과 應戰(응전)'** 이다. 이것이 바로 나의 **詩的運命(시적운명)** 이 될지 모른다.

끝으로 이번 詩集(시집)이 나올 때까지 옆에서 뒷바라지에 무던히 애써주신 內子(내자), **'海里(해리) 梁正淑(양정숙) 여사'** 에게 감사의 뜻을 조금이나마 표현하면서 이 序文(서문)을 마감할까 한다.

1987년 5월 1일

山人居處居昌月葉堂(산인거처거창월엽당) '시인의 집'에서

月葉 류 재 상 씀.

〈대표시〉

동백꽃
—추사(秋史) 김정희(金貞喜)

머리에서, 배고픈 이(虱)를 잡아! 가슴에
길러오던, 추사(秋史)의
붓끝! 제주도

귀양살이,
세한도(歲寒圖)
그
초가지붕 위에! 간혹
날아와 쨋쨋거리는, 작은 참새 몇 마리!
지팡이 끝으로, 꽝~
꽝~!
무심히
잠자는
하늘을, 깨우던
노송(老松)
한 그루! 그 옆에
몇 송이 피던 동백꽃, 그 담뱃대 물고!

생각으로, 끼니를 이어가던 추사 김정희!!

〈後記蛇足(후기사족)〉
 '數學(수학)'은 두 개를 영원히 두 개로 고정 시키는 작업이지만,
'文學(문학)'은 두 개를 깨뜨려 영원히 두 개로 만들지 않는 **작업이다.**
月葉 씀.

제6시집
「가슴 뛰는 세상」

가슴 뛰는 세상

〈서시〉

제6시집을 펴내면서

시인은, 약삭빠른 오늘의 현실에서
보면! 어쩜?
가장 어리석은,
바보일지도
모른다! 그러나 매일, 밥만 축내는
그런 바보는
아니다! 그는
항상, 삶의
양심(良心)과 역사적 진실(眞實)을
경호(警護)할 수 있는! 칼보다

강한, 시퍼런 필봉(筆鋒)을 갖고 있다!!
1987년 5월 5일
거창월엽당 '시인의 집'에서
월엽 류 재 상 씀.

〈대표시〉

가슴 뛰는 세상

누구나 눈부신 마음으로, 세상에 버린 것들을 속속들이 응시하면!
황홀(恍惚)하지 않는 것이, 하나도 없다! 세상에서
가장 더러운, 저 시궁창 밑바닥도
속 깊이 응시하면!
거울 앞에서 화장하던
그 예쁜,
우리 누님의 갸름한 얼굴이 보이고!
행복해서, 막 춤추던
모든 삶들이
속속들이 다 비치고
있다!
길가에 우연히
밟히는 과자 봉지 하나라도, 속 깊이 응시하면!
밤새도록 잔업(殘業)에 지친 어린 여공의 깜찍한 얼굴이, 오랫동안
내 여동생처럼 떠오르다가 사라지고! 구멍가게
앞에서 말없이
침
흘리던 김 씨네
어린이가
자꾸만, 어릴 적
내 기억(記憶)처럼 가물거리고 있다!

책장을
넘기면서, 아득하게
종이를 응시하면!
푸른 숲 속에, 새떼가 막 날아 앉고!
깊은 골짜기에서 물소리의 축복 속에, 사슴 한 쌍이
지금 막 뜨거운 초야(初夜)를 끝내고 있다! 누구나 눈부신 깊은
마음으로, 세상에 버린 것들을 속속들이 응시하면!

시인(詩人)이 따로 없는, 가장 가슴 뛰는 아름다운 세상이 된다!!

〈후기사족〉

  우리는 '**흰옷**' 입었던 민족이다. 흰옷의 상징은 황홀하게 아름답다. 그러나 그 흰옷의 현실은 참으로 비참하다. 일터에서 가장 부끄러운 옷이 바로 흰옷이다. 흰옷의 자랑은, **이 나라 오천년을 오직 황홀한 꿈속으로 만들 뿐이다.** 현실은 꿈이 아니라 진흙탕 속에서 서로 막 뒤엉켜 싸우는 그런 '**가장 잔인한 삶의 전쟁터**' 다.

월엽 씀.

제7시집
「정말 반성해 봅시다」

정말 반성해 봅시다

〈머리말〉

「감하나」·「소박한 愛國(애국)」·「달콤한 죽음의 演習(연습)」·「大地(대지)의 힘」·「동백꽃」·「가슴 뛰는 세상」에 이어서 **'제7번째 시집'**이다.

시인(詩人)은 시(詩)를 쓰지 않고서는 오직 죽을 수밖에 없다는 **'내적 의지(意志)'**에 의하여 근 **'20여 년'** 넘게 시를 써 오고 있다. 몇 편의 시를 발표하고도 큰 시인(詩人)입네 하고 거들먹거리는 세상에, 시를 수백 편 써오면서도 아직까지 한 번도 내 자신이 **시인이라고 자랑해 본 적이 없어**, 사랑하는 많은 내 시편(詩篇)들에게 정말 송구스럽다. 시를 쓰는 일이 남들 보기에 **왠지? 부끄러웠기 때문이다.** 그것은 재주 없는 **내 탓이기도 하고**, 타락한 정신에 눈이 어두운 **세상 탓이기도 하다.**

시(詩)란 시인(詩人)으로부터 해방되어야 된다고 생각하고 있다. 요즘 이 나라의 많은 시편들을 보면 시인들 스스로가 **'자기 시의 노예'**가 되어 가는 것 같은 생각이 들 때가 종종 있다. 한 시인의 시는 다양할수록 좋다고 생각된다. 그것은 그만큼 시인의 감각과 시각(視覺)이 넓고 삶의 경험이 풍부하여 독자에게 매우 유익하기 때문이다.

시의 본질은 자유(自由)다. 상투적 언어로부터 강요된 이데올로기로부터 저속한 대중적 가치로부터 완전히 해방되어야 한다. 이 나라의 시들도 하루속히 시대적 유행성(流行性)으로부터, 강요된 대중적 압력으로부터, 내용과 형식이 자유로워져야 된다고 본다. 시인은 **'창조적 자유의지'**가 가장 강한 사람이 아닌가.

이번 내 시편들에서 다룬 주제들은 주로 '**인류의 현재와 미래의 생존과 관련되는 공해문제(公害問題)**'들이 가장 많다. 오로지 인류가 물려받은 이 지구는, 부끄러운 데만 겨우 살짝 가리고 살아왔던, 무명(無名)의 저 '**원시인(原始人)**'들에 의하여 싱싱하게 잘 보존되어 왔다는 놀라운 사실이다. 인류의 산업혁명(産業革命)이 일어 난지도 불과 한 1세기가 조금 넘었다. 그런데도, **현재의 이 지구상의 공해의 실상은 과연 어떤가. 산업(産業)이라는 미명아래 산업의 발전 속도만큼 지구는 '공해(公害)'로 병들어가고 있다는 사실이다.** 이와 같은 놀라운 사실을 소위 과학을 신봉하는 현대인에게, 이 급박한 시점에서 묻지 않을 수 없다. '**인류의 생사문제(生死問題)**'를 시인(詩人)과 시(詩)가 어떻게 관심을 갖지 않을 수 있겠는가.

지금처럼, 인간이 자연을 오직 이용물로만 접근해야 하겠는가?
혹시, 자연의 가혹한 보복을 현대인은 받고 있지나 않은가?
현대가 과연 문명의 발전인가, 아니면 멸망으로의 문명의 퇴보인가?

이러한 물음들에 우리 모두가 더 많은 관심을 가져야 할 뿐 아니라, 특히 예술, 그 중에서도 '**문학(文學)**'이 보다 더 큰 관심을 가졌으면 한다. 자연과 인간이 상호 공존하는 '**공존의식**'이 그 어느 때보다도 깊이 인식되어야 할 때라고 본다. 자연을 오직 인간의 수단으로만 볼 것이 아니라, **자연을 하나의 고귀한 생명체 내지 인격체로 인식하고 '존경' 할 때만, 인간과 자연은 서로 공존공락(共存共樂)하는 '우주적 대화합'을 약속 받을 수 있지 않겠는가.** 내 시편들도 여기에 많은 관심을 할애하고 있다.

1989년 11월 11일
거창월엽당 '시인의 집'에서
월엽 류 재 상 씀.

〈대표시〉

정말 반성해 봅시다
—참으로 안타까운 절망(絶望)

밝지도 않고 어둡지도 않은 이 나라에, 눈과 귀만 쫑긋한
물소리가 많습니다! 허리는 노예요 머리는 주인인
풀빛
아니, 풀빛이 많은 이 나라에!
색소는 많아도,
빛깔다운
빛깔은 하나도 없습니다!
여기가, 높은
곳인지?
낮은, 곳인지? 알 수
없는, 햇빛에
지팡이 짚고 나선 지렁이 한 마리의 그 아찔한
현기증! 이 나라의 거리에는, 윙윙거리는 비바람만 나뒹굴 뿐!
정말 촉촉한 계절(季節)에 매달린, 달콤한 열매는
하나도 없습니다!
시간은, 죽음을 가장
맛있게
요리하는
최고(最高)의 요리삽니다!
그러나

이 나라에는
절망을 요리하는, 요리사는
많아도!
아직도, 우리의 희망(希望)에! 참다운 맛을 낼 줄
아는 요리사(料理師)는, 단 한 명도 없습니다! 하늘로 반죽한
구름으로, 국수를

뽑자니! 땅을 딛고 섰는, 내 손발이 자꾸만 떨리고 있습니다!!

〈후기사족〉

  사람이 사람답지 않으면 **짐승의 비웃음을 산다.** 짐승은 생명을 던져 가장 맛있는 '**고기**'가 되지만, 사람은 아무리 존경을 받아도 결국은 '**송장**' 밖에 되지 않는다. 그래서 사람은 **가장 정직하고 더욱 깨끗하게 살아야 한다.**

월엽 씀.

> 류재상 단상집
> **시인의 고독한 독백**

제1장
광고(廣告)는 자기 자신의 안목과 철학을
백지(白紙)로 만드는 요술(妖術)이다.

1. 광고(廣告)는 자기 자신의 안목과 철학을 백지(白紙)로 만드는 요술(妖術)이다.
2. 최고의 광고(廣告)는 여성적인 유혹을 무기로 사용하는 기교(技巧)다.
3. 21세기는, 꿈으로 제품을 만들어야 한다. 환상(幻想)도 상품이 되는 세기(世紀)다.
4. 현대 사회는 숫자의 조작으로, 행복의 조작이 가능하다. 이것이 바로 현대 사회의 허구(虛構)다.
5. 가장 깨끗해야 할 비누 곽이, 알고 보면 제일 더럽다. 이것이 바로 현실(現實)의 경악(驚愕)이다.
6. 전쟁(戰爭)이 없는 세상은, 이야기가 없는 세상이다. 세기적(世紀的) 위대한 예술(藝術)은 전부 전쟁 이야기다.
7. 평론가(評論家)는 작품의 논리적(論理的) 시중을 드는 잡부(雜夫)다.
8. 어둠은 평화(平和)와 행복을 만드는 희한한 능력이다. 국민의 평화와 행복을 만들어 주는 정치가(政治家)는 이 어둠의 능력을 반드시 알아야 한다. 밤[夜]에 불을 끄고 조용히 혼자 누워보면 비로소 어둠의 능력을 알 수 있다.
9. 광고(廣告)는 공인된, 가장 황홀한 거짓말이다. 요즘 광고는 진실 같은 거짓말로, 시적 상상(詩的想像)을 불러일으킨다. 그래서 사람들은 꿈 같이 아련함에 속고 산다.
10. 요즘의 선택 기준은 성능(性能)이나 질(質)이 아니라 광고(廣告)다. 그래서 서로 힘껏 떠벌리며 제 잘난 맛에 사는 세상이다.

제8시집
「돌아보기 1」

돌아보기 1

〈머리말〉

「감하나」·「소박한 애국」·「달콤한 죽음의 연습」·「대지의 힘」·「동백꽃」·「가슴 뛰는 세상」·「정말 반성해 봅시다」에 이어서 **'제8번째 시집'**이다. 팔 남매(男妹)를 낳으신 내 어머니의 **'산고(産苦)'**를 이제 어느 정도 알 것만 같기도 하다.

내 딴에는 부지런히 뛰어왔다고 생각된다. 그러나 뒤돌아보니 허전하기는 언제나 마찬가지다. 삶이 얼마나 어려운 가를, 얼마 되지 않은 시집(詩集)들을 그 동안 출간하면서 더 뼈저리게 느끼는 바다. **장인(匠人)의 고통이란?** 바로 지금 나의 고통과 같지 않을까 한다. 시를 쓰면 쓸수록 어려워진다는 사실 앞에서 새롭게 삶의 이치(理致)를 깨닫고 있다. **'시업(詩業)'**이란 끝없는 진실의 고통인 것을 하느님 말고 또 누가 알고 계실런지……? 무거운, 내 뼈 지팡이가 달그닥달그닥 부지런히 오늘도 소리를 내고 있다.

지금 내가 **'40대 중반에 서서'** 젊은 날을 뒤돌아보면서 그 때를 다시 새로운 감각과 이해로써 재구성하여 본다. 그 동안 내 삶의 그 많은 희비애락 가운데에서, 잊을 수 없는 가장 아름다운 추억은 역시 젊은 날의 **'사랑'**이다. 사랑이야말로 우리의 삶의 원초적인 우주적 본질이라는 것을 비로소 알 것만 같다.

미완성으로 끝난 젊은 날의 내 그 뜨겁고 애절했던 사랑을 나이 40대 중반이라는 성숙된 시각으로 **민족애(民族愛), 자연애(自然愛)**로 더욱 승화시키고, 더 나아가 신앙적인 삶의 '우주애(宇宙愛)'로 통합시키고 통일시켜 보고자 한다. 못 다한 젊은 날의 사랑일수록 '고귀한 가치와 엄청난 힘(에너지)'을 가지고 있다는 사실을 나이 40대 중반을 넘고서야 비로소 깨닫는다. 사랑이야말로 삶의 우주적 이해의 시작이요 끝이라는 사실을 하나 더 알게 되었다.

이 시집에서 '희순'이라는 구체적인 한 소녀를 통해서 새롭게 자연과 우주를 이해하고 더 나아가 현실적인 '민족통일(民族統一)'의 이해로까지 이르게 된다. 한 소녀의 그리움으로, 현실과 자연이 우주적 삶의 이해로 통합되고 통일되는 정신적 세계를 이해하려고 노력했다. 사랑을 통하여 '삶[自我]이 확장되고 확대되어 가는 정신적 과정'을 또한 이해하려고 노력했다.

1989년 11월 11일
거창월엽당 '시인의 집'에서
월엽 류 재 상 씀.

〈대표시〉

돌아보기
-희순〈1〉

저는 늘 혼자 있어도, 당신과 더불어 있습니다! 빈 공간이란,
저에게 없습니다! 하늘에서 새가 날거나
나뭇가지가 바람에 흔들릴 때마다, 저는 항상 당신과 같이
있음을 확신(確信)합니다! 사랑한다는 것이?
바로, 이런 것인가 봅니다!

죽음 뒤에도
영원히 당신과 더불어 살아있을 것을, 저는
확신합니다!
저는, 이럴
때
한없이 기쁘고 행복합니다!
고달픈
현실이
당신 때문에, 오히려 가장
만족스럽습니다! 어둠의 저 캄캄한 혼돈(混沌)이
당신 때문에, 혼돈스럽지 않습니다! 내일 다시 새로운 모습으로
나타나실, 당신의 모습을 기다려봅니다! 사랑이란?
바로, 이런 것인가 봅니다!
아침마다
당신의
사랑으로, 새롭게 부활합니다!
늙어가는
것이
몹시 안타깝게
생각하다가도, 당신을 사랑하고 있기에! 오히려
날로, 새롭게 젊어지고
있습니다! 제 짧은, 삶의 시간을!
당신의 그 영원(永遠)한 시간으로, 바꾸어 느끼는
순간! 그때가, 가장 황홀할 때입니다! 제 종교는, 바로 당신의
사랑입니다! 한 소녀의, 이름을 빌려서

당신을 사랑을 합니다! 당신의 높으신 존재를, 한 소녀(少女)의

존재로 바꾸어 놓고! 당신의 힘을 빌려, 그 소녀를 사랑합니다!!

〈후기사족〉

 '**사랑**'이 삶의 우주적(宇宙的) 본질이요 존재(存在)의 본질인 것을 알았습니다. 한 소녀의 사랑이 이렇게 제 '**신앙(信仰)**'으로까지 심화확대(深化廓大) 될 줄은 정말 꿈에도 몰랐습니다. 그러나 작품을 쓰다 보니. 이렇게 **겁 없이 엄청난 비약(飛躍)의 결과를 낳고 말았습니다.** 이것 또한 제 '**시적숙명(詩的宿命)**'이라면 받아드릴 수밖에 없습니다. '**희순**'이라는 이름은 이제 젊을 때 제가 사랑했던 한 소녀의 귀여운 이름이 아니라, 이 시집(詩集)을 통해. 새로운 제 '**신앙(信仰)의 신(神)**'이 되고 말았습니다.

월엽 씀

> 류재상 단상집
> **시인의 고독한 독백**

제1장
광고(廣告)는 자기 자신의 안목과 철학을 백지(白紙)로 만드는 요술(妖術)이다.

11. 장미꽃의 가시는 오직 아름다움을 지키기 위해, 언제나 분노(忿怒)해 있다.

12. 희망(希望)은 꿈일 때가 가장 아름답다. 희망이 현실(現實)이 되면 그때는 가장 어이없는 실망(失望)이 된다. 이것이 바로 삶의 현실이다.

13. 군인(軍人)이 제일 멋질 때가 총 들고 싸울 때다.

14. 세상의 우연(偶然)은 절대로 우연이 아니다. 그것은 내가 기다리고 기다린 노력의 필연(必然)이다.

15. 결혼(結婚)은 꿈과의 전쟁(戰爭)이다.

16. 마음은 허공(虛空)이고 생각(生覺)은 그 허공을 나는 한 마리의 새다.

17. 우리는 흰옷 입었던 민족이다. 흰옷의 상징은 황홀하게 아름답다. 그러나 흰옷의 현실은 참으로 비참하다. 일터에서 가장 부끄러운 옷이 바로 흰옷이다. 흰옷의 자랑은, 이 나라 오천 년을 오직 꿈속으로 만들뿐이다. 현실은 꿈이 아니라 더러운 진흙탕 속에서 서로 뒹구는 싸움이다.

18. 경찰관(警察官)은 날마다 청소(淸掃)를 해야 한다. 그것은 쓰레기의 발생과 범죄(犯罪)의 발생이 똑 같다는 사실을 알기 위해서다.

19. 도자기는 흙과 불이 초월(超越)한 세계다.

20. 바위의 저 무거운 침묵 속에는, 언젠가는 반드시 부서져 꼭 흙이 되겠다는 꿈이 있다. 가장 아름다운 꽃나무를 한번 키워보고 싶기 때문이다.

제9시집
「돌아보기 2」

돌아보기 2

〈머리말〉

「감하나」·「소박한 애국)」·「달콤한 죽음의 연습」·「대지의 힘」·「동백꽃」·「가슴 뛰는 세상」·「정말 반성해 봅시다」·「돌아보기(1)」에 이어서 **'제9번째 시집'**이다. 늦게 출발하여 어지간히 헐떡거리며 숨 가쁘게 뛰어왔다고 생각이 된다. 그래도, 아직 갈 길이 먼데 벌써 숨이 차다. **그늘이 있으면 좀 쉬어야겠다.** 정신없이 뛰었지만, 그래도 하늘에 있는 저 **'아름다운 뭉게구름'**을 잡지 못하고 있다. 언젠가는 하늘에 있는 저 아름다운 뭉게구름을 꼭 잡겠다는 그 **'시적(詩的)'** 꿈만은 여전히 변함이 없다.

시(詩)란, 끊임없는 언어의 새로운 충격으로 얻어지는 영혼(靈魂)의 무한한 지평일 뿐, 그 이상도 그 이하도 아닌 **'언어의 궁극(窮極)'**이다. 그런데, 이 나라의 시적 현실을 보면 얼마나 설명적(說明的) 산문의 노예가 되고 있는가. 시는 없고 시를 가장한 시인의 외도(外道)만 있는 현상을 특히 작금(昨今)에 많이 볼 수 있다. 이것은 언어예술의 궁극이라는 **'시(詩)의 본질(本質)'**과는 거리가 먼 현상이다. 시는 다양할수록 좋다고 생각한다. 그러나 정도를 지나쳐 설명적인 산문적 의미에만 자꾸 가까이 접근한다는 것은 시를 위해서 그리 바람직한 현상이라고 볼 수 없다. 물론 이번 저의 시(詩)도 **'긴 줄글 시(詩)'**로 된, 언뜻 보면 산문시로 오인(誤認) 받을 소지가 참으로 많지만, 결코 설명적인 것이 아닌, 논리적으로 설명되거나 설명할 수 없는, **번쩍!** 하는 영감(靈感)과 직감(直感)으로 감성(感性)과 감동(感動)에 직접 호소하는 시의 본질(本質)에 충실했음을, 여기 제 시들을 읽어본 독자라면 금방 알 수 있을 것이다. 물론 작품을 창작하다보면, 평소의 저의 시적 견해의 입장과는 상호 모순되는 작품들이 탄생하는 경우가 참 많다. 그러나 평소 제 자신의 시적(詩的) 입장을 수정할 용의는 먼 훗날에는 혹시 모르겠지만, 아직은 전연 없다. 시란 무어라 해도 가장 황홀한 **'언어유희(言語遊戱)의 극치'** 라는 그 시적(詩的) 입장 말이다.

  이 시집에 모인 작품들은 제8번째 시집인 **돌아보기(1)** 와는 전혀 다른 시적 세계의 작품들이다. 지적(知的) 언어를 통한, 비판적인 안목에서의 **풍자적인 작품들이다.** 언어의 유희적 예술기능과 풍자적 사회고발 기능이 상호 만나, 감성에 즉시적(卽時的)으로 전달되는 그 미적(美的) 세계, 이것이 여기에 모인 작품들의 하나의 **개성적인 특징이라면 특징이다.** 예술적 기능과 사회적 비판기능의 통합적 시도(試圖)라면 어떨지? 아무튼 작품의 평가는 독자의 고유 권한인 만큼 훌륭한 독자의 감성과 섬세한 통찰이 있기를 바랄 뿐이다.

  '시업(詩業)' 이란, 이 세상에서 가장 어려운 일〈작업〉중의 하나라 한다. 물론 세상에 어렵지 않은 일이 어디 있을까 관은, 특히 시업(詩業)은 언어를 통한 **감성(感性)** 과 **이성(理性)** 의 적절한 조절이 꼭 필요한 일이기에 필연적으로 남다른 **'천재성'** 을 반드시 확보할 필요가 있는 직업이다. 그런데, 본인은 솔직히 그렇지 못한 부끄러움과 그렇지 못한 고통을 밝혀, 독자(讀者)들의 애정 어린 양해를 바라고 싶을 뿐이다.

1989년 11월 11일
거창월엽당 '시인의 집'에서
월엽 류 재상 씀.

〈대표시〉

연꽃을 함부로 꺾을 수 있나요
－내가 본 이 나라 197·80년대 정치 현실

당신이 그렇게 어설픈 눈짓으로, 그 아름다운 연꽃을 체포할 수 있나요? 한참 정의에 불타는 연꽃의 저 황홀한 흰빛과 분홍빛의 그 꿈을, 깊은 물속에다 언제까지 마냥 가두어 놓을 수 있나요? 산들바람이 경찰이라 해도, 호수에 떠있는 연꽃을 함부로 체포할 수 있나요? 한번 모두들, 깊이 생각해 보세요? 연꽃 같은 그 발랄한 꿈과 희망이, 무슨 죄가 있나요? 지금 한창 연못에서 짝짓기 하는, 저 물오리가 또 무슨 죄가 있나요? 여왕의 명령에 복종하는 꿀벌 떼가, 또 무슨 죄가 있나요? 연꽃이 목숨 걸고 극락을 상징하고 있는데, 그것도 죄가 되나요? 우 몰려와 만세 부르는 저 눈부신 아침햇살에, 풀잎들이 숨 막히는 최루탄을 쏠 수 있나요? 꽃향기가 밤이면, 꽃밭을 약간 벗어난다고 불법인가요? 민들레가 봄이면, 길가에 쏟아져 나왔다고 집시법에 걸리나요? 통곡(痛哭)이 저렇게 많이 굴러다니는 풀밭에, 요즘 왜? 저렇게, 그 무서운 제초제가 저렇게 많이 뿌려지나요? 보드라운 불빛에, 범인을 쫓는 저 금속성 호루라기 소리가! 함부로 옷을 벗고, 참 그렇게 엉큼하게 뒤따를 수 있나요? 당신의 어설픈 노래 가지고, 파도치는 저 민중의 물결이 잠잠해 지나요? 그렇다고, 이 도령이 그리워 혼자 문고리 잡고 밤새도록 울던 그 절개 높은 춘향이가 될 수 있나요? 그 황홀한 극락세계를 수레에 태우고, 연꽃은 연못을 멀리 떠날 수 있나요? 두둥실, 그렇게 연꽃이 연못을 정말 멀리 떠날 수 있나요? 오, 눈물로도 도저히 끌 수 없는! 오늘의, 이 불타는 현실이여!!

〈후기사족〉

  모든 침묵(沈默)은 언어다. 가장 섬세하고 가장 아름다운 언어다. 그 언어로 쓴 책(册)이 바로 저쪽 돌부처의 저 **'미소(微笑)'**다. 그 미소 속엔 모든 깨달음이 다 기록 되어 있다. 침묵은 오직 시인(詩人)만이 읽을 수 있는 **'영혼의 언어'**다.

월엽 씀.

제10시집
「여보! 당신만을 사랑해요」

여보! 당신만을 사랑해요

〈서시〉

오래된 흑백 사진

　결혼 초기! 가장 아름다웠던, 아내와 나의 흑백 사진! 아침마다, 호호 불어 닦는 뜨거운 내 입김에! 달콤한 옛 추억이, 하얗게 묻어난다! 아직도, 행복한 그때의 미소(微笑)가! 오직 자식들에게 물려줄, 우리 집 가장 큰 재산이요! 유산(遺産)이다! 비밀(秘密) 같은 엄밀한 우리의 나이가, 어느새 저 가파른 60고개를 넘어가는데! 35년 전의 황홀한 아내의 미소가, 아직도 지친 나를 앞으로 힘차게 달리게 하는 강한 엔진(engine)이다! 별빛과 달빛을 모아, 탑(塔)을 높이 쌓아올리는 우리 집! 오늘밤에도, 탑돌이 하는 우리 두 내외의 발걸음 앞에! 작은 돌멩이처럼, 자꾸만 자잘하게 밟히는 자식들 걱정! 이것이 또한 우리 내외가 살아가는, 또 다른 즐거움이다! 결혼 초기, 아내와 나의 흑백 사진! 가장 황홀했던, 젊은 날의 미소가! 어느새, 하루하루 자식들의 유산(遺産)이 되어 가고 있다!!

1997년 6월 15일
月葉 류 재상 씀.

〈대표시〉

우리의 신혼 초기

여보! 우리가 큰아이 낳고서도, 그 얼마나 셋방을 옮겼습니까?
지금 와서 헤아려 보는, 당신의 손가락 끝에서!
벌써, 5월의
그 짙은 라일락 향기가 납니다!
추위를 모르는
따뜻함은,
언제나
서글픈
저 먼지와 같습니다!
물질의 풍요보다
어려운 가난이, 얼마나 위대한 스승인가를 알았습니다!
건강(健康)한 내일은, 늘 오늘의 고통(苦痛)에서 배우고
익혀야 하듯이!
여보! 우리가 걸어온
그 힘든,
삶의
나날들이!
혹시, 저 멀리서
들리던 반가운 봄소식이 아니던가요?
희망 앞에
놓인 어려움은, 가장 놀라운 힘일 수 있습니다!

물구나무서서 걷는, 고된 마지막 고비가! 가뭄 끝에 걸려 있는 비(雨)를 실은,

가장 알찬 구름임을! 여보! 이제야, 겨우 비로소 알 것 같습니다!!

〈평설〉 아내를 중심축으로 살아온 빛의 세월
　　　　　　　-류재상 시인의 戀歌-
　　　　　『여보! 당신만을 사랑해요』를 중심으로
이 성 림(문학박사·문학평론가·수필가·명지대학교 문예창작과 교수)

1. 혼자 부르던 노래가 여럿의 합창으로

　신(神)께서 주신, 주어진 시간을 가장 아름답게 아껴 쓰고 계시는 **月葉 류재상 시인**의 연가집(戀歌集) 『**여보! 당신만을 사랑해요**』를 독자들에게 소개합니다. 시인(詩人)이 될 수 있었던 것도 정성어린 **아내의 사랑이 있었기에** 가능했다는 진솔한 고백에 그만 가슴이 뭉클해집니다.
　'이성지합(二姓之合)은 만복지원(萬福之源)이며 부창부수(夫唱婦隨)는 가도성의(家道成矣)'라고 하였습니다. 성씨가 다른 두 사람이 합하는 것은 만복의 근원이며, 남편이 부르고 아내가 따르면 집안의 '**도(道)**'가 이루어진다고 하였습니다. 그러한 옛 말씀 그대로 지아비 이끌고 지어미 순하게 따르는 성가(成家)를 훌륭하게 이루어 내신 분이 바로 류재상 시인이십니다. 오랫동안 사랑으로 살아온 삶의 무늬가 아름답게 아로새겨진 부부의 행복한 모습을 이 시집(詩集) 속에서 독자들과 함께 만나보기로 하겠습니다.
　류재상 시인의 연가를 일독(一讀)하면 '**부부애(夫婦愛)**'의 진정한 의미를 느낄 수 있습니다. 서로를 보살피며 살아가는 모습이 너무나 향기

롭고 너무나 가슴 따뜻합니다. 이 시집은 月葉 류재상 시인과 그의 아내인 海里 양정숙 여사가 죽음을 넘어 영원에까지 사랑을 함께 가져가겠다는 **'신앙(信仰) 같은 맹세'**를 한 땀 한 땀 영혼(靈魂)으로 써 내려간 연정시(戀情詩)입니다.

　혼자 부르던 고독한 시인의 노래가 이제는 반려자를 만나 3남매를 낳아 기르는 **가족 합창의 행복한 화음으로 바뀌었습니다.** 선연선과(善緣善菓)의 아름다운 인연의 결실로 3남매를 두고 계시니, 하느님이 보시기에도 참으로 감동하지 않을 수 없는 다복한 모습입니다.

　아내와 처음 만났을 때의 느낌에 대하여, **'영혼의 충격을 받았다!'** 며 아직도 그 충격을 고스란히 곁에 두고 있다고 합니다. 또한 고단한 현실의 삶속에서도 사랑하는 아내를 **'진정 신앙에 버금가는 커다란 존재'**로 자리매김하고 있습니다. 아내가 있기에 단풍잎도 새싹도 온 천지 만물도 의미가 있다고 하였습니다. 아내의 존재를 통해 삶의 새로운 **우주적(宇宙的) 의미를 발견하고 있습니다.** '여보!'라는 호칭이 가장 평범한 일반적 언어인데도 불구하고 류 시인에게 오면 **가장 비범한 사랑의 언어**로 승화되고 있음에 더욱 놀랍습니다.

　총4부로 되어 있는 『**여보! 당신만을 사랑해요**』를 일괄(一括)하면, 그윽한 지아비의 지혜로운 이끄심과 그것을 따라주는 지어미의 현숙함이 **'자연의 아름다움'**과 잘 어우러져 그림 같은 사랑의 시편들로 엮어져 있습니다. 여성을 가정(家庭)의 중심에 놓고 있는 류 시인의 그 온화하고 부드러운 선각자적 **'페미니즘(pessimism) 의식'**도 간과할 수 없습니다. 참으로 든든하고 건강한 사랑의 씨줄과 날줄로 짜여 진 평화롭고 행복한 가정(家庭)을 만날 수 있습니다. 자, 그러면 아내에 대한 뜨거운 사랑이 **'신앙(信仰)처럼 끓어오르는 류재상 시인의 연가(戀歌)'** 속으로 한번 들어가 봅니다.

2. 사랑의 흐름과 세월

류 시인은 언제나 가슴 떨리는 첫사랑, 첫 만남의 기쁨과 설렘을 소중하게 간직하고 있습니다.

여보! 당신을 처음 만났을 때, 나의 영혼은 충격이었습니다/영혼 속에 우레가 있는 줄을 처음 알았습니다/번개 같은 영감에 감전되는 순간,/당신은/나의/작은 우주의 황홀한/개벽(開闢)이었습니다/30년이 훨씬 넘은/오늘도, 그때의 충격은 늘 당신 곁에 두고 있습니다/자식을 낳아 길러도/나의 언어는,/당신의 우주 밖을 맴돌고 있습니다/당신은 나를 끌어당기는 가장 강한 자장(磁場)입니다/여보! 당신을 처음 만났을 때, 그때/들리던 그 많은/새소리가, 지금도/고스란히 우리 3남매의 웃음으로 남아 있습니다/당신의 눈길 끝에서/언제나 아름다운/새소리가 들립니다/바람이/불 때마다/사랑이 황홀히 오가던 시절,/우리 두 사람의 약속은 한 쌍의 비둘기였습니다/여보! 지금 와서 되돌아보면 하나도 빗나가지 않았습니다/당신을 처음 만났을 때 받은//그 충격을, 나는 아직도 고스란히 당신 곁에 늘 두고 있습니다!!

〈당신을 처음 만났을 때〉 전문

여보! 떨리는 마음으로 당신의 손을 꼭 잡고 활짝 핀/목련꽃으로 사랑을 고백했던, 바로 엊그제 같은/그 젊은 시절,/기쁨에 넘치는 우리 앞에/돌[石]들도 모두 살아나/심장이 뛰었고,/햇빛도 눈부시게 박수를 치고,/강물도 파랗게/콧노래/불러주던/우리의 그 젊음/시절,/봄비 끝에 활짝 핀 진달래와 개나리도/얼마나 깔깔대며 우리의 사랑을 축복(祝福)해 주었습니까!/아직도 우리의 첫사랑이 그대로 고스란히/남아/있기에, 세상이/날마다/한없이/아름답습니다/봄비 내린 인자한 땅 밑에서/생명의/숨소리가 막 진동해 오면,/우리의 첫사랑도 온 세상 가득 넘치는/신록이 되어,/눈부신 파란 행복의 숨소리로 들려옵니다/여보! 떨리는 마음으로 당신의 손을 처음 꼭 잡고/활짝 핀//복사꽃으로, 사랑을 고백했던 바로 엊그제 같은 그 시절!!

<첫사랑의 기쁨> 전문

　맑은 물소리에도 당신의 하얀 귓바퀴가 보이던 그런 시절,/그때 당신의 눈썹에는 사랑의/비둘기 떼가/가득히 날아 앉아 있었습니다/당신의 그리움이/찔레꽃으로/막 피던 봄날, 먼 데에서/뻐꾸기가/당신의/긴 속눈썹으로 하루 종일 울었습니다/날마다 봄비만큼 당신과 내가가 촉촉이 젖어오던 젊은 시절,/새싹으로 가득 찬 우리의 사랑 앞에,/아침마다/태양도/질투(嫉妬)하며 떠오르고/있었습니다/여보! 오늘 당신이/우연(偶然)히 깨뜨린 유리컵이,/젊은 시절/우리의 사랑을 알았는지, 방바닥에/쏟아지는 그 순간! 그만 모두가 향기로운 매화꽃으로 활짝 피고/말았습니다, 대답보다 질문이 더 많은 우리의//그 고된 삶에서, 당신의 존재는 나에게 진정 신앙에 가깝습니다!!
<당신의 존재> 전문

　첫사랑의 **'기쁨과 설렘'**이 아직도 남아 있어서 온 세상이 즐거운 **환희로 가득 차 있습니다.** 온 세상이 이렇게 날마다 황홀하고 아름다울 수 있는 것은 바로 아내와의 첫 만남인 그 첫사랑의 설렘과 기쁨 때문이라는 것을 알 수 있습니다.
　처음 만났을 때의 느낌이 **'충격'**이고 **'황홀한 개벽'**이라고까지 하였으며 아내가 **'가장 강한 자장(磁場)'**이라고 하였습니다. 그 강한 자장이 3남매의 웃음으로 남아 아침마다 행복한 새소리로 지저귀고 있습니다.

　여보! 우리가 20년 전에 결혼한 그날, 날씨는 내 성격처럼/좀 쌀쌀했으나, 하늘은 유난히/당신의/그 눈빛처럼 맑았습니다/작은 시골의 예식장에서/하객의/조촐한/축하 속에,/당신의/손끝이 파르르 떨려오는, 그 진동이/아직도 나의 깊은 사랑 속에 강한 전류로 흐르고 있습니다/오늘처럼(1992년 1월 13일), 이렇게 눈[雪]이/많이 오는/날은/우리가/걸어온 그 삶의 발자국이/유난히 크고 뚜렷합니다/여보! 지금/우리 3남매가 얼마나 건강합니까!/날마다 더욱 추워지는 겨울인데도, 저 멀리서 들려오는//봄소식에, 벌써 우리 가족의 두 귀가 모두 쫑긋해졌습니다!!

〈결혼 20주년에〉 전문

　　여보! 우리가 큰 아이 낳고서도 그 얼마나 셋방을 옮겼습니까?/지금 와서 헤아려 보는 당신의 손가락 끝에서/벌써 5월의/그 짙은 라일락 향기가 납니다/추위를 모르는/따뜻함은/언제나/서글픈/먼지와 같습니다/물질의 풍요보다/어려운 가난이 얼마나 위대한 스승인가를 알았습니다/건강(健康)한 내일은 늘 오늘의 고통(苦痛)에서 배우고/익혀야 하듯이,/여보! 우리가 걸어온/그 힘든/삶의/나날들이, 혹시 저 멀리서/들리던 반가운 봄소식이 아니던가요/희망 앞에/놓인 어려움은 가장 놀라운 힘일 수 있습니다/물구나무서서 걷는 고된 마지막 고비가, 가뭄 끝에 걸려 있는/비[雨]를 실은//가장 알찬 구름임을, 여보! 이제야 겨우 비로소 알 것 같습니다!!

〈우리의 신혼초기〉 전문

　　여보! 당신의 돋보기를 처음 사 오던 날, 가슴에서 눈물이/핑 돌았습니다, 삶의 연약한 꽃잎 위에/허무(虛無)의/무게가 너무나 커졌기 때문입니다/바람결에 스쳐간 세월,/구름으로/그려온 연꽃 위에/커다란/당신의/소중함이 더욱/정결(淨潔)하게 걸려 있습니다, 일렁이는/당신의 돋보기 너머, 보다 또렷해진 바늘귀 하나,/구멍 난 우리 집 양말 한 켤레도 이제는/얼마나 건강하고/튼튼한지/모릅니다/바람결에 스쳐간/세월이/너무나도 허무했기에/절대(絶對)로 허무해질 수 없다는/봄 햇살 속에 저렇게 자지러지는 꽃잎처럼,/바늘 쥔 당신의/눈빛이 오늘은 더욱 빛납니다. 여보! 당신의/돋보기를 처음 사 오던 날, 가슴에서 눈물이 핑 돌았습니다/삶의//연약한 꽃잎 위에, 허무의 무게가 너무나 커졌기 때문입니다!!

〈당신의 돋보기〉 전문

이렇게 세월은 자연스레 흘러왔음을 순서대로 그려 놓고 있습니다. **결혼하던 당시의 떨림**을 그대로 온전히 간직하고 있습니다. 결혼 20주년인 1992년 1월13일의 현재의 시점에서 **'20년 전' 결혼하던 그날을 돌이켜 보면**, 오늘처럼 눈[雪]이 내려 20년 동안 살아온 삶의 발자국들이 더욱 뚜렷이 보인다고 하였습니다. 사랑의 결정체로 얻은 **'건강한 3남매'**가 앞으로 그 어떤 난관도 헤쳐 나갈 듯. 추운 겨울인데도 벌써 **'봄[春]'이 오는 소리를 듣고 있다고 하였습니다.** 아내의 손때 묻은 자식들이 보석처럼 잘 자라서 각자의 몫을 잘해 낼 거라는 믿음과 희망을 노래하고 있습니다.

 건강한 내일은 오늘의 고통에서 배우고 물질적인 풍요로움보다도 **'어려운 가난이 오히려 위대한 스승이'**라는 것도 자각(自覺)하고 있습니다. 첫 아이를 낳고 이리저리 옮겨 다니던 셋방살이의 춥던 시절이 어슴푸레 주마등처럼 스쳐 지나가고 있습니다. 그러나 그동안을 생각해 보면 보글보글 끓고 있는 찌개처럼 가족의 사랑도 그렇게 끓고 있어서 오늘날과 같은 삶을 일구어 낼 수 있었다고. 지금껏 그 많은 수고로움을 이겨 낸 공을 아내에게로 돌리는 **'한없이 어질고 멋진 남편의 모습'**을 만날 수 있습니다.

 그러나 그렇게 온 세상이 밝게 보였던 **'눈[目]'**도 어느덧 기울어 가는 세월 앞에 이제는 돋보기를 찾아야만 하는, 삶의 허무를 크게 느낀다고 토로하고 있습니다. 보석처럼 잘 자란 자식들이 떠나고 나면 그 곱던 얼굴은 어느새 주름살들의 즐거운 놀이터가 되는데, 그것을 오히려 **'인생의 아름다움'**으로 바라보는 그 흐뭇한 여유로움도 함께 하고 있습니다. 사랑하는 당신이 있기에 힘든 삶의 나날들도 멀리서 새소리 들리는 반가운 봄소식이라는 새로운 자각으로 힘든 삶을 보다 지혜롭고 현명하게 헤쳐 나오고 있습니다.

여보! 우리 집 대문을 활짝 열던 목련꽃도 토라져, 그만/옆집으로 가 버린 어제의 우리 부부싸움은/분명 내가 잘못했습니다/다 자란 자식들 때문에 일일이 말 못하고/혼자 고민하는/당신의/숨은 뜻 깊이 헤아렸으니,/당신의 눈썹에 앉아/놀던, 행복의/새떼들/제발 저 멀리 쫓지 마세요/오늘 밤 늦게까지, 떠오르는 저 달빛에 꾸중 듣고, 내일 아침/일찍, 금슬 좋은 저 새소리를/혼자/깊이 듣겠습니다/여보! 부부란 늘 하늘과/같아서,/한 점 티 없이/맑다가도, 때때로 구름이 끼고 무섭게/소나기가 오듯이, 우리 부부도/내일쯤은, 다시 맑은 하늘에 햇빛 창창하겠지요/여보! 우리 집 대문을 활짝 열던 개나리도 노랗게 토라져,/그만 옆집으로//가버린, 어제의 우리 부부싸움은 분명 내가 잘못했습니다!!

〈어제의 부부 싸움〉 전문

아무리 평탄한 삶을 살아간다 하더라도 사는 동안에 누구나 부부싸움을 안 할 수는 없습니다. 그럴 때마다 현명한 시인은 모두가 자신의 잘못이라고 마치 반성문 쓰듯 자성(自省)하고 있습니다. 그래서 〈부부의 사랑〉에서는........'때때로 당신을 실망시켜 몹시 죄송할 때가 한두 번이 아니었습니다.'........고 하면서 이내 여성의 마음을 보살펴 남성이 살짝 져주고 양보함으로써 가정의 평화를 다시 되찾고 있습니다. **현명한 삶의 지혜로움**입니다. 그리하여 〈당신 생각에〉서........순수한 당신의 사랑으로, '혼탁한 내 존재를 날마다 살펴보겠습니다.'라고 하여 다시 사랑하는 아내 곁으로 돌아와 새로운 남편으로 거듭나겠다고 다짐하며 인생을 다시 한 번 깊이 성찰할 기회를 가져 보게 됩니다.

여보! 뻐꾸기의 울음이, 온 산(山)에 푸른 호수처럼 출렁이던/그런 시절,/당신의 그리움은 정말 온 천지(天地)에/충만한 신록이었습니다/불어오는 한 가닥 바람에도,/당신의/머리칼 냄새가 풍기던/그런 젊은/시절,/새소리가/온통 당신의 미소였습니다/녹슨 삶의 냄비에다 다시 활활 타는/사랑의 불꽃으로 약간 비린내 풍기는 인생 한 토막쯤 넣어서,/그리운 추억의 찌개를 끓여 봅니다/한평생 긴장(緊張)된 우리의/일생(一生),/모래알/씹듯이/그렇게 아침마다 태양이/떠오르는/고달픈 삶의 현실 속에서도/가끔은 아름다운/저 뭉게구름 같은 우리의 달콤한 옛 이야기가/있습니다/여보! 당신의 그리움은 정말 온 천지에 충만한 신록이었습니다//뻐꾸기의 울음이, 온 산에 푸른 호수처럼 출렁이던 그런 시절!!

〈우리의 추억〉 전문

이렇게 류 시인 내외분의 삶의 역사가 향기롭게 흘러 왔고 또 앞으로도 은은한 빛깔로 나머지 생을 보다 달콤하게 이어나갈 것을 매우 절도(節度) 있게 노래하고 있습니다. 〈당신의 무게〉에서 언급한 대로........ **'여보, 당신의 그 작은 몸매가 나에게는 우주 전체의 무게임을 알았습니다.'** 라고 하였듯이, 어떤 고난과 시련에도 강한 의지로 잘 버티고 지켜온 그간의 삶의 역사를 보이고 있습니다. 그것은 〈나의 고백〉에서 말한 대로,....... **'당신을 사랑하는 그 힘으로 내 삶은 언제나 압축된 작은 심장으로 뛰고 있습니다'** 라는 대목에서 앞으로도 변함없이 잘 살아갈 것을 함축적으로 표현하고 있습니다.

3. 사랑의 맹세와 고백

통상, 남녀 관계에서 주고받는 **'사랑의 맹세'** 는 어떠한 지구상의 언어보다도 밀도(密度) 높은 언어 중의 언어라 할 수 있습니다. 더군다나 그것이 가장 진지한 삶의 무게를 담아서 하는 사랑의 고백은, **'신(神) 앞에 인간 의지'** 를 맹세하는 가장 혁혁한 다짐이 아닐 수 없습니다. **'죽어도 죽지 않는 행복한 무덤'** 으로 남고자 하는 사랑의 맹세가 가슴 절절이 맺혀 옵니다. 살아서도 죽어서도 함께할 것임을 다짐하는 **간절한 사랑의 마음이 '시(詩)'의 행간마다** 아주 촉촉하게 깊숙이 스며들어 있음을 볼 수 있습니다.

여보! 내가 먼저 시간 밖으로 간대도 당신이 먼저 저 시간 밖으로/간대도 살아 있는 만큼 기다렸다가 저쪽에 새파랗게 살아 있는/한 쌍의 다정한 무덤처럼/여보! 우리도 죽어서 다시 한 쌍의 무덤으로 살아나/해마다 잔디가 새파랗게 돋아나는 그런 영원한/신혼부부가 됩시다/죽어도 죽지 않고 살아 있는/행복한 무덤으로, 여보! 우리는/다시 한 번/영원 속에/신방(新房)을/꾸미는 가장 황홀한 초야(初夜)를/꿈꾸며 기다려 봅시다. 죽어도 다시 영원히 젊어질/그날의 믿음으로, 오늘도 우리의 발걸음은 한없이 가볍습니다/끝은, 언제나 새로운 출발이라는 당신과 나의 행복한/그 믿음이 있기에, 우리 앞에 남은/시간(時間)이/어쩌면/가장 인자한/어머니가 될지도 모르겠습니다/여보! 당신과 내가 시간 밖으로/신혼여행을 떠나는 날,/작은 풀꽃 속에다 마지막 아름다운 우리의/뜨거운/ 입술을 남겨 놓고, 살아서 그렇게 존경했던 하느님이/우리의 살갗을 저 멀리 물빛 너머 물소리까지/쫓아버리고 나면, 이제는/영혼 하나만 가볍게 달랑 들고, 해마다 새롭게 새파랗게 잔디가/돋는, 저 아름다운 무덤으로 신혼여행(新婚旅行)을 떠나게 되면/여보! 우리의//사랑은, 죽어서도 살아 있는 사람들의 그 영원한 질투가 아마 되겠지요?!

〈한 쌍의 무덤과 신혼여행〉 전문

죽어서도 **한 쌍의 무덤으로 함께하고자 하는** 뜨거운 사랑의 맹세를 하고 있습니다. 영원한 신혼(新婚)의 상태로, 살아서의 첫 맹세를 신혼여행에서 하듯, 죽어서도 다시 새로운 사랑을 시작하자는 영원한 **'사랑의 신앙(信仰)'** 을 꿈꾸고 있습니다. 이만큼 깊고 깊어진 서로의 사랑임을 확인할 수 있습니다. 이렇게 순결한 사랑이 **'자연의 아름다움과 완전히 합일(合一)'** 되어 있음을 볼 수 있습니다.

여보! 당신이 먼지를 털고 힘들게 우리 집 마루를 닦는/동안에, 벌써 가을 하늘은 얼마나 순결(純潔)합니까/저 눈부신/가을 하늘/그 아래, 고개 숙인 들판의/그 황금빛 인사가/오늘은/당신을 향하고 있음을 알았습니다/여보! 이렇게 시간이/ 허락할 때, 당신 이마에/흐르는/땀방울이나 좀 닦으세요/나머지는 내가 털고 닦겠습니다. 아직도 구석구석 닦다/남은, 찌들은 가난(家難)의/얼룩들이/끝내 당신의 순결한 사랑을/더럽혀 오면, 저렇게/황금물결 출렁거리는, 도도한 그분의/마지막/은총(恩寵)이라도/구원해 보겠습니다/여보! 이제 그만 걸레 놓으시고/창밖을 보세요/들국화 활짝 핀/가을이 우리를 부르고 있습니다. 햇빛이 마지막 익어/황홀한 저녁 무렵, 저렇게 주렁주렁 익어 가는 과일 속,/당신의//그 달콤한 사랑의 속 대문을, 오늘은 제가 활짝 열겠습니다!!

〈청소하는 가을날〉 전문

  열심히 쓸고 닦는 아내의 수고로움과 함께 눈부신 가을 햇살 아래에서 황금물결 출렁거리는 그 마지막 **'은총을 구하는 지아비의 후끈한 온기(溫氣)'**를 느낄 수 있습니다. 생활의 지난(至難)함 속에서도 **'우주(宇宙)로 칭(稱)'**하는 아내를 지켜 보살피고자 하는 남편의 의지가 얼마나 강하고 단단합니까. 순결한 아내가 조금이라도 **'오염(汚染)' 되어서는 절대로 용납할 수 없기 때문에,** 가을 들판의 황금빛 물결과 깨끗한 가을 하늘로 사랑의 청정(淸淨)함을 지키고자 하는 것입니다. 사랑의 **'합일점'**을 향한 지아비의 흔들리지 않는 굳건한 사랑의 중심을 만날 수 있습니다.

  '당신 덕분에 삶의 행복을 지킬 수 있었다'는 충실한 고백 앞에 더욱더 견고해지는 사랑의 다짐을 다시 한 번 확인할 수 있습니다. 그 얼마나 진실한 사랑으로 꽉 채워진 삶인가를 엿볼 수 있습니다.

  여보! 당신이 내 곁에 있었기에, 나는 참으로 시인(詩人)이/될 수 있었습니다. 당신의 거칠은 손을 꼭 잡을 때마다/그렇게 쓰라린 인생도, 따뜻한 당신의/체온 너머/빨간 꽃잎/속의 달콤한 자양분으로/남아 있음을 알았습니다/흐르는 시간의 입술이, 오히려 작은 풀꽃 속에서/더욱 아름답듯이, 어려운 생활 속에서도 소중한/당신의 존재는 맑은/여울물로/흐르고 있습니다/여보!/당신이 내 곁에 있었기에,/나는 세상에 숨어 있는 하늘의 깊이를 알았습니다/당신의 미소를 볼 때마다, 우리가 걸어온 가난도 고귀한/사랑의 여정(旅程)임을 알았습니다, 따뜻한 당신의/눈길 너머, 당신의 신발 한/짝도,/나의 신앙(信仰)의/흔적으로 남아 있음을/알았습니다/부는 바람의 흔적마다 못 다 한 사랑의 의미를/무수히 담듯이, 나도 당신의 귀한 존재에 아직도/못 다한 신앙의 고백을/무수히 담겠습니다, 여보!/당신이/내 곁에/있었기에, 나는 언제나 허무(虛無)의 늪에서/찬란한 별빛을 찾을 수 있었습니다. 당신과의 만남은 저렇게/텅 빈 공간을 늘 새로운 힘으로 가득 차게 했습니다. 우뚝 서있는/당신의 존재 너머 하늘의//저 흰 구름도, 새로운 사랑의 언어로 흐르고 있음을 알았습니다!!

〈당신이 있었기에〉 전문

이렇게 **'아내의 존재 의의와 의미'**를 실감나게 노래하고 있습니다. 진실한 고백임이 참으로 진정성 있게 느껴집니다. 류 시인이 시인으로 이름을 얻고 또 문단(文壇)에서도 자리매김할 수 있었던 그 모든 것이 다 실은 **'아내 덕분임'**을 참으로 정직하게 고백하고 있습니다. 아내의 거친 손마디를 잡을 때마다 그렇게 쓰라린 인생살이도 오로지 삶의 뜨거운 희망이 되었다는 것입니다. 어려운 생활 속에서도 아내의 존재로 인하여 마음은 항상 행복의 맑은 여울물로 출렁거렸으며, 유난히 어렵게 걸어온 가난도 실은 고귀한 아내의 사랑으로 충분히 극복할 수 있었다고 합니다. **'삶의 중심축이 아내였음'**을 고백하고 있습니다. 함께 의지하며 살아가는 부부의 참살이 모습을 만날 수 있는 참으로 **탁월한 시편입니다.**

차분하면서도 사랑의 진실함과 삶의 확신으로 가득 찬 사랑의 고백이 행복의 물살로 번져가는, 삶의 진정성을 아래 작품에서도 만날 수 있습니다.

여보! 당신은 나이가 들수록 더욱 아름답게 젊어집니다/이것은 그 흔하디흔한 찬사가 아니라, 고마운 당신에게/바치는/나의 얻숙한 진실입니다/그 예쁜 얼굴에 안타깝게 늘어만 가는/주름살이 의젓한/자식들의/굵은 목소리며, 한창 빛나는 그들의/눈빛임을 이제야 알았습니다/내 추억/속에 아직도/남아 있는/고향의 그 맑은 물소리같이, 당신은 언제나/그렇게 은은합니다. 문틈으로 흐르던 귀뚜라미 소리에도/그리운 당신의 하얀 귓바퀴가 보이던, 그/간절한 나의/사랑도/아직까지/고스란히 내 가슴에 그대로/남아 있습니다. 새벽같이 밝아오는/자식들의/웃음소리에, 오늘도/정말 감사(感謝)하다는 인사를 해 봅니다/당신의 그 붉어지는 수줍음이/어쩌면/우리들의 첫날밤 같아서, 왠지 자꾸만 가슴이 뜁니다/여보! 당신은 나이가 들수록 더욱 아름답게 젊어집니다/이것은 그 천하디천한 자랑이 아니라//사랑하는, 당신에게 바치는 나의 깊은 삶의 이해(理解)입니다!!

〈깊은 삶의 이해〉 전문

  일부러 아내에게 잘 보이고자 써 볼 수도 있지 않을까라고 생각할 수도 있겠습니다. 그러나 단연코 그렇지 않음을 시집 **『여보! 당신만을 사랑해요』**를 몇 편만 읽어 나가면 바로 **그의 진실어린 마음이** 뜨거운 감동으로 와 닿게 됩니다. 매 시편마다 류 시인의 정성어린 사랑의 열정이 한결같이 골고루 깊이 스며들어 있음에 독자들은 또 다시 놀라게 됩니다. 초지일관된 마음의 발로(發露)입니다. 변화가 심한 요즈음 세상에 참으로 본보기가 되는 그런 '**수범(垂範)**'이 아닐 수 없습니다.

  아내를 생각하는 전경(全景)이 작품마다 매우 서정적으로 펼쳐지면서 아내 사랑의 마음이 인간의 속세(俗世)를 넘어 '**종교, 즉 성스러운 믿음의 세계**'로까지 그 뿌리가 깊이 뻗어나가고 있음을 우리는 충분히 엿볼 수가 있습니다.

  나이가 들어갈수록 그 '아름다움'을 더욱 깊이 볼 수 있는 마음의 눈이 성스럽습니다. 늘어가는 주름살에 비례하여 아이들의 굵은 목소리와 그들의 빛나는 눈빛이 다 아내 덕분이라는 것을 고백하고 있습니다. 나이 들수록 은은한 고향의 물소리 같다는 그 깨끗한 고백에서, **'성결(聖潔)한 가정(家庭)의 참모습'**을, 옷깃을 여미며 만날 수 있습니다.

4. 사랑하는 아내에 대한 묘사

사랑에 대한 **'시적(詩的) 묘사'**가 쉽지 않다는 것을 아는 사람은 다 알고 있습니다. 다시 말하면 왠지? 언어가 가난해지고 표현력이 궁핍해지는 것이 사랑의 시(詩)이기 때문이다. 마음이 늘 앞서 있기에 적확(的確)한 묘사가 그리 쉽지 않기 때문입니다. 그러나 류 시인은 처음 만남부터 비롯하여 그 많은 삶을 살아오는 과정에서 어려움을 겪을 때마다 **아내의 사랑을 놓치지 않았습니다.** 그만큼 마음이 아내를 향해 있었고, 기쁠 때나 슬플 때나 늘 아내의 사랑과 함께 있었으며, 이제 세월이 흘러 주름살이 자꾸만 늘어나고 머리가 하얗게 세어져도 오히려 그것이 더욱 아름다워 보이는, 류 시인의 그 숭고한 사랑의 세계가 보다 세련된 그의 **문학적 묘사와 표현**으로, 사랑을 삶의 최고의 **'정신적 신앙(信仰)의 세계'**로까지 확장 승화시키고 있음을 볼 수 있습니다. 두 분의 정갈한 사랑 앞에 우리 독자들도 일상(日常)에서 지치고 때 낀, 그 혼탁한 영혼이 한결 맑아지고 더욱 깨끗하게 정화(淨化)됨을 느낄 수 있습니다.

시인의 언급대로, 시인은 정신만 먹고 사는 외로운 낙오자이며 가난하고 무능할 뿐이지만 오히려 **'정신적인 승리자(勝利者)'**의 그 의연한 모습으로, 그것을 지금까지 감내하고 살아온 아내에 대한 헌사(獻辭)의 표현이 독자들에게 진하게 가슴 뭉클한 감동을 가득 안겨주고 있습니다.

여보! 당신은 아직도 오염되지 않은 그런 깊은 산속입니다/저렇게 많은 사

람들이, 사람 되기를 포기해버린/어쩌면 짐승 같은 세상에,/그래도/당신만은 아직도/여전히 푸른/솔밭으로 남아있습니다/바위와/바위들이/서로 정답게 이끼 끼는/그런 즐거운 대화 속에, 아직도 건강한 공기와 아직도 깨끗한/물소리가 당신을 찾고/있는, 그런/깊은/산속입니다, 곳곳마다/시퍼렇게/아픔만 살아남은/이 혼탁한/세상에, 당신의 사랑만은/여전히 맑고 깨끗한 물빛이라, 그래도 그 속에서/쇠약한 해와 달이 잠시라도 휴식을 취할 수 있게 되었습니다/여보!//당신은 아직도 오염(汚染)되지 않은 그런 깊은 산(山)속입니다!!

〈오염되지 않은 당신〉 전문

　이처럼 세상이 온갖 **추악한 것으로 물들고 더럽혀졌을지라도** 아내만큼은 오염되지 않은 깊은 산속의 **'청정지대'**라고 노래하고 있습니다. 맑고 깨끗한 공기와 청량한 물소리처럼 세상을 닦게 해 주고 있는 아내의 이미지에서 건강한 가정의 오늘과 내일을 보게 됩니다. 거기에서 남편도 깊은 산속 푸른 솔밭 같은 그런 싱그러운 아내 곁에서 **'휴식과 안정'**을 취할 수 있다는 것입니다.

　여보! 당신의 사랑은 언제나 설경(雪景)입니다/추위를 온통 빨아들인 저 원경(遠景) 너머,/포근히 설경 속으로 안기어가는/풍경이,/바로/우리 가정의/행복입니다/저 많은 새들의 고향(故鄕)이라/해도 좋고,/파랗게 막 깔깔거리다 지친/저 맑은 하늘의 웃음소리라 해도 좋은,/우리 집 행복에 영혼의 박수가 끊이지 않는 것은/바로 당신의 포근한 설경 때문입니다/저렇게 자동차처럼/무거운 쇳덩이도/구름처럼 온순해지는 저 아련한/겨울 설경/속으로, 나는/당신의 사랑을/느끼며/오늘도 한없이 걸어봅니다/여보! 당신의 사랑은 언제나 설경입니다/추위를 온통 빨아들인 저 원경 너머 포근히/설경 속으로//안기어가는 풍경이, 바로 우리 가정의 행복입니다!!

〈설경(雪景)〉 전문

아내의 모습에 대한 표현이 너무나 포근하게 '눈 내리는 정경(情景)', 즉 눈 덮인 고즈넉함으로 더욱 아늑하게 다가옵니다. 그래서 류 시인의 가정도 따뜻한 설경(雪景) 속으로 안기어 가고 있는 것입니다. 아련한 '겨울 설경(雪景) 같은 아내의 그 따뜻한 사랑'이 그 얼마나 정말 아늑하고 포근하게 느껴지는 작품입니까.

여보! 당신은 언제나 끝없는 만족입니다, 온 누리에/울려 퍼지는 눈부신/저 아침 햇살 속에/오늘도 자양(滋養)을 준비하는 만족한/나무들이, 당신 품안에 안긴, 늘 푸른/우리/가족(家族)들입니다/여보! 나는/언제나/싱싱한 갈증입니다/이렇게 우리들 세상이 자꾸만 메말라/목 타는 삶의 뿌리들이 내일(來日)을 잃고 허덕일 때,/당신의 사랑은 항상 가까운 거리에서/미소 짓고 기다려 주는,/그런 촉촉한/봄비입니다/여보! 활짝 핀 당신의/장미꽃/속에, 네 마리의 작은 벌레가 아름다운/ 천국을 이루며 살고 있는 우리 집 뜰 안에,/만족한 벌레들의/저 배부른 꿈과 행복은/제 살 뜯어 먹이는 장미꽃 당신의 고귀한 희생입니다/여보! 지금 우리 가족들은 장미꽃 당신의//품안에 안긴, 네 마리의 가장 행복한 작은 벌레들입니다!!

〈장미꽃 당신의 사랑〉 전문

모순어법(矛盾語法)으로 아내를 표현하고 있는 대목이 눈에 띕니다. 싱싱한 갈증이라는 **'촉각적 이미지'**로, 촉촉하게 내리는 봄비 같은 활력과 생동감 넘치는 일상의 아내의 모습을 매우 인상적으로 그려내고 있습니다. 또한 일반적인 여성의 모성애 같은 희생과 봉사의 이미지를, **'장미꽃 속의 벌레'**에 빗대어 가족 구성원을 정성으로 아우르는 희생의 모습을 이토록 아름답게 그려내고 있음은 과연 독보적이라 할 수 있습니다. 매우 돋보입니다. 더 한층 시의 감칠맛을 제공하고 있습니다. 그렇습니다. 이 시를 통해 유추해 낼 수 있는 **'여성, 아내, 어머니의 제 살 뜯어 먹이는'** 그 정성과 희생을 어찌 놓칠 수 있겠습니까. 늘 아내의 희생을 안쓰럽고 고맙고 감사하게 생각해 주는 **지아비, 가장(家長), 아버지의 진정어린 참된 모습을 볼 수 있어** 몹시 감격스럽고 자랑스럽습니다.

 이쯤 되면, 가족의 건강과 먹을거리를 책임지고 있는 아내의 주된 음식이 안 나올 리 없습니다. 바로 다음 작품은 보글보글 끓고 있는 찌개의 청각적, 미각적, 후각적 이미지의 조화가 돋보이는 그런 작품입니다. 참으로 살맛나는 따뜻한 **열전도(熱傳導)가 후끈 전해지는 수작(秀作)입니다.**

 여보! 당신이 끓이는 찌개가 보글보글 우리 집 건강을/지키고 있는 한, 우리 가족의 사랑도 항상 그렇게/보글보글 맛있게 끓을 겁니다/때로는 이유 있는 우리 아이들의/불만과/값진 당신의 짜증도,/다 얼큰한/우리 집/사랑의/찌개인 것을 알았습니다/우리가 신혼(新婚)으로/새 출발할 당시 월세 방 한쪽 구석에/겨우 숟가락 두 개만 달랑 놓였던 가난, 이제는 제법/의젓한 단독주택으로 자라온 세월(歲月),/여보! 그 동안 참으로/어렵게 걸어온 우리 집/가난의/냄비에/냉이같이/향긋한 당신의 사랑이/얼마나/열심히 뜨거운 삶의 찌개를/끓여왔나요. 오늘은 모처럼/당신이 끓이는 찌개로, 저 맑고 푸른 하늘 한 잔 따라/마시고, 어느덧 희끗한 당신의 중년(中年) 앞에 사랑의//그 고귀한 의미만큼, 참으로 흠뻑 취(醉)해 보고 싶습니다!!
〈끓고 있는 우리 집 찌개〉 전문

 얼마나 건실하게 **남편과 아내**가 가정을 잘 가꾸어 나가는지 알 수 있는 분위기입니다. 그리하여 때로는 **아이들의 불만이나 아내의 짜증까지도** 모두 얼큰한 우리 집의 또 다른 종류의 '찌개'라는 것입니다. 짜증도 값이 있는 것으로 받아들이는 가장(家長)의 마음, 아이들의 불만(不滿)까지도 다 의미가 있고 이유가 있는 것으로 받아들이는 '**포용력과 수용력**'이 바로 류 시인의 큰 그릇입니다. 한없이 넓은 도량입니다.

그래서 가난한 냄비에 끓고 있는 우리 집 찌개에서, **'온 집안을 향긋하게 하는 냉이 같은 상큼한 아내의 사랑'** 을 또 한 번 진하게 느낄 수 있습니다.

여보! 교사인 남편 한 사람의 박봉으로 우리 다섯 식구와/팔 형제의 맏며느리로 살아가는 당신,/그래도/늘 짜증 한번 없이 사는/당신이 고맙습니다/요즘/세상이 얼마나 혼탁합니까/제 얼굴도 제대로/모르고/사는/흐린 세상에, 그래도 늘 우리 집 아이들의/살 보이는 뒤꿈치는, 당신의 웃음으로 예쁘게 감싸져 있습니다/ 오늘따라 그렇게 어지럽던 그 바람도 당신/곁에,/조용히/머물러 서성거리고/있습니다. 여인들이 저렇게/시끄럽게/허공으로 날아오르는/세상에, 그래도 당신만은/늘 깊은/산속, 그 고요한 물소리로 그윽하기만 합니다/여보! 교사(教師)인 남편 한 사람의 박봉(薄俸)으로 우리/다섯 식구와//팔 형제의 맏며느리로, 그래도 늘 만족한 당신이 고맙습니다!!

〈강한 여인〉 전문

여성은 약하나 어머니는 참으로 강하다고 했듯이, 한 집안을 이끌고 나가는 아내는 이 세상 그 누구보다도 강하고 강인합니다. 그 점을 류 시인은 높이 평가하고 있습니다. 한 집안의 흥망성쇠는 **'여성의 의지(意志)'** 에 달려 있음을 류 시인은 잘 알고 있습니다. 어려운 집안을 사랑으로 잘 이끌어 주는 아내를 언제나 고마워하고 있습니다. 그래서 **어쩌다 아내가 외출이라도 하고 나면** 온 집안이 텅 빈 것과 같다고 아래와 같이 노래하고 있습니다.

여보! 당신 한 사람이 온 세상을 가득 채우고 있음을/알았습니다, 어쩌다 하루만/당신이 없는 날이면, 왜 이렇게까지 주위의/모든 공간이 텅 비고 마음이 허전합니까?/저렇게 눈부신 꽃들의/저 신비도, 실로 당신의/존재로/비롯됨을/이제야/겨우 깨달았습니다/사방에서/소리치는, 저 생명(生命)의 계절 5

월도/사랑하는 당신이 있기에, 저토록 아름답다는 것을/이제야 겨우 알았습니다. 우리가 처음/만나던/그날부터, 손가락 끝까지/푸르름으로/한껏/부풀고/부풀었던 그 젊은 시절,/그때, 당신의 눈동자에/깊이 박혔던 그 해맑은 하늘이 아직도,/아침 햇살을 온 대지에 찬란히 쏟아내고/있음을 알았습니다. 여보! 당신/한 사람이 온 세상을 가득 채우고 있음을 알았습니다/어쩌다 하루라도 당신이 없는 날이면, 왜?//이렇게 주위의 모든 공간이 텅 비고 마음이 허전해집니까?!

〈당신이 외출하고 나면〉 전문

    자그마한 아내가 '**이처럼 온 우주를 가득 채우고 있는 큰 존재**'라는 인식을 하고 사는 남편의 마음이 참으로 훌륭합니다. 서로가 서로를 사랑하고 존중하는 데에서 비롯한 인간관계가 그 얼마나 아름답습니까. 아마도 이러한 내외분의 모습을 보고 자라나는 **아이들이 또한 얼마나 부럽습니까.** 이러한 가정(家庭)의 따스한 사랑을 받고 자란 아이들은 장차 '**인류 사회의 평화를 구현시킬**' 원대한 꿈을 가진 아이들로 자랄 것입니다. 그런 아름다운 꿈을 가진 아이들이 많으면 많을수록 이 세상은 앞으로 더욱 행복하고 더욱 살맛나는 세상이 될 것입니다.

    하나의 **위대한 문학 작품이 주는 감동(感動)**이 세상을 새롭게 바꿀 수 있는 동기(動機)와 동력(動力)이 될 수 있습니다. 이것이 바로 '**문학의 위대한 힘**' 입니다.

    몹시 모가 나서 매끄럽게 땅위를 굴러가지 못하는 내 등/뒤로, 봄비처럼 촉촉하게 수레를/끌고 오는 당신은 정말 추운 겨울을 이기는/강한 제비꽃입니다/빛바랜 자존심만/달팽이/껍질처럼 등에 지고 자꾸/저 먼 데로만/눈길이 가는,/아직도/설익은 내 삶의 껍질 속으로,/그래도 당신은 알찬 뿌리를 잘 뻗어 주었습니다. 속상해서/몹시 짹짹거리는 새[鳥]들이/순결한/당신의 주위를/더럽히면,/저쪽의 아지랑이로 깨끗이/쓸고 앉아,/꽃샘 같은 추위에도/당신은 더욱 강(强)한/제비꽃이 됩니다. 양지바른 우리 가족의/틈바구니에, 아직도 바람에/서걱대는 마른 풀잎들, 끝끝내 얼지 않는 당신의 작은//뿌리 끝에, 어느새 봄(春)이 커다랗게 매달려 있음을 봅니다!!

〈제비꽃 당신〉 전문

　모진 추위가 몰려 와도 끝내 굴하지 않고 이겨 내는 **'강한 제비꽃의 이미지'** 로 아내를 묘사하고 있습니다. 가족도 아내가 있기에 늘 양지(陽地)바르다고 하였습니다. 아직도 서걱이는 마른 풀잎들도, 끝끝내 얼지 않는 제비꽃 작은 뿌리처럼 봄을 매달고 온다고 하였습니다. 꽃샘추위를 아랑곳하지 않고 언 땅 위로 꽃을 피워 올리는 **'제비꽃'** 에서 아내의 강한 이미지를 보고 있습니다.

　〈**봄과 그리고 우리 집**〉이라는 시에서도 새로운 봄이 되니 개나리 · 진달래 · 복숭아꽃 · 물소리 · 아지랑이들이 따스한 햇볕을 몰고 아내가 밥을 짓고 국을 끓이고 있는 우리 집으로 찾아온다고 하였습니다. 봄[春]은 절기상으로 **새로운 시작을 의미합니다.** 겨우내 꽁꽁 언 땅위에 새 생명을 데리고 오시는 계절입니다. 모질기 한없는 매서운 북풍도 따스한 미풍으로 바뀝니다. 이렇듯 벌떼와 나비 떼가 찾아오는 봄 같은 그 따스한 아내가 있기에 집안의 모든 생활에, **'향기 가득한 행복의 봄꽃'** 이 활짝 피어난다고 하였습니다.

　여보! 당신의 그 작은 몸매가, 우리 집 전체(全體)의 무게임을/알았습니다, 아침마다 떠오르는 빛나는 태양이,/진정 당신의 거칠은 손등임을, 불혹(不惑)을 넘어 이제야/겨우 철들어/알았습니다/아찔한/그 벼랑 끝 같은 오늘의/현실(現實)에서,/그래도/온 가족의/흔들리는 삶의 중심을 움켜잡고/기둥처럼 버티는 당신에게, 하늘도 저렇게 구름 한 점 없이/참으로 감사(感謝)해 하고 있음을/알았습니다/아무리/짧은 우리의 인생이라/하더라도, 오곡(五穀)이/저렇게 익어/가는 그 은총/앞에서, 마지막/그 날까지 당신의 중심을 느끼며 살겠습니다. 여보! 당신의/그 작은 몸매가, 나에게는 우주 전체의 무게임을/알았습니다. 계절(季節)이 바뀌는 저 엄숙한 아름다움이 진정/순결한//당신의 사랑임을, 불혹을 넘어 이제야 겨우 철들어 알았습니다!!

〈당신의 무게〉 전문

아내의 **존재 의의와 무게감에 대하여 묘사하고 있습니다.** 아내의 작은 무게가 온 우주의 무게인 것이며 더 나아가 우리 집안 전체를 받들고 있는 무게라는 것을 자각하고 있습니다. '**아내의 존재를 삶의 중심**'에 놓고 사는 행복한 가정(家庭)의 단란함을 한껏 느낄 수 있는 **탁월한 시편입니다.**

아울러 짐작해 볼 수 있는 것은 아내의 **현명함입니다. 슬기로움입니다.** 그만큼 집안을 잘 이끌어 왔기 때문에 남편으로부터 사랑과 존경을 마음껏 받을 수 있습니다. 참으로 '**현숙한 아내**'의 모습을 볼 수 있습니다.

여보! 당신은 언제나 저 고요한 산속의 은은한 물소리입니다/찡그린 내 눈썹이 새파랗게 녹슬어 갈지라도, 그래도 당신이/있기에 휴식할 여유와 공간이 있습니다/어서 정신 차려라/이놈의 세상아! 이렇게 깊은/밑바닥에서 솟구치는 분노가 있을지라도/당신의/미소(微笑) 끝에/가만히 앉아 보면/산 너머/보이는 하늘은/아직도 맑고 깨끗합니다/꽁꽁 언 매서운 추위의 저 눈빛들이/오늘처럼 저렇게 삼엄할지라도, 그러나 저 멀리서 들려오는/따뜻한 봄소식! 당신은 그런 여인입니다/당신의 사랑은 늘 그런/사랑입니다/아주/까맣게 오염된/두려운 세상(世上)/ 너머로/짐승처럼 막 밀려오는 어두운 질문(質問)이/있다 할지라도, 당신의 맑은 물소리는/거울처럼 내 가슴에 흐르고 있습니다/여보! 당신은 언제나 고요한 산속의 은은한 산새소리입니다/날마다 뛰는 내 발바닥이 이렇게 노랗게 부식(腐蝕)될지라도//그래도, 당신이 있기에 휴식(休息)할 여유와 공간이 있습니다!!

〈그래도 휴식할 여유와 공간〉 전문

아내에게서 답답하고 숨 막히는 것을 보는 것이 아니라, **'여유와 휴식을 취할 만한 공간(空間)'**을 보고 있습니다. 물소리같이 은은하고 새소리 같이 편안한 아내에게로 가족들이 돌아와 하루의 고단함을 뉘이고 위로받아, 다시 힘을 얻어 내일의 일터로 나가는 것입니다. 이렇게 아내의 이미지를 **다양한 수사와 비유**로 아름답게, 때로는 강인하게 잘 묘사하고 있음을 볼 수 있습니다.

냉이 향기 · 촉촉한 봄비 · 오염되지 않은 깊은 산속 · 강한 제비꽃 · 때 묻지 않은 물빛 · 언제나 달빛 같은 그 그윽한 표정 · 은은한 물소리와 새소리 등의 이미지로 수(繡)놓듯 아름답고 자연스럽게 풀어 가는 **'작가의 그 화려한 글 솜씨'**에 독자들은 마냥 **행복하고 황홀하게 이끌려가고 맙니다.** 우리는 이러한 시를 통해서 아내의 이미지를 보다 아름답게 꿈꾸어 볼 수 있습니다. 부부간의 불화로 **'이혼(離婚)'**이 날로 늘어가는 이 **혼탁하고 불길한 세태에**, 류재상 시인의 시(詩)는 그 **시사(示唆)**하는 바가 자못 크다 할 것입니다.

5. 우리의 사랑은 현재진행형

아내의 작은 손아귀, 그 억척같이 거칠고 질긴 손아귀 안에 우리 집 중심을 지탱해 나가는 강한 힘이 있다고 하였습니다. 그래서 **아내가 자랑스럽다고 합니다.**

여보! 이렇게 곳곳마다 거짓으로 얼룩지고, 도덕(道德)과/윤리(倫理)가 무너지고, 눈부신/왜곡(歪曲)과/과장(誇張)으로 잘 가꾸어진/세상에,/여보!/그래도 우리만은/아무리/이렇게/가난해도 깨끗하게 삽시다/티 없이 맑은 하늘을 숭배하고, 열매 여는 저 자연의/순수 말씀에 순종하면서, 더 멀리 보이는 눈[目]과 더/깊이 들리는 귀[耳]를 가지고,/순리와/근본대로/착실하게 삽시다/조상님/잘 모시고, 부모(父母)님과/어른들을/받드는 당신의 그 즐거움 앞에,/우리 세 자녀가 얼마나 건강하게 잘 자라고 있습니까/교육(敎育)이//아예 없는 현실에서, 당신은 참으로 훌륭한 스승입니다!!
〈자랑스러운 당신〉 전문

　가정(家庭)을 잘 이끌어가는 **슬기롭고 지혜로운 어진 아내의 모습**이 보입니다. 그리하여 자랑스러운 아내가 이제까지와 같이 앞으로도 현명하게 가족과 가정을 더 잘 이끌어 가리라는 '**믿음과 무한한 신뢰**'를 보내고 있는, 그 뿌듯한 자랑스러움을 조금도 숨기지 않고 있습니다. 억세고 거칠어진 아내의 손아귀 힘이 결국 집안의 자랑이요 주춧돌인 것입니다. 아내를 믿고 신뢰하는 가장(家長)의 그 그윽한 마음이 또한 한없이 고귀해 보입니다. '**참 스승이 없는 난세(亂世)**'에 아내야말로 우리 아이들에게 모범적인 참 스승이라 했습니다. 가장 훌륭한 참교육은 **바로 '사랑' 입니다.**

　여보! 삶이란 온통 물음뿐이고 대답(對答) 하나 가질 수 없는/가장 빈곤한 것이라 할지라도, 이렇게 온 세상이 하얗게/눈 내리는 밤이면,/소중한 사랑의/물음/ 위에,/나의 대답 하나 동그랗게/놓일 것 같습니다/당신의/사랑 앞에, 우리/가족의 무게가 참으로 무겁다 할지라도, 이렇게 온 세상이/하얗게 눈 내리는 밤이면, 당신의 밝은 용서와 이해(理解)로,/우리 집 온 방안은/온통/행복(幸福)으로/환하게 가득찰 것 같습니다/여보!/이렇게/깊어 가는 밤,/하루의 고달픈/당신의 숨결 위로 이렇게 온 세상이 하얗게 눈 내리는/밤이면 당신의 눈가의 잔주름도 오늘은 너무나 아름다워,/참으로 고마워//말 못 하는 내 눈길이, 자꾸만 당신의 얼굴에 머물러 있습니다!!
〈눈 오는 밤에〉 전문

아내의 밝은 예지와 총명함으로 가정을 환하게 인도해 나가는 현숙한 아내를 '**눈 내리는 밤의 아름다운 정경(情景)**'으로 묘사하고 있습니다. 모든 가족을 따뜻한 이해와 용서로 품어주는 아내의 넓은 품안에서, 온 가족이 나날이 보다 행복한 내일을 꿈꾸며 즐겁게 살아가리라는 **희망과 믿음**을 노래하고 있습니다. '**미래지향적 꿈**'이 가득 담긴 아주 상큼한 작품입니다. 너무나도 고마워서 뭐라고 말 못하고 그냥 물끄러미 주름진 아내의 얼굴 앞에 시선이 머물고 만다는 '**시적(詩的) 고백**'에 그만 가슴이 찡하고 뭉클해 눈시울이 뜨거워집니다.

여보! 지금 막 창밖에 눈[雪]이 내리듯 그렇게 포근히 꿈꾸는/당신의 얼굴에 오늘도 내 얼굴을 가만히/꽃잎처럼 포개 봅니다. 유난히 따뜻한 당신의/입술이/오늘따라 잘 익은 모과 향기로/온 방안에 가득합니다/우리는 아직 제주도 한 번 못 가 본 부부이지만,/남들은 다 간다는 외국이 있는지도/잘 모르는/부부지만, 여보! 오늘 밤만은/당신의/포근한/꿈속에서 하늘 높이 나는/비행기(飛行機) 신나게 한 번 타 보시구려,/밤늦게 공부하는 애들 걱정은 오늘만은 내가 하겠습니다/여보! 지금 막 창밖에 눈이 내리듯, 그렇게/가장 포근히 꿈꾸는 당신의/얼굴에,/건강한/우리 3남매의 미소를 별빛처럼/포개 봅니다/유난히 따뜻한 당신의 손등이/오늘따라 촛불처럼 온 방안에 환하게 켜져/있습니다. 여보! 창밖에/소복이 눈 내리는 아까운 이 밤에,/제발/못난 남편이 사는 현실로 꿈속에서 돌아오지 마세요/꿈 많은 꽃밭의 이슬 같은 소녀로 계시다가,/저 멀리 백마(白馬) 타고 오는 왕자님을 꼭 만나셔야 합니다//밤늦게, 아직도 공부하는 애들 걱정은 오늘만은 내가 하겠습니다!!

〈당신이 꿈꾸는 밤에〉 전문

우리 부부는 '**아직 제주도 한 번 못 가 본 부부이지만,........남들은 다 간다는 외국이 있는지도 잘 모르는 부부지만,**에서 그만 코끝이 찡하고 눈물이 핑 돌았지만, 그러나 '**밤늦게, 아직도 공부하는 애들 걱정은 오**

늘만은 내가 하겠습니다.에서는 어느새 마음 환해지는 행복감이 가슴 가득히 찾아옵니다. 모든 감각을 다 열어 놓고 아내를 사랑하고 있습니다. 사랑의 향기가 온 집안에 가득합니다. 이렇듯 내외의 사랑은 현실을 넘어 **'영원(永遠)'에까지 이어질 것입니다.**

여보! 당신은 이제 더욱 아름다운 풍경입니다. 아이들이 막/자유롭게 산새처럼 뛰노는 한가로운 산골 마을./당신은 언제나 그런/풍경입니다/이제는 당신 눈가의 주름살도/어항 속의 아름다운 금붕어로/변하고 있습니다/나이를/먹고 있는/기쁨/속에, 당신의 무게는 소중합니다/여보! 당신이 있기에 늙음 속에 불타는 새로운 젊음이 있음을/알았습니다. 나이 앞에 부끄럽지/않게,/어둠에/방황하는/저 무명의 바위들을/활짝 핀 연꽃으로 일깨웁시다/새 한 마리 멀리 날아가는 작은/질문(質問)에도,/당신의 깊은/사랑으로 대답하겠습니다/여보! 당신은 이제 더욱 아름다운 풍경입니다/복사꽃이 막 등불처럼 흔들리고, 푸른 솔밭들도 옛 이야기처럼//속삭이는 산골 마을, 당신은 언제나 그런 평화로운 풍경입니다!!

〈당신 곁에서 늙어 가는 기쁨〉 전문

참으로 평화로운 **'한 폭의 아름다운 수채화(水彩畵)'**를 펼쳐 놓은 듯합니다. 늙어 가는 것을 거부하는 것이 아니라 순리대로 받아들이고 아내 곁에서 깨끗하게 함께 늙어 가겠다는 것입니다. **늙어감의 모습**을 더욱 아름답게 수용하며, 만족하고 흐뭇하게 아내의 사랑에 응답하며 살아가겠다는 또 다른 형태의 행복한 **사랑의 '세레나데(serenade)'를 부르고 있습니다.** 아내의 존재를 소중하게 여기며 보다 깊은 사랑으로 응답하며 살아가겠다는, 류재상 시인의 **'사랑의 철학'**이 한껏 빛나는 작품입니다.

여보! 당신이 하얀 목련꽃으로 아름답게 피던 그 추억 너머,/일렁이는 아지랑이로, 나는 항상 당신 곁에 있겠습니다/어느 해 작은 한 여인이, 하얀 목련 꽃으로 활짝 필 무렵,/나는 그때, 이십대/한창/젊은 나이였습니다/작은 한 여인 때문에, 그만 바위들도/침묵 너머/날개가/돋는 것을 보았습니다/나무들도/자리를 옮겨가며,/파란 술잔을 하늘 높이 들어 올리던 그 시절,/한 작은 여인의 위대한 힘을 알았습니다, 여보! 이렇게 고달픈/현실도, 처음 만난 한 여인의 위대한 힘으로/버틸 수 있었습니다/허전한/내 삶의 빈 공간(空間)을/당신의/그윽한/사랑으로 가득 채우고, 날마다 당신/처음 만났던/기쁨으로,/오늘도 나는 아주 곱게/늙어 가고 있습니다, 여보! 우리에게 주어진 이 행복한 시간이/다 된 뒤, 저 하늘 한 바퀴 빙 돌아 다시 말갛게 돌아와, 나는/당신 처음 만났던 하얀 목련꽃으로 눈부시게 활짝 피겠습니다/그때, 내 앞에서 한없이 일렁이는//아지랑이가, 바로 다시 만나자고 약속한 당신인 줄 알겠습니다!!

〈사랑의 힘〉 전문

젊어도 늙어도 함께 영원(永遠)까지 가는 것이 사랑의 힘이라는 것을 류 시인은 '**신앙처럼**' **확실한 믿음을 갖고 있습니다.** 세월의 흐름에 아름답게 순응하며 처음 먹었던 사랑의 마음 그대로를 영혼 깊이 가장 소중이 간직하고 있습니다. 변화가 심하고 변질이 많은 이 불확실한 세상에 참으로 고귀한 사랑을 어떻게 관리해야 하는지를 시범적으로 보여주고 있습니다. '**죽어서도 무덤까지 신혼여행(新婚旅行)**'을 떠나자는 류재상 시인입니다. 그만큼 사랑은 현실을 넘어 죽음 저쪽의 영적세계(靈的世界)로까지 이어진다는 '**사랑의 영원한 신앙**'을 굳게 믿고 있습니다.

여보! 우리의 사랑은 아직도 활짝 핀 석류(石榴)꽃,/시간이 이제 제아무리 흘러도,/언제나 윙윙거리는 꿀벌입니다/여보! 당신의 입술/가로/여백처럼/아련히/번지는 미소가 어느새 온 산을 촉촉이 적시는 그런 산새소립니다/세상이 살벌한 어둠에/싸여/제아무리/결과는/뜨거운/심판(審判)일지라도,/당신을 사랑하는 나의/믿음은/아직도 기도하는 촛불입니다/여보! 우리의 사랑은 아직도 변함없는 날갯짓,//시간이 이제 제아무리 흘러도 영원히 푸른 하늘입니다!!

〈아직도 우리의 사랑은〉 전문

한번 맺은 인연에 대하여 영원히 함께 할 것임을 재삼 확인하고 있습니다. **사랑의 '생명력'을 표현하고 있습니다.** 어느 한 순간에 사랑이 끊어지는 것이 아니라, 현재는 물론 **'죽음 너머 영원한 영적세계'**까지 이어진다는 것을 믿고 있습니다. 이렇듯 류 시인의 사랑은 하염없이, 끝없이, 변함없이 영원한 것입니다. 이것이 바로 류 시인이 믿고 있는 **'사랑의 신앙'**입니다. 사랑의 해석법이 가히 놀랍고 경이롭습니다. 젊어서도 늙어서도 죽어서도 류 시인의 사랑은 영원불변의 **'현재진행형'**입니다.

6. 자연을 닮은 순행(順行)의 삶

류재상 시인의 그 아름다운 **'친자연적(親自然的)'**인 시구(詩句)들을 몇 개 추려봅니다. 눈부시게 반짝이는 영롱한 시 문장을 통하여 얼마나 **친자연적인 삶**을 꿈꾸고 있는지 짐작하게 합니다.

봄비가 새싹을 연주하듯 당신도 우리 가족을 그렇게 연주하고 있음을.......
딸 같은 풀벌레와 내 아들 같은 아침이슬과 아내 같은 저 파란 물빛.......
나비 한 마리만 찾아와도 우리 집은 가장 아름다운 꽃잎이에요.......

또한 수도 없이 많은 **자연의 시어(詩語)**들이 류 시인의 시에서 많이 보이고 있습니다. 석류 · 꿀벌 · 제비꽃 · 봄비 · 가을날 · 햇빛 · 산새 · 장미꽃 · 복사꽃 · 솔밭 · 노송 · 바위 · 연꽃 · 목련꽃 · 이슬 · 꽃밭 ·

눈·별빛·개나리·소나기·진달래·풀잎·아지랑이·안개·단풍·강물·비둘기·황금벌판·감나무·산골·구름·하늘·들국화·종달새·꽃씨·바람·보리밭·물빛사랑 등과 같은 이 **'자연의 언어'**들이 시적(詩的)으로 잘 정제되고 승화되어 독자들의 가슴을 뜨겁게 울리며 긴 여운을 남기고 있습니다. 이것이 바로 좋은 시(詩)의 감동(感動)이 아닌가요.

류재상 시인은 **'자연의 시인'**입니다. 아내의 사랑이 곧 **자연의 사랑입니다.** 사랑 속에서 **'아내와 자연이 하나로 합일(合一)되는 새로운 시적(詩的) 창조 세계'**를 건설하고 있습니다.

여보! 우리 집을 멀리 떠난 개나리와 진달래도, 다시/우리 집 식구로 돌아왔습니다/따스한 햇볕으로 당신이/밥을 짓고 국을 끓일 무렵부터/다시 우리 집 식구로 돌아왔습니다/여보! 손님 같은/봄비도/안개 자욱한 저쪽에서/어린/새싹들을 시끄럽게 데리고, 작년(昨年)보다/건강하게, 당신이 있는 우리 집으로 다시 돌아왔습니다/아무리 깨진 빈 접시 같은 세상일지라도,/그래도/내 곁에 당신이/있기에,/벌써 복사꽃이/우리 집 대문을 활짝 열었습니다/벌떼와/나비 떼도/저렇게 당신을 칭찬하는/아름다운 언어로 바뀌었습니다/여보! 우리 집을 멀리 떠난 물소리와 아지랑이도, 다시/우리 집 식구로 돌아왔습니다//깨끗한 하늘로, 당신이 밥을 짓고 국을 끓일 무렵부터!!

〈봄과 그리고 우리 집〉 전문

분명한 것은 세상의 그 어떤 의미도 **당신이 없다면 무의미하다는 것**을 시(詩) 속에 한없이 감추어 놓고 있습니다. 류 시인은 처음 시편부터 마지막 시편까지 아내 사랑이라는 중심축을 놓치지 않았기에, 아내의 '사랑을 자연의 사랑'으로까지 승화(昇華)시키고 있습니다. 자연의 작은 소리까지 가장 달콤한 사랑의 언어로 번역(飜譯)하여 들을 수 있는 **'귀[耳]'**가 있습니다. 이렇게 자연의 소리가 아름다운 사랑의 소리로 들리는 귀는 오직 **류재상 시인의 '귀'** 그 하나뿐일 겁니다.

여보! 어느 봄날이었습니다. 내 나이 한창 스물세 살이었던가요/당신과 처음 만나던 날,/우리 곁에 활짝 핀/개나리가 아직도 내 핏속에 남아,/해마다/봄이면,/이렇게 가슴 두근거리게/합니다/심장 뛰는/속도로 우리의 삶이 저물어/가는 이 주어진 시간 속에, 그래도 내 곁에 언제나/사랑하는 당신이 있어, 날마다/햇빛을 칭찬하며/이렇게 가장 푸르게 살/수 있게/되었습니다/아무리 추운 삶의 얼음장 밑이라도,/내 핏속에 개나리 활짝/피는 당신이 있어, 언제나 눈 녹아/흐르는 맑은 물소리가 들입니다, 나날이 푸르러가는/저 들녘 너머//가장 즐거운 종달새가, 오늘도 사랑하는 당신입니다!!
〈가장 즐거운 종달새〉 전문

엄동설한(嚴冬雪寒) 속에서도 남편 곁에 늘 **'개나리 같은 아내'** 가 있어 우리 가정(家庭)에는 언제나 봄기운이 감돌고 있다고 하였습니다. 머지않아 푸르른 보리밭 위로 즐겁게 노래하며 행복하게 날아다닐 **종달새가 바로 '아내'라는 것입니다.** 류 시인을 둘러싸고 있는 **모든 자연환경**이, 사랑하는 아내의 이미지로 온통 가득 차 있습니다. 일상(日常)에서 보고 듣는 **'모든 자연이 다 아내 사랑'** 으로 연결되어 있습니다.

여보! 이렇게 날로 어두운 세상에, 그래도 우리 둘이는/참으로 티 없이 맑게 살자던 그 약속,/아직도 이 가파른/육십 고개/너머에서, 반짝이는 별빛입니다/당신 곁에,/씨앗처럼/자라는 우리 아이들/튼튼히 키워,/다 저 맑은 공기(空氣) 속으로/독립시키고 나면, 우리 노부부(老夫婦) 다시 약속처럼/산속에 맑은 강(江)물이 됩시다/뒤돌아보면/뒤돌아볼수록, 저 맑은/물빛이/우리가/그렇게 소중히 지켜온 짜릿한/약속입니다/여보! 우리 이렇게/종교(宗敎)처럼 부부의 믿음으로/살다가, 어느 날 갑자기 정말 말갛게 하늘로 돌아간다면/옆집//아기의 첫울음으로, 다시 태어나 또 한 번 부부가 됩시다!!

〈우리의 약속〉 전문

온갖 정성과 사랑으로 아이들을 잘 영근 튼튼한 씨앗으로 다 독립시키고 난 다음, 부부는 다시 산속의 맑은 강물로 되돌아가는 **'자연 회귀의 삶'**을 마지막 노래하고 있습니다. 얼마나 **순결하고 질박한 삶을 꿈꾸고 있습니까**. 그저 자연을 닮은 순리(順理)의 삶을 꿈꾸고 있습니다. 진정한 의미의 참된 삶이란 **'자연을 본받는 것'**이라고 일찍이 **노자(老子)**는 말하였습니다. 자연 속에 삶의 길이 있다는 것입니다. 자연을 닮은 삶은 가장 **순리적인 삶입니다.** 이치를 어그러뜨리지 않는 저 하늘같은 순행(順行)의 삶을 사는 것입니다.

지금까지도 그러하듯 **'천지(天地)의 이치(理致)'**를 거슬리지 않는 삶을 살아오고 있는, 류 시인의 아내 사랑도, 깊이 보면 **자연 사랑의 한 부분입니다.** 도대체 어느 작품 하나도 부자연스러운 데가 없습니다. 물이 흐르듯 아내의 이미지와 자연의 이미지를 따라, 작품(作品)이 제 스스로 즐겁게 콧노래 부르며 그냥 물 흐르듯 그렇게 흘러갑니다. 어색하거나 막히는 곳이 하나도 없습니다. 그야말로 **'천의무봉(天衣無縫)'**입니다.

7. 선연선과(善緣善果)의 삶

月葉 류재상 시인은 **'1972년 1월 13일'**에 사랑하는 아내 **'海里 양정숙'** 여사와 결혼하게 됩니다. 본 시편들은 아내의 회갑인 **2007년 7월 15일(음6월 2일)에 헌시(獻詩)로 바친 시집(詩集)입니다.** 그러나 세월이 적잖이 흐른 오늘에 읽어도 그 이상의 언어를 찾을 수 없는 최고의 명작(名作)입니다. 이 시편들 속에 있는 시적(詩的) 진실이 류재상 시인의 영원한 진실입니다. 가슴 설레는 첫 만남 이후 결혼을 서약하고 성스러운 가정을 이룬 그 순간부터 류 시인의 연가(戀歌)는 시작됩니다.

그것이 현실의 삶을 넘어 죽음 너머에 있는 '**영원의 세계**'까지 뜨겁게 이어지고 있습니다. 일상(日常)의 사랑을 넘어 종교적 믿음의 사랑으로까지 뿌리를 아주 깊이 뻗어 가고 있습니다. 이것은 류재상 시인의 '**사랑의 신앙이요 사랑의 철학**'입니다.

"**여보 이렇게 우리가 늙어가는/세월의 긴 질투 속에/그래도 해마다 봄이 오면/저렇게 활짝 핀 진달래를 아직도 사랑하는 당신이라 불러 봅니다**"라고 하여 한번 맺은 인연의 영속성을 맹세하고 있습니다. 또한 "**평생(平生)을 변하지 않는 사랑으로 살기는/참으로 어렵지만,/그래도/나는 아직까지 당신을/하늘에/써 놓은/그분의 말씀으로, 아침마다/새롭게 읽고 있습니다**"라고 하여 매일매일 사랑을 새롭게 탄생시켜, 신앙(信仰) 같은 충실한 자세로 일상생활과 접목시키고 있습니다.

또 아내를 향한 찬사(讚辭)의 한 대목으로, "**여보 당신은 봄비인 것을/온 대지를 촉촉이 연주하는/그런 생명의 봄비인 것을**"이라고 노래하고 있습니다. 이 얼마나 아름답습니까, 얼어붙은 대지에 생명을 일구어 내는 '**봄비[春雨]**'라고 하였습니다. 그렇습니다. 여성은 대지를 상징하고 그 대지에서 번식시키고자 생명을 잉태하는 생명의 창시자입니다. 그러한 역할을 잘해 내고 있는 아내, 지어미에 대한 찬사가 꿀맛처럼 황홀하게 이어지고 있습니다.

'**이성지합(二姓之合)은 만복지원(萬福之源)**'이라고 하였는데, 그야말로 류 씨와 양 씨 두 분이 천복(天福)의 인연을 맺어 지난(至難)한 삶의 과정에서도 아름다운 사랑의 결실을 거두어 나날이 행복으로 가득 채워왔음을 시편(詩篇)에서 목격하고 있습니다. 아마도 이렇게 현실에서 맺어진 인연이 '**죽음을 넘어 영원의 세계**'까지 이어질 것입니다.

전통 혼례복에 씌어 진 글씨 중에 '**수여산(壽如山) 부여해(富如海)**'가 있습니다. 류 시인 내외분께서도 산(山)같이 길이길이 이어지는 장수를 누리시고 바다 같이 커다란 윤택함을 누리실 것입니다. 앞으로 틀림없이 산같이 오래도록 건강하시면서 맑고 깨끗한 청복(淸福)을 누리시게 될 것입니다. 하늘의 천리(天理)가 반드시 은총을 주실 것입니다.

이번에 새로이 퇴고하여 펼쳐내는 연가집(戀歌集)『**여보! 당신만을 사랑해요**』에서 가장 많이 쓰인 어휘가 '**여보**'와 '**사랑**'입니다. 모든 시편들이 여보에서 시작하여 사랑으로 절정(絕頂)을 이루고 있습니다. **독자들을 가장 황홀한 '사랑의 길'로 인도(引導)하고 있습니다.**

2010년에 펴낸 29시집 『**가장 황홀한 원**』에 실려 있는, 아내를 향한 연가 한 편을 살펴보겠습니다.

아내여! 시인의 아내여!/새소리 맑게 들리던 당신의 그 까만 머릿결이/어느 새/하얗게 학(鶴)이 되었습니다/놀라운/세월의/마술(魔術) 앞에/남은 제 여생(餘生)을,/당신을 위해 푸른 노송(老松)이 되겠습니다/제 어깨 위에/앉아,/고고한/학(鶴)춤을 낳아/기르소서! 하늘의 언어(言語), 시인의 아내여!/당신은,//하늘이 주신 저의 가장 아름다운 시(詩)입니다!!

〈아내에게 바치는 연가(戀歌)〉 전문

주지하다시피, 月葉 류재상 시인은 '**5,000여 편**'이 훨씬 넘는 그 주옥같은 시를 창작하여, 이미 '**40권**'이 넘는 시집을 상재(上梓)하신 한국 시단의 **중견(中堅) 원로** '**대시인(大詩人)**'입니다. 세속적으로는 평생 선생님 직책을 수행하신 분이나, 40권이 넘는 이 방대한 시집을 출간하는 동안 쌓아올린 그의 문학적 업적으로 볼 때, 그는 한국문학사(韓國文學史)의 새로운 지평을 연 '**천직의 시인(詩人)**'입니다. 시인이 가장 사랑하는 연모(戀慕)의 결정체가 무엇이겠습니까. 바로 '**시(詩)**'입니다. 일생 추구하는 가치도, 일생 도달하고자 하는 경지(境地)도 **바로 시(詩)입니다.** 그런 시(詩)가 바로 아내 '**海里 양정숙**'이라고 마지막 연에서 선연하게도, "**당신은/하늘이 주신 저의 가장 아름다운 시(詩)입**

니다"라고 불도장을 '**쾅!**' 그대로 찍어 매듭을 짓고 있습니다. 이 얼마나 놀라운 시인(詩人)입니까.

두 분이 함께 하신 40여 년의 세월이 흐르다 보니 어느덧 '**하얗게 고고한 학(鶴)이 된 아내에게, 늙은 노송(老松)이 된 시인(詩人)의 어깨 위에 앉아 두둥실 마음껏 신명나는 학춤을 추시라 하십니다**'. 소위 속세에서 회자되는 연세 드신 남편이 아내에게 잘 보이고자 하는 언어가 절대 아님을 이미 독자들은 알아차렸을 것입니다. 참으로 가슴 뭉클하고 찡한 감동입니다.

이러한 시를 속마음으로 집필해 낼 수 있었던 것은 **아내의 현숙함 덕분입니다**. 그것을 현명한 남편은 놓치지 않고 있습니다. **지어미를 인정하는 지아비의 너그러움과 인자함입니다**. 이제 그동안 힘들었던 일상 좀 내려놓으시고 아름다운 저 '**자연 같은 아늑한 지아비의 품안**'에서 휴식을 취하십시오. 충분히 그럴 만한 자격이 있으십니다. 류 씨 문중에 출가(出家) 오셔서 집안을 일구어 내시고, 씨앗 중의 씨앗으로 단단히 키워 오신 '**3남매와 어르신 봉양**'에, 한 치의 느슨함도 없이 참으로 위대하고 아름답게 살아오신 **오! 이 세상에서 영원히 가장 아름다우실** '**사랑의 여신(女神)**' 시적(詩的) **여보, 당신이시여!** 〈끝〉

> 류재상 단상집
> 시인의 고독한 독백

제2장
최초로 하늘을 읽고 감동(感動)한 사람이 바로 예수다

21. 최초로 하늘을 읽고 가장 감동(感動)한 사람이 바로 예수(Jesus)다.

22. 하늘에는 분명히 활자(活字)가 있다. 다만 믿음으로 보이는 활자다. 성경(聖經)은 그것을 최초로 옮겨 적은 책(冊)이다.

23. 파리 떼가 사람을 괴롭히는 것은 오직 죽지 못한 목숨 때문이다. 매우 선량한 인간은 파리 떼를 용서할 수는 없어도, 그것을 이해할 수는 있다

24. 노래는 삶의 기쁨이 아니다. 오히려 삶의 가장 깊은 슬픔이다.

25. 똥(糞)이 사과밭에 깊이 묻히면 사과의 단맛으로 변한다. 그래서 똥의 냄새는 땅 속에 깊이 묻히고 싶은 가장 순수한 기도(祈禱)다.

26. 수학(數學)은 두 개를 영원히 두 개로 고정시키는 작업이지만, 문학(文學)은 두 개를 깨뜨려 영원히 두 개로 만들지 않는 작업이다.

27. 바람은 가벼움으로 사물을 흔들어 깨우지만, 사색(思索)은 침묵(沈默)으로 하늘을 흔들어 깨운다.

28. 오늘은 어제의 연속이 아니라 새로운 탄생(誕生)이다. 이것이 바로 하루의 가장 힘찬 출발이다.

29. 당신의 발길이 닿는 곳이라면 어느 곳이든 땅 밑을 조금만 파 보라. 거기에는 어김없이 실뿌리가 혈관(血管)처럼 얽혀 있다. 이것이 바로 그 무서운 생명력(生命力)이다.

30. 인간과 파리가 똑 같은 것이 하나 있다. 그것은 고귀한 생명(生命)을 가졌다는 가장 엄숙한 이 사실 하나다.

제11시집
「꺾어 심은 나무」

꺾어 심은 나무

〈머리말〉

「감하나」·「소박한 애국」·「달콤한 죽음의 연습」·「대지의 힘」·「동백꽃」·「가슴 뛰는 세상」·「정말 생각해 봅시다」·「돌아보기(1)」·「돌아보기(2)」·「여보! 당신만을 사랑해요」에 이어 이번이 **'열한 번째 시집'** 이다.

이 **열한 번째 시집**까지 오는 동안에 나에게는 자랑과 영광보다 갈등과 좌절과 고통의 연속이었다. 그것은 나와 시(詩) 사이의 갈등이었고, 시(詩)와 현실 사이의 좌절이었고, 또 시인(詩人)으로서의 삶의 고통이었다. 그러나 나는 그 동안 잘도 이 갈등과 좌절과 고통을 극복해 온 셈이다. 언어와의 대결에서는 절대로 시(詩)를 버릴 수 없었고, **밥이 되지 않는 시(詩)를 데리고** 어렵고 험난한 세상을 헤쳐 와야만 했다. 그 동안 겪은 뼈아픈 갈등과 좌절과 고통은 이제 나의 시적(詩的) 연륜 위에서, 삶의 경험과 인격과 사상과 정서로 더 한층 자리 잡게 되었다. 동시에 이것이 또한 인생을 이해하는 안목과 자연과 사물을 인식하는 깊이와 보다 아름다운 미학(美學)의 틀을 만드는, **'풍부한 나의 시적(詩的) 힘'** 으로 작용하고 있다. 뜨거운 불에 달구어진 쇠만이 **강한 무쇠가 된다는 신념과 경험을 믿고 말이다.**

이 시집에 수록된 시편들을 대략 정리하여 살펴보면, 다음과 같이 몇 가지로 나누어 볼 수 있다. 우선 형식적인 특징으로서는, 지금까지의 나의 시편들이 대부분 짧은 것에 비해, 이번의 시편들은 좀 길다는 특징을 말할 수 있다. 그 이유는 종전의 작품들이 자연에서 얻은 정서를 보다 농축하여 **'흙사상이나 선사상(禪思想)'**으로 형상화하는 과정에서, 자연발생적으로 함축미를 추구하는 방향으로 나왔다면, 이번 시집의 많은 작품들은 **'우리 사회의 근본적이면서 긴박한 현실 문제'**를 자연의 정서 속으로 재수용 하는 과정에 자연히 작품의 길이가 좀 길어진 것이다. 그리고 동시에 **'대화체형식'**을 시도해 보았다는 또 다른 특징도 있다. 또한 내용적 특징으로서는, 내 시(詩)의 초기작품에서부터 계속해서 이어져 내려오는 **자연의 정서적 바탕에다가, 오늘의 무거운 현실을 접목하고 있다는 점이다.** 자연의 정서 속에 현실을 비판적으로 수용하는 과정에서 **'풍자와 역설과 아이러니'**는 어쩔 수 없는 내 시의 한 특징으로 나타나게 된다. 심각한 현실 문제를 시(詩)라는 극히 긴장된 형식 속에 고도로 농축하여 수용하기 위해서는, **'풍자와 역설과 아이러니'**가 가장 좋은 기법이라 믿었기 때문이다. 따라서 오늘에 와서는 이 풍자와 역설과 아이러니가 내 시의 기본적 체질이 된 셈이다.

또 다른 하나는 내 시에서 특히 물빛·달빛·공기·물고기·바람·새·강물·물소리·구름·하늘 그리고 꽃·나무·열매·또 아내 등의 단어의 사용빈도가 높다는 것이다. 그러나 **이들 단어들은 내 시에서는 기존의 인습적인 시적질서(詩的秩序)에 파괴적으로 도전하고 반역하면서, 새로운 시적질서에 '창조적'으로 동참하는 단어들이다.** 따라서 오늘날 가장 긴급한 **'인간의 자연성 회복'**과 인류의 멸망을 초래할지도 모를 **'공해문제'**를 이들 단어들이 비판적으로 접수하면서, 새로운 인간질서와 시적질서를 위해 내 시 속에서 맹활약 중이다. 시(詩)가 인간의 감정과 감동을 가장 맛있게 요리(料理)하는 **'언어예술'**이라면, 내 시의 **'언어요리'**가 독자들을 얼마나 감동적으로 감칠맛 나게 만족시킬지 모르겠다.

끝으로 주제적인 특징은, 내 시의 사상적(思想的)인 심층(深層)인 동시에 이 시집(詩集)의 뚜렷한 **'방향성(方向性)'**이다. 내 시의 가장 중요한 이해 부분이라고 말할 수 있다. 나의 시를 평자(評者)들이 다각적으로 이해해 온 바 있다. 불교적인 선사상(禪思想)에서부터 농촌의 흙 사상으로, 또는 전통적인 선비사상 등 일련의 향토적이고 전통적인 사상의 맥락으로 이해하려고 노력했음이 분명하다. 이러한 사상적(思想的) 이해의 맥락 속에다 현실을 더 적극적으로 수용하는, 삶의 **'실존적 사상'** 으로 심화시켜, 개인적이고 소극적인 인간성회복의 입장보다 더욱 적극적이고 인류적인 **'인간의 자연성 회복'** 이라는 사상적 주제로 접근시켜 보려고 노력했음을 밝혀 둔다.

1998년 5월 25일

월엽당 '시인 집'에서

월엽 류 재 상 씀

〈대표시〉

꺾어 심은 나무

힘들어요! 메마른 땅에서, 뿌리 없는 생명(生命)이 힘들어요!
죽기보다도, 살아남기가 훨씬 힘들어요!
차라리
남은 생명을, 순교(殉敎)처럼 바치고 싶어요!
칭찬 받는 고통보다도, 욕먹는 죽음을
선택하고 싶어요!
그러나
고통(苦痛) 속에, 이대로
말라죽을 수는

도저히 없어요! 살라고 땅속에 깊이
꽂아 준, 그분을 배반(背反)할 수는
없어요!
마지막 남은 갈증
속에서
죽기보다
힘든, 실낱같은 뿌리를 지금 내 힘으로
만들고 있어요! 아, 물기가 무거워요! 정말, 쓰러질 것 같아요!
이 메마른 땅에서, 물기를 안고 그대로
쓰러질 것
같아요!
이를, 악물었어요!
하늘을
뒤흔드는 갈증에서도, 끝까지
살아남기 위해서! 꽂힌 그 자리에서
이를, 악물었어요!
떨리는 몸부림에, 드디어
사선(死線)을
넘어! 내 육신(肉身)에
생명이, 찾아왔어요! 살이 찢어지는
아픔 끝에서, 구원(救援)의 뿌리가 찾아왔어요!
이제는
살아남을 수 있는
용기(勇氣)가, 저 태양처럼 빛나고 있어요!
사선을 넘어, 새로운 생명을 되찾는! 내 힘이, 위대했어요!

이제, 나는 내 힘을! 정말, 종교(宗敎)처럼 믿을 수밖에 없어요!!

〈후기사족〉

나는 지금 나이 55세다. 지금으로부터 **'55년' 전(前)으로 다시 돌아가 본다.** 부모님의 **정자(精子)**와 **난자(卵子)**를 지나면, 나는 그만 갈데없는 아득한 **'혼돈(混沌)'**이다. 나는 바람이거나 구름일 뿐이다. **'죽음'**은 다시 내가 그쪽으로 가장 즐겁게 콧노래 부르며 돌아가는 것이다. 그래서 죽음을 **'돌아가셨다'** 한다.

월엽 씀

제12시집
「과수원집 빨간 사과」

과수원집 빨간 사과

〈서문〉

시집을 내면서

아름다운 삶을 사랑하는, 존경하는 독자 여러분 안녕하십니까.「감하나」·「소박한 애국」·「달콤한 죽음의 연습」·「대지의 힘」·「동백꽃」·「가슴 뛰는 세상」·「정말 반성해 봅시다」·「돌아보기(1)」·「돌아보기(2)」·「여보! 당신만을 사랑해요」·「꺾어 심은 나무」에 이어 이번에 또 저의 **'열두 번째 시집'**이 세상에 태어나게 되었습니다.

이 **열두 번째 시집**까지, 저도 꽤나 먼 시(詩)의 길을 걸어왔나 봅니다. 30여 년 동안 옆길 한번 돌아보지 않고 한 길로만 걸어오기란 그렇게 쉬운 일이 아니었습니다. 그러나 이 길은 **'시(詩)을 만난 인연의 길이요, 시를 믿는 신념의 길이요, 생(生)을 확인하면서 삶의 자존심을 지켜온 지고(至高)의 길이기'**에 그 멀고 먼 험난한 인고(忍苦)의 길을 남들보다 더 힘차게 걸어왔나 봅니다.

소름끼치는 오락적 대중문화와 돈에 눈먼 상업주의, 그리고 저 벌레같은 눈 먼 문인(文人)들의 출세주의가 독초(毒草)처럼 창궐(猖獗)하여 정신과 영혼을 황폐화시키는 값싼 이 시대에, 언어의 존엄과 삶의 자존을 지켜온 **'그 무서운 고독(孤獨)의 길'**을 그래도 무사히 여기까지 걸어오게 되었습니다. 그러나 앞으로 갈 길이 더 많이 남았습니다. 지금껏 걸어온 **'창조적 저항과 그 집념'**의 힘으로, 또 다시 힘찬 고독의 발걸음을 내딛어 보겠습니다.

  아름다운 삶을 사랑하는, 존경하는 독자 여러분께서 **자상한 관심과 사랑을 주신다면,** 더 아름다운 **'시(詩)의 길'** 을 힘차게 걸어갈 각오입니다. 이 무거운 뼈 지팡이가 다 닳아 없어지는 마지막 그날까지.

1999년 6월 1일
월엽당 '시인의 집'에서
월엽 류 재 상 씀.

〈대표시〉

과수원집 빨간 사과

과수원집, 빨간 사과야! 저 유명한 피카소(Pablo Picasso)
할아버지가, 너를 만약 그렸다면?
아마, 임신(姙娠)한
여인으로 그렸을 거야?
임시한
여인으로, 그렸을
거야?
햇빛이
처음으로, 네 깊은 속살에
딩동댕 뛰어들었을 때! 너는, 이미 예쁜 신부(新婦)였어!
첫날밤, 신부였어! 네 배
속에

단맛이
자라서, 아주
튼튼한
자양분(滋養分)으로
자라서! 오늘도
달콤하게, 아랫배에서 태동하는!
과수원집, 빨간 사과야! 너는 이제, 임신한 하느님 딸이야!
예쁜, 하느님 딸이야! 내 곁에, 가장 가까이 있는

하느님 딸이야! 가장 건강한, 단맛을 임신한 나의 사랑아!!

〈후기사족〉

  시(詩)란 모양과 색깔, 분위기와 맛, 그리고 자연과 인생의 새로운 해석 및 시인의 철학과 인생관이 '**유기적(有機的)**'으로 결합하여, 뜨거운 감동으로 살아있는 언어의 '**창조적 생명체**'다. 따라서 때와 장소에 따라 무한히 새로운 창조적 감동으로 진화(進化)하는, **가장 신비한 생명체다.** 그래서 시(詩)는, 그 시대마다 새롭게 해석되는 '**가장 역사적인 예술**'이다.

월엽 씀.

제13시집
「하얀 밥풀 하나」

하얀 밥풀 하나

〈서시〉

숨어서 피는 작은 꽃

나는, 꽃이다! 들녘이나 산야(山野)에 숨어서
피는, 그런 꽃이다!
이름은
세상에
없어도, 잡초들 사이에
잡초와 어울려!
밤이슬
함께 나누어
마시는, 그런 꽃이다!
내 힘만으로, 피고! 내 힘만으로 씨를 뿌리고
사는, 그런 꽃이다!
기쁠 때에는
하늘을,
우러러 아버지라
부르고! 외로울 때에는,
지나는

바람을,
어머니이라 불러도
만족한 그런 꽃이다! 숨어서, 사람들 눈에는 잘
띄지 않지만! 그러나

가장, 만족하고 가장 향기롭게 사는 그런 꽃이다!!
2000년 여름
월엽당 '시인의 집'에서
월엽 류 재 상 씀.

〈대표시〉

하얀 밥풀 하나

하얀 밥풀, 그는 손님이시다! 하늘에서, 오신 손님이시다!
그의 하얀 도포자락에, 오늘도 하늘이
파랗게 묻어 있다!
내
생명(生命)을 가장
소중히, 하늘에서 데리고
오신 손님이시다!
오천년,
그 아득한
이 나라!

웅녀(熊女)의, 그 달빛 같은
비뇨기(泌尿器) 냄새를! 처음으로, 가장 향긋하게
찾아주신 손님이시다! 그의
눈부신
하얀,
옆구리에서!
오늘도
여름날, 소나기 지나가는
소리가 난다!
그의
촉촉한 눈웃음 끝에는
오천년, 우리의 그 까마득한 삶이! 아직도
달콤하게, 묻어있다! 된장냄새, 아득히 풍기는! 이 나라
그 뜨거운, 오천년 역사(歷史)가!

그의, 하얀 앞가슴에! 아직도, 신화(神話)처럼 묻어있다!!

〈후기사족〉

시인(詩人)은 언어(言語)가 제 스스로 찾아와, 우리의 저 '김치처럼' 그렇게 가장 맛있게 숙성(熟成)되어 익을 될 때까지, 그 긴 '인내(忍耐)'의 시간이 필요하다. 짧은 시간에 급하게 언어를 억지로 불러들이면, 그때는 시가 아니라. 시(詩)를 가장한 가장 무서운 '언어폭력'이 된다. 언어가 스스로 시인을 찾아오지 않으면, 그때는 시 쓰기를 그만 두거나 포기해야 한다. 요즘처럼 시가 아닌 가짜 시가 무섭게 활개 치는

그 원인이, 바로 **언어가 오랫동안 숙성되어 익지 않는데** 그 '**근본 원인**'이 있다. ***김수영(金洙暎)** 은사님은 늘 제자들에게, "**40세가 넘어서 시(詩)를 써야 한다**"는 그 충고! 이제야 비로소 좀 알 것만 같다.

*김수영:(1921.11.27~1968.6.16) 시인. '서라벌예술대학 문예창작과'에서 강의를 하셨음.

월엽 씀

> 류재상 단상집
> 시인의 고독한 독백

제3장
시(詩)는 감동(感動)의 화려한 압축(壓縮)이다

31. 시는 감동의 가장 화려한 압축(壓縮)이다.

32. 시는 언어가 보여주는 가장 신기한 마술(魔術)이다.

33. 시는 언어를 굴복시켜 무릎을 꿇게 하는, 시인(詩人)의 가장 행복한 승리(勝利)다.

34. 시는 언어로 담근 술(酒)이다

35. 시는 인간의 원초적인 불안(죽음을 앞 둔 인간의 불안)을 가장 섬세하게 달래주고 보살펴주는 그런 감동의 언어다.

36. 시는 순간에 번쩍 하는 영감(靈感)의 빛이다.

37. 시는 시인과 언어의 지칠 줄 모르는 싸움이다.

38. 시는 쓰는 것이 아니라 끝까지 퇴고(推敲)하는 것이다.

39. 시는 한없이 비상(飛翔)을 꿈꾸는 마음의 날개다.

40. 나는 썩은 나무토막 하나가 나의 스승이다. 어느 비 오는 날, 서울의 미아리고개 넘어 그 더러운 정능천(貞陵川)에서 나의 스승을 처음 만났다. 그는 물 굽이치는 소용돌이 속에서 다 썩은 손을 번쩍 들어, 하늘에다 커다랗게 원(圓) 하나를 나에게 그려 보였다. 50년이 지난 지금도, 그 원 속의 비밀을 푸는 것이 내 시(詩)의 시작이요 끝이다.

제14시집
「시인의 나라」

시인의 나라

⟨서시⟩

시인의 나라

바람 속에, 시원한 나라를 하나 세울래요! 시인(詩人)의 나라를
세울래요! 국호(國號)는, 그냥 아름다운
장미꽃으로 할래요!
온통 향기가 지배하는, 그런
나라를 세울래요!
길은 곳곳마다, 한창 뻗어가는 저 덩굴장미로 닦을래요!
집들은, 산속의 저 깨끗한 새소리로
지을래! 이 나라의
국력(國力)은, 아침에 피어나는 저 빨간
나팔꽃의
나팔소리로도
충분해요! 군인은
바람에
춤추는, 저 나무들로 할래요!
즐거운 춤으로, 나라를 지킬래요! 신나는
콧노래로, 총과 칼을 만들래요! 햇볕 속에, 따뜻한 나라를 하나

세울래요, 시인의 나라를, 세울래요! 국호는
어느 곳에나 그 흔해빠진,
시골의
저 호박꽃으로
할래요! 윙윙
꿀벌이
지배(支配)하는, 그런 나라를 세울래요!
길은 곳곳마다, 힘차게
뻗어 가는 저 호박넝쿨로 닦을래요!
집들은, 졸졸거리는 저 맑은 시냇물소리로 지을래요!
이 나라의 국력은
이름 모르는, 저 많은
들꽃들의
그 향기로도 충분해요! 나라를 지키는 군인들은
쑥쑥 자라는, 저 파란 풀잎들로 할래요! 새싹들의 저 푸른
용기로, 나라를 지킬래요!

남모르는, 가장 만족한 행복(幸福)으로 칼과 총을 만들래요!!

2001년 10월 5일
월엽당 '시인의 집' 주인
월엽 류 재상 씀

〈대표시〉

햇빛아저씨
―이건, 정말이에요

햇빛아저씨! 저는, 풀잎이에요! 지금 예쁜 꽃잎을, 임신하고
있어요! 제 배속[子宮]에 자라는, 이 꽃잎이!
햇빛아저씨! 당신의
딸인지
당신의 아들인지 혹시, 누가 아나요?
저쪽
우리오빠, 조 눈 큰 잠자리
좀 보세요?
두 눈을
얼마나, 무섭게 굴려대고 있나요?
풀잎 저는, 그래도 지금 요렇게 가장 예쁜 꽃잎을! 아랫배가
볼록하게, 임신(姙娠)한 걸요! 저렇게 우리오빠가, 막 무섭게
두 눈[目]을 굴려대도! 이 세상이
어디 뭐,
조금이라도
달라진 것 있나요? 오늘처럼
바람이
이렇게 잔잔할 때, 햇빛아저씨! 잠자리,
저 우리오빠
몰래! 풀잎

저를, 당신 품안에 한번 꼭 껴안아 주세요!
이제 풀잎 저는, 사랑하는 햇빛아저씨! 당신의, 따뜻한 그 사랑

없이는! 이 세상에, 단 하루도 살 수 없어요! 이건, 정말이에요!!

〈후기사족〉

시(詩)란, '자연'을 우리 집 식구처럼, 허물없는 학창시절 다정한 친구처럼, 사랑하는 연인처럼, 마음씨 착한 옆집 아줌마 아저씨처럼, 그렇게 생각하고 마음을 활짝 열고 정성을 다해 '성심성의(誠心誠意)껏 대화(對話)'하는 그것을 그냥 그대로 글로 쓰면, 그것이 곧바로 '시(詩)'가 되는 것이다. **어쩌면 가장 쉬운 글쓰기라 할 수 있다.** 그러나 세상 사람들은 그것을 잘 모르고, 시(詩)란 원래가 대단히 어려운 것으로 초·중·고등 때 잘 못 배웠기 때문에, 독자와 시(詩) 사이의 거리가 점점 더 멀어지게 되는 것이다. 그러나 내 시를 읽는 독자라면 지금까지의 시에 대한 생각(인식)이 확! 달라질 것이다. **'아하! 시란 바로 자연과의 가장 진실한 대화(對話)'** 란 걸 알게 될 것이다. 그래서 시(詩)란 외로운 독자에게, 가장 달콤하고 가장 다정한 새로운 자연의 친구와 새로운 자연의 연인(戀人)을 소개해 주는 그런 **'메신저(messenger) 역할'** 을 하는 것이다. 따라서 시(詩)를 사랑하면 이 세상 모든 자연과 언제든지 친구가 되어 대화할 수 있고, 언제든지 사랑하는 연인이 될 수 있어, 삶의 **허무(虛無)**와 삶의 **고독(孤獨)**을 극복하고, 삶의 새로운 **희망(希望)**과 삶의 새로운 **행복(幸福)**을 찾게 될 것이다. 이것이 바로 **'위대한 문학(시)의 힘이요 위대한 예술의 힘'** 이다.

참으로 힘들었던 작품 수정(修訂)을 끝내고,
시인이 가장 좋아하는 화창한 어느 7월날에

월엽 씀.

> 류재상 단상집
> 시인의 고독한 독백

제3장
시(詩)는 감동(感動)의 화려한 압축(壓縮)이다

41. 시는 일상(日常)의 언어를 파괴할 때 생기는 충격이다.

42. 시는 언어로 표현할 수 없는 또 다른 언어(言語)다.

제15시집
「아침이슬」

아침이슬

〈서시〉

시인의 감정

바람[風]에 날리는, 민들레의 솜털 같은 꽃씨 하나에도! 나의 내면(內面)을 응시하는, 그런 깊은 시선(視線)을 느낍니다!
빗방울 하나가, 손바닥 위에
튀어도!
내 감정 속에
살아있는
짜릿한,
생(生)의 파문(波紋)이
입니다!
앵무새
깃털 같은, 시인(詩人)의 감정으로! 늘 하늘만 바라보아도,
어쩐지? 자꾸만 죄인처럼 두렵습니다! 스치는 바람 하나가
나에게,
슬쩍
정다운 대화 하나쯤
던지고

갈 때에는!
나도 모르게,
눈물 같은
그런 촉촉한 친구도 생깁니다!
싸늘한 돌덩이 하나가, 가끔은 매우 따뜻한 생명으로
태어나! 눈 꼬리 살살치는, 그런 날이면! 풀벌레 한 마리의
작은 눈알까지도, 넓은

하늘로 열리는! 우레 같은, 생명(生命)의 숨소리가 들립니다!!
2001년 12월 25일
월엽당 '시인의 집'에서
월엽 류 재 상 씀.

〈대표시〉

아침이슬

영롱한 아침이슬은, 꽃잎의 청순한
신부(新婦)!
엊저녁
그
초야는,
밤새도록
팔팔 끓던 찌개!

밝아오는

오늘

이

환한

아침은,

신부가 처음 차린 밥상! 하늘 위에

흰 구름 동동,

떠가는! 저 짭짤한, 하얀 간장 종지 하나!!

〈후기사족〉

  시인(詩人)은 언어를 마음대로 지배할 수 있는 **'독재자(獨裁者)'**다. 그러나 그 독재자 위에 또 다른 무서운 독재자가 있으니, 그놈이 바로 **'영감(靈感)'**이다.

月葉 씀.

제16시집
「감각、21」

감각 · 21

〈서시〉

정다운 가족

가을 귀뚜라미가
달빛을,
오빠라
부르면!
달빛[月光]은
나를,
형(兄)이라 부른다!
뒤뜰
귀뚜라미는
어느새,
내
여동생이다!
우리는, 이렇게!

정다운, 한 가족(家族)이다!!

2002년 7월 15일

월엽당 '시인의 집' 주인
월엽 류 재 상 씀

〈대표시〉

감각 1
-나비의 표현

나비가, 맛이 난다! 저 노란 꽃에
앉으면,
노란 맛이
나고!
하얀 꽃에
앉으면,
하얀 맛이 난다! 짝짓기 하는,
두
마리의
나비! 벌써
내
눈빛에서,
아주 아릿한 질투의 향기가 난다!
옆에 있는, 내 여자

친구도! 향긋한, 나비의 향기가 난다!!

〈후기사족〉

    영감(靈感)은 순간적으로, 시인의 뇌리에 번쩍 하고 찾아오는 '**신(神)의 목소리**'다. 한번 번쩍하고 찾아온 영감은 **단 일회성(一回性)일 뿐,** 두 번 다시 그 동일영감은 영원히 찾아오지 않는다. 시인은 그런 '**찰나의 영감**'을 붙들 수 있는 특별한 기술자다. 시(詩)는 '**신(神)의 목소리**'를 인간의 언어로 다시 '**재가공(再加工)'하는 그런 예술이다.**
                                  月葉 씀.

제17시집
「이야기」

이야기

⟨서시⟩

시

언어의, 기적이
시(詩)다!
더
이상
뺄
것도, 없고!
보탤 것도, 없다!
시(詩)는

곧바로, 언어의 기적이다!!

2002년 9월 30일
월엽당 거창 '시인의 집'에서
월엽 류 재 상 씀.

〈대표시〉

이야기
―스치는 바람

　스치는, 바람 자네! 휘날리는 내 백발(白髮) 만나러 왔다가, 또 그렇게 휑하니 지나가는가? 스치는, 바람 자네도! 젊었을 때, 꽃잎같이 그렇게 싱싱했던 그 이빨! 벌써, 두 개나 그만 빠졌구려! 스치는, 바람 자네 옆구리에! 그렇게 깊이 심어놓았던, 젊은 시절 그 빛나던 오기(傲氣)! 아직도, 저 먼 별빛을 향해! 참으로, 씩씩하게 자라고 있는가? 하늘과 땅을, 마음껏 지배하던 바람 자네의 손아귀에서! 그 잘난 오기(傲氣), 얼마나 무섭게 꿈틀거리고 있었나? 오늘 보니, 이제 스치는 바람 자네도! 꼭, 나처럼 참 많이 늙었구려! 자, 내 이 백발(白髮)! 나의 마지막 펄럭이는, 이 흰 깃발을! 스치는 바람 자네가, 힘차게 한번 흔들어 주시게나! 나도 그만, 스치는 바람 자네처럼! 이 무거운 삶, 훌훌 벗어 던지고! 세월 너머, 시간(時間)이 살지 않는 그곳으로! 이제 바람 자네 따라, 아주 말갛게! 흔적 없이, 가장 깨끗이 떠나고 싶구려!!

〈후기사족〉

　시(詩)란 논리적(論理的)으로 증명(證明)되는 그런 문학이 아니라, 감동적으로 그냥 **확! 반해서 환장하는 문학이다.**

　따라서 논리가 완전히 우리 **'인간의 몫'** 이라면, 감동과 느낌은 **'신(神)의 몫'** 이라 할 수 있다. 신의 몫이란 말은, 우리 인간의 마음이나 정신으론 어떻게 **컨트롤(control)할 수 없다는 뜻이다.**

　예컨대, 매우 아름다운 꽃을 보거나 참으로 아름다운 여인을 만났을 때, 그 순간 그냥 **'확! 반해'**, 이유 없이 막 좋아지고 가슴 뛰는 그런 심정이 바로 **감동(感動)이다.** 우리 인간은 감동이 있기 때문에 행복하다.

   시는 감동으로 **'행복'을 창조하는 문학이다.** 인간은 오직 행복을 희구(希求)하고 희망하며 사는 존재다. 이런 간절한 행복이 바로 시의 **'감동(感動)'** 속에 가장 황홀하게 숨어 살고 있다.

월엽 씀.

제18시집
「봄소식」

봄소식

⟨서시⟩

겨울나무의 삶

　매서운 추위를 영하(零下)로, 팔팔 끓여 먹고 사는 겨울나무! 뿌리가 날로 뜨거울수록, 입술이 날로 차다! 하얀 창백(蒼白)과 울렁이는 역겨움으로, 아침마다 하늘을 향해 끝없이 뜨거운 삶의 외침을 쏘아 올려보지만! 항상, 깊은 침묵의 변죽만 울릴 뿐! 아직도, 삶이 몹시 추운 겨울나무! 차라리, 화려한 웃음과 가볍고 천한 눈짓보다는! 뿌리 밑에서, 차디찬 인내와 가슴을 맞대는 겨울나무의 삶! 오늘보다도 내일이 더 뜨거운 아버지라 믿고 사는, 가장 추운 겨울나무! 봄을 향하는, 뿌리 밑의 기다림이 날로 뜨거울수록! 오늘을 참는, 겨울나무의 입술은 더욱 차다!!

2003년 4월 1일
월엽당 거창 '시인의 집' 주인
월엽 류 재 상 씀.

〈대표시〉

꽃

꽃은,
내
방(房)이다!
시
쓰는
내

방의, 그 황홀한 분위기다!!

〈후기사족〉

짧은 시 쓰기가 긴 시 쓰기보다 훨씬 더 어렵다. 거기에는 고도로 압축된 사고적(思考的) 긴장과 최고의 시적 테크닉이 **'신(神)의 한 수'**로 더 보태져야 하기 때문이다. 따라서 독자들도 그만큼 시적 흥미와 재미를 더 한층 고조시킬 수 있다. 짧은 시(詩)일수록 **'시적(詩的)오르가슴(orgasme)'**의 그 황홀경이 더 오래간다.

산인거처거창월엽당산방에서
월엽 씀.

> 류재상 단상집
> **시인의 고독한 독백**

제4장
죽음은 가장 강력한 삶의 힘이다.

43. 죽음은 가장 강력한 삶의 힘(에너지)이다.

44. 나는, 나의 죽음을 내 삶의 최고 스승으로 모시고 있다.

45. 언제라도 죽을 각오로 살면 두려움이 전연 없다. 이런 삶이 완벽한 삶이다.

46. 1초가 죽음이다. 아차, 하는 순간도 버릴 수 없다.

47. 죽음은 어려운 삶을 쉽게 풀어 가는 공식(公式)이다. 그것이 바로 죽을 각오(覺悟)로 사는 것이다. 죽을 각오로 살면, 세상에는 그 어느 것도 두렵거나 무서운 일이 단 하나도 없을 것이다. 죽음은 오직 저 하늘까지 뒤흔들 수 있는 가장 강한 삶의 힘(에너지)이기 때문이다.

48. 위대한 인물(人物)은, 항상 위대한 죽음을 꿈꾸며 준비(準備)하고 있다.

49. 아픔과 죽음은 언제나 우리의 최고의 긍정(肯定)이다. 이것이 바로 우리의 건강을 지켜주는 유일한 비결(秘訣)이 때문이다.

50. 죽고 싶은 사람아, 다시 벌떡 일어나 정말 죽을 각오로 살아 보라. 삶의 두려움이 얼마나 너를 속였는지 비로소 알 것이다.

제19시집
「사랑의 시」

사랑의 시

⟨서시⟩

예술적 기교

국가의 최고 지도자는, 항상 가장 흥미로운
시적(詩的) 대상이다!
그의 행동과
양심이,
한 시대의 그 운명(運命)이고
국민적
정서이기
때문이다! 그래서 역사상, 가장 흥미로운
지도자!
전두환과
노태우, 이 두 전직 대통령을
내 시의
표현 대상으로
삼았다! 이 시집 속의
내 시는, 역사적인 평가도 속된 비난이나
욕설도 아니다! 다만

내 개인의, 또 다른 예술적 취향일 뿐이다!!
2003년 4월 1일
山人居處月葉堂山房 '시인의 집'에서
月葉 류 재 상 씀.

〈대표시〉

꽃피는 난(蘭)
-참, 이상한 아저씨들

저는 하늘의 막내아들, 예쁜 작은 난이에요!
촉촉한, 그 봄비[春雨] 형(兄)과!
멋진 뭉게구름
그 누나와
함께,
저 먼 하늘에까지!
솔바람
그 책가방 메고, 학교에
다녔어요! 저쪽에, 뚱뚱이 바위아저씨! 당신의
돌 틈, 그 품안에 자라는!
불쌍한
제 어린 조카들, 좀
잘 보살펴

주세요!
저는, 참 이상한
아저씨들[全斗煥·盧泰愚] 때문에!
죽을 때까지, 이렇게 하얗게 꽃피는 제 배꼽
잡고! 저 혼자, 웃고 살래요!

저는 하늘의, 막내아들 예쁜 작은 난(蘭)이에요!!

〈후기사족〉
  시는 **언어로 지은 상상(想像)의 집이다.** 인간의 행복은 오직 이 상상의 집에서만 숨 쉬고 살아 갈 수 있다. 현실의 세계는 **고통(苦痛)만이 늘 한없이 포동포동 살찌는 세계다.** 상상의 세계〈예술의 세계〉가 아니면, 인간의 행복은 그 어디에서도 살 곳이 없다. 돈으로는 절대로 행복이 살아갈 상상의 집을 지을 수가 없다. 그 누구라도 삶의 목적은 '**오직 행복한 삶**'이다. 자, 그렇다면 왜? 우리가 일상에서, 시〈예술〉를 '**가장 친한 친구**'로 사귀고 살아야 하는 지를, 이제야 비로소 알 수 있을 것이다.
                            월엽 씀.

제20시집
「가장 싸늘한 불꽃」

가장 싸늘한 불꽃

〈서시〉

나의 시업(詩業)

시(詩)는, 깨달음을 통한 감동의 예술이다!
그래서 언어를 넘어선
언어로, 표현할 수밖에 없다!
아무리
작은 벌레
한 마리라 하더라도
그것의 존재는, 온 우주가 완전히 동의한!
가장 경건(敬虔)하고,
가장 엄숙한
존재다!
시인(詩人)이 아니면! 그
누구도, 이 존재의 깨달음을!
감동(感動)으로, 해석해 낼 수 없다! 그래서
나는

잠시도, 이 감동적인 시업(詩業)을 멈출 수가 없다!!

2003년 12월 1일
산인거처거창월엽당 '시인의 집'에서
月葉 류 재 상 씀.

〈대표시〉

가장 싸늘한 불꽃

겨울 땅 속은, 생존(生存)을 위해 죽음보다
싸늘한 힘으로! 작은 생명들이,
마지막 한 가닥!
제
자신의
온기(溫氣)로, 버티고 있다!
작은 벌레들이
그렇고, 가을에 흩어진 씨앗들이 그렇고!
서로 얽혀있는
작은 실뿌리들이, 그렇다!
인내는
비극을
초극(超克)하는,
힘이다! 뜨거운, 희망의 처절한
기다림이! 지금, 겨울 땅 속에 가득하다!
이것은

분명히, 활활 타오르는 가장 싸늘한 불꽃이다!!

〈평설 및 인물평〉
　　〈평설〉 월엽(月葉) 시(詩)에 대한 소고(小考)
　　－다양한 시작동기(詩作動機)와 소재선택(素材選擇)의 여유(餘裕)－

　　　　　　　　　　　　　　　　　朴 雄 鎭 (문학박사 · 시인)

　서정시(抒情詩)의 본질은 자신의 감정을 언어로 형상화하여 표출하는데 있다. 이를 위해 오늘날 시인들이 두루 노력하고 있는데, 보편적으로 시를 쓰려는 사람들은 자연과 삶의 상황들을 감정과 주관으로 파악해서 그것을 **'극적(劇的)'으로 이미지를 형상화하려 한다.** 즉 어떤 감정의 대상을 상상력에 의하여 구체적인 정경(情景)을 마음속에 그려 그것을 극적으로 표현하려 하는 것이다. 이렇게 표현해서 독자에게 감동을 주려고 하는 시(詩)라도, 감동을 주지 못하면, 유효한 시의 이미지라고 말 할 수 없다. 즉 시로서의 기능을 상실하는 것인데, 필자는 근래에 의미 있는 **'류재상 제20시집 원고'**를 보게 되어 기쁘다.
　주지하는 바, 류재상 시인은 **'20여권'**의 시집을 창작한 한국문단에서 참으로 드물게 볼 수 있는 매우 **'큰 시인'**이다. 그의 시들은 이미지 창조의 수법이 매우 다양하고 시어(詩語)들이 잘 정제(精製)되고 아주 깔끔해서 조금도 흠잡을 데가 없다.
　우리는 시를 쓰는 사람에게 가끔 C.D 루이스의 이미지에 관한 말을 자주 상기시키고 있다.
　"시인의 머릿속에 들어오는 이미지가 아무리 아름답더라도, 그가 현재 쓰고 있는 시(詩)의 정서를 표현하는데 기여하지 않는 한, 또는 그

시 속의 다른 이미지와 논리적으로 가장 긴밀하게 연결되지 않는 한, 시인은 그 이미지를 성공적으로 썼다고 볼 수 없다."라고 말했다. 이러한 시인의 정서(情緖)는 한 편의 시(詩) 속에 선택된 여러 이미지들을 가장 정밀하게 논리적으로 연결 통일시켜야 하며, 이것들이 각종 수사법을 만나 비로소 살아서 숨 쉬는 한 편의 시가 탄생하는 것이다.

이런 입장에서 간략하게나마 시평(詩評)을 담아, 이 시집의 의미를 상기시키고자 한다.

류재상 시인은 시창작(詩創作)에 있어서 **'정신적'인 활동의 영역이 넓고, 시작(詩作) '동기(動機)'가 다양하여,** 일상(日常) 세계를 구성하는 일체의 사물들을 바라보는 시야(視野)가 아주 넓고 참으로 방대하다.

이 시집에서 오늘의 현실을 바라보는 시들을 본다.

물빛이, 저 흐릿한 한강의 물빛이! 사람을 살해(殺害)한다면? 그것도, 수천 명을 총(銃)도 아니요 독가스(gas)도 아닌! 참으로 향기롭고 이상야릇한, 가장 달콤한 현대문명의 방법으로! 하얗게 죽어가는 저 물고기처럼, 그렇게 서울사람들을 살해한다면? 사람들은 다들 나를, 가장 미친놈이라 생각하겠지? 내가 봐도 내가, 분명히 미친놈 같은 소리를 지금 하고 있기 때문이다! 나는, 이렇게 아주 활짝 미친 김에! 한강(漢江)이, 가장 잘 내려다보이는 그곳으로 가! 참으로 미친놈답게, 막무가내 큰 목소리로! "어디 한번 서울시민 여러분, 두고 봅시다!" 이렇게, 마지막 유언(遺言) 하나를! 비온 뒤 저 찬란한 무지개처럼, 그렇게 아름답게! 한강의 저 어두운 물빛 위에, 오가는 사람들 모두가 다 볼 수 있도록 커다랗게 걸어놓겠다! 나를, 미친놈이라고 믿지 않았던 사람들까지도! 이제는, 그만 다 미쳐버릴 것 같은 요즘세상! 알고 보면, 가장 더러운 놈들이 가장 깨끗한 척하는! 이 캄캄한 살인적인, * '내로남불' 시대(時代)에! 나는, 벌써 그 악마(惡魔) 같은 '설마?!' 와, 이미 전쟁(戰爭)을 시작했다!!

〈*내로남불: '내가 하면 로맨스(romance)고 남이 하면 불륜(不倫)' 이라는, 말과 행동이 다른 비양심적인 그런 사람이거나 그런 정치인을 풍자(諷刺)하는 유행어. 사자성어(四字成語)가 아님.〉

〈커다란 유언 하나〉 전문

눈물을 오염시키는, 위대한 쓰레기들을 모아놓고!
하느님이 탕! 하는, 한방의
총성(銃聲)을 주었어요!
오늘도, 세상은
요즘
유행하는
신선한 산소처럼!
아직도
여고생들의
가장 예민한, 젖꼭지 같아요! 참으로, 신비스러운
저 성감대는!
이제
물기 많은, 주방의
행주로
타락했어요!
더러운,
탐욕(貪慾) 때문이에요!
사랑은, 이제 보다 달콤하고
더욱 세련되게 살인할 수 있어요! 여고생들의

저 책가방 속에, 엄밀히 숨겨 논 그 피임약으로!!

〈피임약〉 전문

　이와 같은 시인의 시를 읽으면 **'현실사회의 모순'** 이 한 눈에 보인다. 시를 통하여 현실사회의 모순을 전달하여 대중을 각성토록 하고, 더 나아가서 부도덕한 모순을 타파하려 한다. 불합리한 사회현실을 직접적으로 제시하지 않고, 모순이 발생하게 된 그 **'근본적 원인'** 을 찾아내서 이를 구체적으로 형상화 했다.

　다음은 시인의 시어(詩語)가 칼 같은, 그런 **'존재론적 의미'** 의 시들을 본다.

　　겨울 땅 속은, 생존(生存)을 위해! 죽음보다
　　싸늘한 힘으로, 작은 생명들이!
　　마지막 한 가닥
　　제
　　자신의,
　　온기(溫氣)로 버티고 있다!
　　작은 벌레들이
　　그렇고, 가을에 흩어진 씨앗들이 그렇고!
　　서로 얽혀있는,
　　작은 실뿌리들이 그렇다!
　　인내는,
　　비극을
　　초극(超克)하는
　　힘이다! 뜨거운 희망(希望)의
　　처절한 기다림이, 지금 겨울 땅 속에 가득하다!

이것은

분명히, 활활 타오르는 가장 싸늘한 불꽃이다!!
〈가장 싸늘한 불꽃〉 전문

바람은 언제나 상큼한 맛과, 신기한 솜씨와 아름다운 색깔이 있다! 봄바람은, 새싹을 등에 업고 자장가를 잘 부른다! 또 봄바람은, 꽃잎을 불러와 친구처럼 놀다가도! 가끔은 봄비 앞에서, 잠깬 아기처럼 몹시 보채기도 한다! 여름바람은, 오른 손에는 초록색 그림을 한 장 들고! 왼손에는 파랗게 칭얼대는, 갓 태어난 어린 열매를 안고 있다! 여름바람은, 또 여인들의 가슴에다 빨갛게 모닥불을 지펴놓고! 밤새도록, 바다처럼 그렇게 막 출렁거리게 한다! 가을바람은, 소녀처럼 수줍음이 참 많다! 숨차게 산을 오르는, 저 단풍(丹楓)을 뒤따라 가 보면! 얼굴 붉히는 소녀 같은, 그런 수줍음을 볼 수 있다! 겨울바람은, 연인(戀人)과 함께 먹는 아주 따끈따끈한 군밤 냄새가 난다! 가끔은 따뜻한 방안이 그리워, 내 방문을 밤새도록 두들길 때도 있다! 겨울바람은, 또 그 아름다운 설경(雪景)으로! 내 마음 속에 있는 그 그리움을, 가장 달콤하게 요리(料理)해 주는! 그런 참 멋쟁이, 요리사(料理師)이기도 하다!!
〈바람의 색깔〉 전문

이 시집의 제목이기도한 〈가장 싸늘한 불꽃〉과 〈바람의 색깔〉은 이러한 류 시인의 여러 시들 중, **'존재론적 의미'**가 가장 잘 형상화 된 **놀라운 걸작이다.** 지금까지 류 시인이 끈질기게 추구했던 사회모순을 타파하려는 그 현실적 동기에서 완전히 벗어나, 인간의 정신세계를 가장 심오하게 들여다보는, 일반적 상식에서 벗어나는 새로운 관념을 진행시키고, 사물에 내재된 **'심오한 존재론적 의미'**를 밝히고 있다.

다음은 **'정서(情緖)'**를 소재(素材)로 한 시를 본다.

물소리가, 풍경화(風景畵)를 마음껏 그리고
있는 마을! 오가는
사람들의
눈인사에,
벌 나비 떼
찾아오는
마을!
새소리가, 안개처럼 자욱하면! 하늘도
동양화의
여백으로,
눈웃음치며
돌아눕는
마을!
먼데에서 개 짖는
소리로, 모처럼 더러운 귀를 깨끗이 씻으면!
그렇게, 흐릿한

세상도! 참으로, 다시금 유리알처럼 환하다!!
〈꿈속 풍경〉 전문

물소리보다, 마음 착한 녀석이다!
하늘에서
열심히,
비[雨]
만드는

일꾼이다, 지금 한창, 소나기로!

지상의

생명을

위해,

땀 흘리는

일꾼이다! 푸른 들판까지, 청소하는!

하늘에서, 가장 부지런한 녀석이다!!

〈구름 녀석〉 전문

류재상 시인은 일상생활을 해나가는 그 과정에서 느끼는 자연스러운 감정이 시가 된다. 이는 **정신적인 활동 영역이 넓고 몹시 풍부하기 때문이다.** 〈꿈속 풍경〉과 〈구름 녀석〉등의 시에서 **"개짓는 소리가 하도 촉촉해서/ 모처럼 눈을 씻고/ 귀를 씻어/ 흐릿한 세상을 다시 본다"**라든지, 구름을 **"물소리보다/ 마음 착한 녀석"** 등의 시구(詩句)에서 **아주 희귀한 정서를 맛본다.** 이렇게 시의 맛이 예사롭지 않는 것은 시의 형상화에 있어서 은유(隱喩)와 직유(直喩)의 활용 그리고 추상·구상·사상·감정 등을 서로 포괄하고 융합하는 **'종합 능력'이 놀라울 정도로 탁월하기 때문이다.**

이와 같이 이 시집에 수록된 시들을 보면, 시작동기를 포착하여, 참 감칠맛 나게 시(詩)로 요리할 수 있는 그 솜씨가 대단하고, 소재의 선택에서 너무나 자유롭고 이미지 형상화에서 시적능력이 아주 뛰어나고 매우 탁월하기 때문이다.

이렇게 류재상 **'제20시집'** 〈가장 싸늘한 불꽃〉에 간략하게나마 시평(詩評)을 담는 것은, 일반 대중들이 시에 대한 관심이 소홀해지고 있는 이때, 이 시집의 시(詩)를 편히 읽고 많은 독자들이 감동 받기를 바라고 있기 때문이다.

　더불어 이 시집의 시(詩)들이 **'시(詩)는 우리 문화 예술의 근본(根本)'** 이라는 점을 상기시키는데 크게 기여하고 있음을 확실히 보여주고 있다.

2003년 11월 命峰書舍(명봉서사)에서

〈인물평〉 언어로 술을 빚는 월엽(月葉)

曺 孝 鉉(수필가 · 한국풍류문학회회장)

　내가 **'월엽(月葉)'** 형을 처음 만난 것은 **1960년대 중반쯤**, 서울의 변두리에 있는 하숙(下宿)집에서였다.

　거기는 돈암동 어느 주택가 골목에 있던 고래 등 같은 기와집이었는데, 지금은 거기도 길이 확장되고 고층건물들이 지어져 정확한 위치를 가늠해 볼 수 없을 만큼 상전벽해(桑田碧海)가 되었다만, 그때는 전차(電車)도 넘어가지를 못하던 미아리 고개 그 너머에 있는 변두리동네였었다.

　어떻든지 거기 하숙집에서 만난 그는 흙냄새가 진하게 배어나는 사람이었으며, 입술은 언제나 다물어져 있었고, 눈망울은 늘 무슨 생각에 잠겨있는 듯한 모습이었었다. 그렇듯 그는 선한 사람이며, 과묵했고, 어쩐지 좀 쓸쓸해 보이기도 하는 그런 사람이었었다.

　그런 그와 나는 시골에서-그는 **'경상도 함양안의'** 에서, 나는 **'충청도 옥천'** 에서-청운(靑雲)의 꿈을 안고 상경한 유학생(留學生)이라는 것과, 같은 하숙집에서 한솥밥을 먹는다는 것 말고는 공통점이 별로 없었다. 이를테면 나는 고등학교를 갓 졸업하고 대학에 입학(入學)한 대학 1학년생이었는데, 그는 막 군복무를 마치고 대학에 복학(復學)한 2

학년생이었다. 거기다 또 대학도 다르고 학과도 다른데다 취향(趣向)도 달랐었다. 그리하여 식사시간에 어쩌다 겸상이라도 받고 마주앉게 될 때에도 내 화두(話頭)는 '꽃이 만개한 들녘이 어찌구 단풍에 타는 산이 어찌구'라면, 그의 화두는 '미당(未堂) 선생의 시(詩)가 어떻고 세익스피어의 희곡(戲曲)이 어떻고'이었으며, 여가시간(餘暇時間)에도 나는 연락부절(連絡不絕)로 산책(散策) 내지는 등산(登山)가는 것을 좋아했었는데, 그는 그저 두문불출(杜門不出)로 독서(讀書)와 시작(詩作)하는 것을 좋아했었다. 그리고 나는 문전성시(門前成市)는 아니어도 이따금씩은 찾아오는 학우(學友)라도 있어, 그들과 교유(交遊)를 하니 낯설고 물설은 타향살이의 외로움이 그보다는 덜했었다고 하겠는데, 그는 문전작라(門前雀羅)로 찾아오는 이 없고 그저 혼자서 오로지 시작(詩作)에만 전념을 하니, 사고무친(四顧無親)의 타향살의 외로움이 나보다는 더했으리라고 미루어 짐작이 된다.

그렇듯 그는 **문학에만 심취하며 언어와의 고독한 싸움만 하고 있었다.** 그러고 보니 그는 천생(天生)이 그렇게 **고독(孤獨)한 시인(詩人)이었던가 보다.**

아무러나, 나는 1학년을 마치고 군에 입대를 했었다. 그런 후에는 피차간(彼此間)에 일자소식(一字消息)도 없이 살았었다. 그러니 까맣게 잊혀 진 인연이었었다.

그랬었는데, 거금(距今) 30여 년의 세월이 흐른 어느 날, 문학상 시상식 자리(文學賞 施賞式場)였던 혜화동 문예진흥원 강당에서 해후(邂逅)를 했다. 그때 나는 특별히 축하를 해줄 사람은 없었으나 주최 측인 한국시연구협회장(韓國詩研究協會長)의 초청을 받고 갔었는데 그는 **'이육사 문학상(본상)'**을 받으러 왔었던 거다.

그런데 그때 그 뜻밖의 만남이 어쩌면 그리도 반갑던지, 형가(荊軻)와 고점리(高漸離)가 만난 듯한 방약무인(傍若無人)의 반가움은 아니더라도 고향까마귀를 만난 듯한 반가움이었으니, 그건 아무래도 **"범사에 유인정하면 후래에 호상견(凡事留人情 後來好相見)이라"**고, 그가 정(情)이 있고 푸근한 사람이었기에 많은 세월이 흐른 뒷날에도 그렇듯 좋게 만나게 됐음이 분명하다.

 아무튼지, 다시 또 만나고 보니 그와 나는 여전히 공통점보다는 다른 점이 많았다. ―그는 귀향(歸鄕)하여 향리에서 교편(敎鞭)을 잡고 주옥(珠玉) 같은 시를 쓰며 고아(高雅)하게 사는데, 나는 불귀(不歸)로 서울에서―교편을 잡고 빛깔 없는 잡문(雜文)이나 쓰며 번잡(煩雜)하게 산다. 그리고 또 그는 그간에 상재(上梓)한 시문집(詩文集)이 무려 **'20여 권'**이나 되는데, 나는 잡문(雜文)이나마 묶은 것이 고작 **'3권'**뿐이다. 그러고 보면 그는 괄목상대(刮目相對)할 발전을 했는데, 나는 오하아몽(吳下阿蒙) 아직도 옛날 그대로이다.

 그런데도 그는 새로 간행하는 귀한 저서의 발문(跋文)을 나보고 써달라고 한다. 이거야말로 불두착분(佛頭着糞)―부처님 머리에 똥칠을 하는 일이라서―극구 사양을 했다. 그러나 그는 멀리서 전화로 재차, 삼차 굳이 써달라고 했다.

 그러니 어이하랴. 남달리 정(情)이 많아 그러는 걸. 더 이상 사양했다가는 오해를 받기가 십상(十常)이고 다시 만난 정분마저 잃기가 십성(十成)이라서 마음 약한 내가 몇 자 쓰기는 한다만 민망하기가 그지없다.

 어떻든지, 이제 또 그의 새 시집이 나온다고 하니 그는 또 내게 그 시집을 보내 줄 것이고 그리되면 나는 또 그의 단상(斷想)처럼

　　　"시(詩)는 언어(言語)로 담근 술"

　　　　(류재상 단상〈시인의 고독한 독백〉중에서)

이거니 그 술을 마시며 취할 것이다. 설레는 마음 벌써부터 즐겁다. 공자는 **"벗이 있어 멀리서 찾아오니 또한 즐겁지 아니 한가(有朋 自遠**

訪來 不亦樂乎)"라고 하더라만, 벗이 있어 멀리서 보내주는 술〈**시집(詩集)**〉 또한 그만 못지않게 즐겁다. 그러니 내 어찌 아니 마시고 왜 아니 취해 볼 것인가.

　아무쪼록 또 다른 그의 단상과 같이
　　"시인은 언어의 의미까지 지배하여
　　그 제왕으로 군림하고 싶은 사람"
　　　　　　　　(류재상 단상 〈시인의 고독한 독백〉 중에서)
　이니, 그가 더욱더 왕중왕(王中王)으로 우리 한국문학사(韓國文學史)에 영원히 찬란한 빛이 되어, 오래오래 '**이 나라 문학사(文學史)**' 위에 영원히 군림(君臨)하시기를 바라는 마음을 간절히 적어 보낸다.

　　　계미년(癸未年) 중추(中秋) 국화향(菊花香) 그윽한 월야(月夜)에.
　　　　　　2003년 10월 曺孝鉉(조효현) 씀.

제21시집
3행시·「위대한 사람」

3행시 · 「위대한 사람」

〈서시〉

경험(經驗)의 압축과 삶의 의미

언어를 폭발 직전에까지, 아슬아슬하게
압축(壓縮)해 보았다!
이것은,
시(詩)만의
특권(特權)이요!
또한
시만의,
진미(眞味)다!
존경하는, 독자 여러분! 경험의 압축과
삶의 의미를,
폭약처럼
장착시킨!
이 시편(詩篇)들을,
조심해
읽으세요?
시의, 뇌관(雷管)을

잘못 서투르게 다루면! 기존(旣存)의
모든, 믿음을!

일순(一瞬)에, 폭파시킬 위험성이 있다!!

2004년 4월 1일

산인거처거창월엽당주인

월엽 류 재 상 씀.

〈대표시〉

위대한 사람(1)

절망과 좌절(挫折)이
오히려,

그 사람의 새로운 힘이다!!

〈사족후기〉

 이 나라 문학사(文學史)에서 최초로 시도해 본 3행 '**철학시(哲學詩)**'다. 철학이 시 속에, 시가 철학 속에 녹아 하나로 '**융합(融合)**'되도록 시도해 보았다.
월엽 씀.

류재상 단상집
시인의 고독한 독백

제4장
죽음은 가장 강력한 삶의 힘이다.

51. 인간의 아름다움이 가장 극적(劇的)일 때가 바로 죽을 때다. 이것을 아는 사람은 절대로 평범하게 살지 않는다.

52. 우리가 주어진 한계(限界) 속에서 그래도 가장 탄력성(彈力性) 있게 삶을 노래 부를 수 있는 비결은, 바로 죽음의 비결(秘訣) 때문이다.

53. 죽음은 새로운 탄생(誕生)이다. 이것은 종교적 또는 시적(詩的)인 깨달음의 세계이다.

54. 병(病)과 인간의 전쟁이 바로 의학(醫學)이다. 양쪽의 무기는 모두가 고귀한 인간의 생명이다.

55. 이 세상에, 죽어서 가장 아름다운 존재는 오직 나라를 지키는 군인(軍人)들이다.

제22시집
「파란 풀잎」

파란 풀잎

〈서시〉

내 시(詩)의 창조적 질서

나는 자연을, 내 가족으로
느끼고 있다! 가족처럼
자연을,
사랑할 때!
언어적 관념이 아닌,
감동으로!
자연을,
사랑할 수 있기 때문이다!
이것이, 어느 시(詩)와 다른!

내, 시만의 창조적(創造的) 질서다!!

2004년 6월 20일
거창월엽당산방에서
월엽 류 재 상 씀.

〈대표시〉

파란 풀잎
−외출(外出)

목말라! 저 맑은 하늘,
한
잔
마시고!
저
5월,
내
언니
따라 외출(外出)하면!
나도

벌써, 파란 풀잎이다!!

〈평설〉 선명(善鳴)의 시학성(詩學性)
　　(월간)『문학세계』'최우수문학평론상' 수상작
　　　　　−류재상의 시세계(詩世界)−
　　　　우 종 상(문학박사·문학평론가·교수·수필가·시인)

1. 들머리

류재상 시인을 처음 알게 된 것은 차녀(次女)가 거창여고 3학년 때, 내가 담임을 맡고 나서였으며, 생활기록부를 통하여 시인의 편린(片鱗)을 유추할 뿐이었다. 그러다가 내가 친구의 권유로 거창문협에 가입하여 류재상 시인을 가까이에서 모시고, 그의 해박한 문학관(文學觀)과 삶을 알 수 있는 기회를 갖게 되어, 타고난 **시인으로서의 품격**을 확인하게 되었는데, 류재상 시인과 함께 거창여고에 재직하며 시에 대한 이야기를 나누면서, **생활과 문학**이 일치하는 올곧은 그의 확고한 인생관과, 타협을 거부하는 투철한 문학관에, 절로 경의(敬意)를 가지지 않을 수 없었다. 시인과 생활하면서, 시(詩)에 대하여는 목숨까지 던질 수 있는 열정과 좋은 시를 쓰려고 하는 집념을 잘 알기에, 후학(後學)이 감히 천학비재(淺學非才)한 이론으로 언롱(言弄)을 하니, 우습기도 하지만 나름대로 그의 '**시세계(詩世界)**'를 조명함도 의미 있는 일이기에, 감히 필을 들게 됨은 그의 문명(文名)에 티가 될 따름이다.

율곡 이이(李珥)는 문학에서 최고의 경지를 '**선명(善鳴)**'이라고 하여, 氣(기)의 작용으로 나오는 언어(言語) 중에, 가장 **진실(眞實)에 일치(一致)**하는 언어(言語)만을 골라 시(詩)로 표현하였는데, 류재상 시인도 시어(詩語)의 선택(選擇)은, 언제나 사유(思惟)와 이미지의 정곡(正鵠)을 찌르는 것으로, 어쩌면 저 프랑스의 자연주의 소설가인 플로베르(Flaubert)의 '**일물일어(一物一語)**'에 걸맞은 언어의 창조력(創造力)은, 연금술사(鍊金術師)와 같지 않을까?

나는 그가 왜 시인(詩人)이란 운명(運命)의 굴레를 짊어지지 않을 수 없었는가가 궁금하여, 그에게 물어 본 적이 있었다. 그가 향리(鄕里)인 경남 '**함양(咸陽) 안의(安義)**'에서 고등학교를 졸업하고 독학(獨學)으로 대학진학의 꿈을 불태우고 있을 때, 친구와 우연히 길을 걷다가, 어디선가 난데없이 바람에 휙 날리던 '**신문지(新聞紙) 한 장**'이 발에 와 척 걸려 주위보니, 그 신문 광고란(廣告欄)에, **'서라벌예술대학 문예창작'**과 신입생 모집 요강을 보고, 원서 마감이 임박하자 서둘러, 난생 처음으로 거창을 거쳐 김천에서 군용열차를 타고 용산역에 내려, 원서를 접수하고 시험을 치러 입학(入學)하게 되었다는 이야기를 들은 적이 있었다. 이 이야기를 듣고 보니, 그는 **'숙명(宿命)처럼 시인(詩人)이 될 수밖에 없었겠다'**는 생각이 들었으며, 그의 시업(詩業)의 길이 **'운명(運命)'**이란 느낌을 가졌다.

아마 그는 내림굿으로 신(神)을 접한 무속인과 같이, 시상(詩想)이 떠오르면 영감을 완전히 자기의 것으로 하기 위하여, 안쓰러울 정도로 시세계에 집착하면서, 인생과 자연과 사물의 감동적 미적공간(美的空間)을 확보(確保)하여, 아름다운 시적 내면세계를 독자와 공유하는, 신념있는 **선천적(先天的)인 시인이다.** 영감(靈感)의 표출인 그의 시(詩)들은, 피상적인 생각과 느낌만으로는 깊이와 넓이와 폭을 가늠할 수 없을 것이다. 류재상 시인의 저 자연과 인간과 우주적인 메시지(message)가 얼마나 독자들의 가슴을 울리며 진한 감동으로 자리매김하고 있는지, 필설(筆舌)로 말하기에는 요설(饒舌)에 지나지 않을 것이다. 그가 지향하는 세계는, **'인간과 자연의 조화와 인간과 우주의 합일(合一)'**이 그 지향점이다. 평범한 시상인 것 같으면서 비범한 시상(詩想), 현실의 모순을 결코 좌시하지 않는 날카롭고 예리한 현실 고발, 담론시(談論詩)와 장시(長詩)로 일관되는 근래의 유행성 시관(詩觀)에서 벗어나, **'촌철살인(寸鐵殺人)'**의 짧은 단시(短詩)는, 시상의 압축과 긴장은 물론, 지향(志向)하는 디테일(detail)에서 전연 벗어나지 않으면서, 작품의 논리성을 정확히 확보하고 있다. 이것은 바로 그가 얼마나 시적경륜(詩的經綸)이 깊은 가를 여실히 드러내 주고 있다.

자유자재로 시적표현기교를 차용(借用)하여, 현란한 상징과 적절한 비유로, 일상(日常)의 아름다움과 자연을 노래하는 그의 시(詩)는, 직관(直觀)과 사유(思惟)와 감성(感性)으로 만든 **위대한 '창조물'**이 아닐 수 없다. 그의 시집 『가장 싸늘한 불꽃』이, 시상(詩想)의 집중력이라는 어마어마한 힘의 작용으로, 내세(來世)와 우주(宇宙)와의 연결고리를 '**뫼비우스(Möbius)의 띠**'처럼 노래하여, 자연(自然)과 자아(自我)가 일치되어 다시 환생(幻生)되는 시작(詩作)들이라면, 시집 『파란 풀잎』은, 자연이란 피조물을 침잠(沈潛)으로 관조(觀照)하여 자연을 다시 재해석하였고, 순수한 자연애의 발로로, 자연을 '**영혼적(靈魂的)'으로 접근하여**, 인간이 꿈꾸는 가장 원초적인 영원한 자연의 세계를, 자연애(自然愛)의 마지막 극치(極致)까지 끌어올려, 그것을 자연의 '**가족화(家族化)**' 내지 자연의 '**인간화(人間化)**'로 승화(昇華), 시화(詩化)시키는 접근법은, 지금까지 이 나라 그 어느 시인의 시(詩)에서도 전연 볼 수 없었던, 류재상 시인이 **창조적으로 '개척(開拓)'한 생태시(生態詩)다**. 이것이 앞으로 인간과 자연이 새롭게 공존 공생하는 인류 미래의 가장 '**희망적인 삶의 대안(代案)**'이 될 것이다

나는 1977년 상재(上梓)한 류재상 시인의 처녀시집 『감하나』의 서문에서 미당(未堂) 서정주(徐廷柱)는 "솔직히 말해서 이 詩集(시집) 속의 三十餘編(삼십여편)의 詩(시)는 이 하늘과 땅 사이에서 詩(시)를 잘 아는 그 누구의 눈과 가슴이 이걸 읽는데도, 승거웁지는 않다고 할 것으로 나는 안다. 승거웁지 않을 뿐 아니라, 柳君(류군) 아니면 아무도 構成(구성)해내지 못할 獨自的(독자적)인 構成(구성)의 魅力(매력)을 가지고 있다. 그리고 이런 構成(구성)에 參與(참여)하고 있는 그의 理解(이해)들과 感應(감응)들은 우리 겨레의 精神傳統(정신정통)의 適切(적절)한 選擇(선택)도 잘해낸 것으로 내게는 보인다. 人生(인생)을 늘 딱한 極限點(극한점)에서 追求(추구)하여 그것을 餘裕(여유)있게 가지고 노는, 말하자면 우리나라 선비적인 그 風流(풍유)가 그에게는 꽤나 잘 나타나 있는데, 이것들은 이미 익살스런 웃음의 感覺(감각)으로까지 化(화)해져 있어, 이 作者(작자)를 꽤나 나이 많은 高齡(고령)의 童心(동심)의 할애비로까지 느끼게 하고 있다."고 하여 여러 시인들 가운데서

가장 잘 시를 공부하여 장래의 이 나라 큰 시재(詩才)가 될 것이라고 눈여겨보았음을 기록(記錄)하고 있다. 미당(未堂)의 서문(序文)에서 특히 관심을 끄는 대목은, **'독자적인 구성의 매력과 선비적인 풍류'** 일 것이다. 대가(大家)의 날카로운 안목에 그저 감탄할 따름이다. 그의 시사상(詩思想)에 하나 더 첨가하고 싶은 것은 미당의 지적대로 선비적인 풍류를 통한 강호가도(江湖歌道)의 여유로움의 재현(再現)과 함께, 도학적(道學的)인 사상과 불교적인 사상과 기독교조인 사상(思想)을 더 넣어 유추(類推)할 수 있을 것이다. 그러나 간과(看過)하지 말아야 할 것은 결코 어느 한 사상(思想)에 휩싸이지 않고 우주적(宇宙的)인 영감(靈感)을, **'감각적인 사유(思惟)'** 로 접근하고 있다는 것이다. 이 말은 그의 시(詩)는, 결코 어느 **특정 '종교'에 매몰(埋沒)되지 않는다는 뜻이다.**

참고로, 그의 처녀시집 『감하나』의 후기에 **"가장 훌륭한 詩(시)는 가장 아플 때 태어난다는 어느 은사님의 말씀이 떠오른다. 여기에 모인 詩篇(시편)들은 내가 뜨거운 사랑에 찔려 가슴으로 울고, 차가운 現實(현실)에 찔린 아픔을, 또 우리 삶의 生(생)과 死(사)의 뼈저린 아픔들을 詩(시)로 써 보았다. 거기에 무슨 詩(시)의 形式(형식)과 思想(사상)이 있겠는가. 形式(형식)과 思想(사상)을 훌훌 벗어던지고 詩(시)의 自由(자유)를 찾고 싶은 것이 앞으로의 나의 과제다."** 라는 작가의 변(辯)을 보면, 시 속에서 자유를 찾기 위해, 우주와 인간의 합일점에 도달하려는 시작과정(始作過程)은, 영원히 지속될 시인의 업보(業報)인 동시에, 앞으로 류재상 시인이 해결해야 할 지난(至難)한 과제(課題)가 될 것이다.

놀라운 염력(念力)에 의한 정신력으로 혼신을 다해 쓴, 시집 『파란 풀잎』의 **'111편'** 은, 엄청난 파괴력을 가진 역동적인 긴장감이 느껴지는 시편(詩篇)들이다. 언어의 압축에 의한 간결한 표현미, 췌사적(贅辭的) 군더더기를 과감하게 생략하는 놀라운 언어감각, 그리고 그 뛰어난 표현기법, 이것은 모두가 류재상 시인의 **시적 언어감각의 탁월성(卓越性) 때문이다.**

그는 자신의 시작업(詩作業)을 걸음걸이가 느린 거북이로 비유하고 있지만, **등단(登壇) 약 30여년의 육순(六旬)**에, 시집의 분량만 하여도 22여권〈詩 2,200편 이상 창작〉의 시집(詩集) 상재(上梓)라는 엄청난 시업(詩業)의 열정은, 시(詩)와 혼연일체(渾然一體)가 된 생활(生活)일 때 비로소 가능하다고 할 것이다. 겸손의 말인 거북이걸음이 아니라 그는 소걸음으로, 그저 묵묵히 닫힌 시(詩)의 문(門)을 열기 위해, 다함없는 시에 대한 사랑으로, 앞으로 더 좋은 시로, 우리의 가슴을 찡하게 울려줄 감동(感動)의 시인으로서, 영원히 우리 곁에 가까이 남아 있을 것이다.

류재상 시인은 '내 시(詩)의 창조적 질서'란 프롤로그(pro-logue)에서 **"자연을 내 가족(家族)으로 느끼고 있으며, 가족처럼 자연을 사랑할 때 언어적 관념이 아닌 감동(感動)으로 사랑할 수 있다."**고 하면서, 시인이 추구하는 **'창조적 질서의 독창성(獨創性)'**을 천명하고 있음을 알 수 있다. 범신론적인 우주관에서 비롯된 시인의 자연애는, 자연개발논리에 의하여 파괴되는 현대문명의 횡포 앞에서, 구약시대(舊約時代)의 선구자인 엘리야적인 시학(詩學)을 강력히 표출하고 있다. 시를 위한 불꽃같은 열정과 뜨거운 사랑은, 곧 그의 인생 자체가 아닐까? 시(詩) 때문에 바쳐진 삶의 열정은, 시(詩)를 위한 헌신(獻身)의 삶으로 전환이 되면서, 식을 줄 모르는 활화산(活火山)으로 타오르고 있다. 황동규 시인은 일찌감치 **'시(詩) 쓰기는, 창조적(創造的)인 삶의 표본(標本)'**이라고 하였는데, 류재상 시인에게도 삶과 문학이 하나로 합일(合一)되어 다이아몬드처럼 빛나는 결정체(結晶體)로 응집(凝集)된 것이 바로 그의 시(詩)다. 그의 시세계(詩世界)에 몰입(沒入)하다보면, 마치 **'삼한(三韓)시대의 소도(蘇塗)'**와 같은 신성불가침(神聖不可侵)의 경외감(敬畏感)을 가짐은, 그의 시(詩)가 주는 중량감 때문이 아닐까? 그의 시세계가 빚는 조화미(調和美)는, 내적인 사상(思想)과 외적인 언어미학(言語美學)이 오묘한 시적질서(詩的秩序) 속에 균형미(均衡美)를 완벽하게 갖추고 있다. 따라서 그의 시는 직지인심견성성불(直指人心見性成佛)이란 오도(悟道)의 경지(境地)를 갖는, 명상시(冥想詩)라고 하여도 과언이 아닐 것이다. 그러나 유의하여야 할 것은, 그의 시가 빚는 향기가 일견으로는 종교적인 색채를 띠고 있는 것같이 보이나, 그의 시는 유(儒)·불(佛)·선(仙)의 동양사상과 기독교적 서양 사상에 접목된 것이 아니라, 가장 전통적인 **'물신적(物神的) 범신론적(汎神論的)'**인 시세계관(詩世界觀)을 지향하고 있음을 간과(看過)해서는 안 될 것이다. 잘못, 그의 사유(思惟)의 깊이를 피상적(皮相的)으로 느끼는 오류를 범할 수도 있기 때문이다.

현대사회의 특징을, 흔히 변화의 속도와 변화의 범주가 엄청나, 눈부신 과학기술문명의 발달로 인한 경제적인 그 풍요로움으로, 개인의 자유와 행복의 신장을 한껏 꿈꿔왔던 현대인들은, 오히려 그 반대로 **정신적 '황폐화와 붕괴', 그리고 소외와 고독으로 인한 '좌절감'**으로, 이제는 현대문명 그 자체를 두려워하게 되었다. 미국의 정신분석학자이며 사회학자인 신(新)프로이트학파 창시자인 에리히 프롬(Erich Fromm)은, 인간의 자기소외(自己疎外)를 강제(强制)하는 현대 자본주의를 비판하면서, 사랑과 인간성 존중을 바탕으로 한, 인류 모두가 다 함께 행복하게 살 수 있는 건강한 공동체사회주의를 주창하였는데, 류재상 시인의 메시지도, 순수한 자연성을 바탕을 한 새로운 **'인간성 회복'**일 것이다. 에리히 프롬은, 현대 물질문명에서 자기 자신의 존재를 잊고 표류하는 현대인의 소외(疎外)된 삶의 문제를 제기하면서, 현대인은 소비욕(消費慾)과 소유욕(所有慾)으로 자기 자신의 존재를 규명하려고 하지만, 존재의 위기에 다다른 현대인에게 존재의 구원문제(救援文題)를, 『**소유(所有)냐 존재(存在)냐**』라는 책에서 제시하고 있다. 프롬은 휴머니즘 정신을 밑바탕으로 현대 기술문명의 부조리(不條理)와 그 부조리의 병리현상(病理現狀) 속에서 존재양식마저 위협받는 인간정신을 진단하고 있는데, 그는 현대인의 삶의 패러다임(paradigm)을, '**소유에서 존재로 전환**'하는 일이 최선의 방책이라고 진단(診斷)하면서, 이제 우리는 사물의 개념을 소유(所有)의 대상으로 보기보다는 상호 '**존재적관계(存在的關係)**'로 파악하려는 태도가 중요하다고 설파하고 있다. 결국 우리가 참다운 행복을 소유하려면, 소유가 아닌 '**자기 자신의 존재의 의미**'에 보다 더 집착해야 한다는 말이다. 우리는 류재상 시인의 시(詩)에서, 우리의 의식 속에 살아 숨 쉬는 내 존재와 교감할 수 있으며, 나아가 사물 즉 **자연의 개념까지도** 살아있는 '**내 존재(存在)의 실체(實體)**'로 보고 있는, 시인의 고고(孤高)한 영성(靈性)에 공감하지 않을 수 없다. 단상집인 『시인의 고독한 독백』에서 시인은, "**자유(自由)는, 모든 것을 버리는 것이다**"라고 하였는데, 여기에서 그의 과정사고(process thinking)를 유추할 수 있는 단초(端初)를 발견할 수 있다.

자, 그럼 이제부터 저 명경지수(明鏡止水)와 같은 류재상 시인의 시심(詩心)을 찾아 명쾌한 기분으로 그의 황홀한 시세계를 한번 여행해 봅시다.

2. 몸말

Northrop Frye는, 『Anatomy of Criticism(1957)』에서 "**시를 쓰는 데는 많은 의지력이 필요하다**"라고 하였는데, 류재상 시인은 자기 자신을 일러 '**스스로 책만 읽는 멍청이(看書痴)**'라고 하여, 시(詩)밖에 모르는 시인(詩人)이라는 사실을, '**2,200여 편**'이 넘는 그 많은 시(詩)들이 웅변(雄辯)하고 있다. 언어의 진주(眞珠)인 시(詩)를 갈고 닦아 더 빛나는 시의 보석을 만드는 류재상 시인이, 잠 못 드는 밤을 하얗게 밝히며, 시(詩)라는 무형(無形)의 대상을 사랑하여, 그 아름다운 '**미적세계(美的世界)**'를 창조의 손끝으로 수놓고 있음은, 마치 그리스 로마 신화

(神話)에 나오는 운명의 여신 크로토와 무엇이 다를까?

 나는 그의 많은 시들 중에서도 유독 좋아하는 구절이 있는데, 시집 『사랑의 시』에 나오는 '**그렇고 그렇네요**'와 '**사람은 다 그렇고 그래요**'의 이 두 구절이다. 인간세상의 모순과 삶의 이율배반적인 위선을 패러디한 시인의 정직성(正直性)에, 나는 공감을 하지 않을 수 없다.

 류재상 시인은 "**나의 시정신(詩精神)은 항상 맑은 물빛이다**"라는 지론(持論)을 가지고 있는데, 이 말 속에는 진실의 역설(力說)이 항상 숨쉬고 있음을 그의 시(詩)에서 누구나 쉽게 감지할 수 있음은, 그의 시가 얼마나 **개성적이고 특화(特化)**되어 있는가를 알 수 있다. 류재상 시인의 시정신(詩精神)은, '**나는 왜? 사는가라는 존재론적**'인 그 고민보다는, '**무엇을 얼마나 더 많이 소유할 것인가?**'를 고민하는 현대인들에게, 강렬한 충고(忠告)의 메시지를 강하게 던지고 있다.

 유태인 심리학자 빅터 프랭클(Victor Frankl)은 제2차 세계대전 중 폴란드 남부의 아우슈비츠 수용소에서 죽기 직전, 종전(終戰)으로 살아났다. 그는 전쟁 말엽 신기한 경험을 하게 되는데, 매일 자살로 죽어나가던 수용소 포로들이 '**크리스마스(Christmas)**'가 다가오면서 급격하게 줄어들다가, 크리스마스가 지나자 또 다시 자살자의 숫자가 급격하게 늘어남을 알게 되었다. 그의 그 의문의 해답은 너무 단순했는데, 어처구니없게도 포로들은 막연하나마 크리스마스 전(前)에는, 전쟁이 반드시 끝나 풀려날 수 있을 거라는 기대감에 의하여, 생명력을 더 강하게 유지했음을 발견할 수 있었다. 프랭클은 이런 경험을 통하여 아래와 같은 간단한 원칙(原則)을 깨닫게 된다.

"**이 세상이, 제아무리 나에게 최악의 상황을 선사하고 모든 것을 빼앗더라도, 나에게는 절대로 빼앗길 수 없는, 단 한 가지가 남는다. 그것이 바로 상황을 어떻게 받아들일 것인지에 대한 내 '선택권'이다.**"

이 깨달음을 근거(根據)로, 그는 의미치료(Logo Therapy)라는 심리치료 기법을 세상에 공표하여, 상황적(狀況的) 의미를 부여함으로서, 마음의 병(病)을 얼마든지 치료할 수 있으며, 그 이후의 삶은 전혀 다른 방향으로 나갈 수 있다 하여, 심리치료에 적극 활용했던 것이다.

류재상 시인의 시를 읽으면 영혼이 메말라 휴머니티가 사라져가는 물질문명 세태에서, 현대인에게 **'인간미와 인간성'**을 새롭게 회복할 수 있는 기회를 제공하고 있다.

류재상 시인의 시세계는 시 창작 각도(角度)에 따라 프리즘과 같이 여러 가지의 다양한 세계를 보여주고 있다. 일례로, 자연과의 교감이 이루어지는 자연 친화적인 서정미, 정의감에 투영하여 본 사회현실의 부조리에 대한 비판, 농촌의 서경(敍景)을 배경으로 한 꿈의 세계, 그리운 고향(故鄕)의 시화(詩化), 인생론적인 성찰의 시, 가족과 가정이 가져다주는 행복, 삶에서 느낀 진솔한 사념(思念)들, 우주(宇宙)와 존재와의 합일(合一) 등, 다양한 비유와 알레고리, 이러한 것을 아주 **선명한 '시적 이미지'**로 획득하고 있기에, 우리는 좋은 시에서 얻을 수 있는, 뜨거운 감동과 잔잔한 행복감을 만족하게 충족시킬 수 있다. 혼(魂)이 실린 시세계(詩世界)는, 대중적인 저속한 전파문화(電波文化)**〈TV · 인터넷 · 라디오 · 스마트 폰 등등〉**로부터 잠식되어가는 상처 받은 현대인의 정서에, 차원 높은 새로운 감동(感動)으로 더 많은 **'정서적 영적 자양분(靈的滋養分)'**을 공급해 주고 있다.

세조 때 생육신의 한 사람인 남효온은 『秋江冷話(추강냉화)』에서 **"사람의 마음이 밖으로 뛰쳐나온 것이 말이요, 사람의 말이 가장 알차고 맑은 것이 바로 '시(詩)'이다."**라고 말하였는데, 류재상 시인도 시어(詩語)의 선택과 시의 조탁(彫琢) 과정에서 가장 정확한 시어를 선택하기에, 그 시어(詩語)들은, 싱그러운 연초록(軟草綠)을 띄고, 상상력을 더욱 풍부하게 제공하고 있다. 그것은 깊은 **성찰력(省察力)과 언어의**

센스(sense)**와 표현의 명확성**을 가질 때 가능하며, 그런 경우 **'시적(詩的) 비약(飛躍)'**의 표출이, 오히려 시(詩)의 효과(效果)를 더욱 극대화시킬 수 있다. 우리는 흔히 화자(話者)의 특징적 말씨를 어조(tone)라고 하는데, 우리는 그 어조를 통하여 작가의 감정·태도·소원·신념·의지 등의 다양한 정보를 제공받을 수 있는데, 시집『사랑의 詩』에서는 주로 경어체로 표현하였는데 비하여, 시집『싸늘한 불꽃』에서는 서술격조사 **'이다'**로 끝맺음을 하고 있음을 쉽사리 알게 된다. 그러다가 존재적 삶을 노래하는 시집『파란 풀잎』에서, 또 다시 서술격조사 **'이다'**로 끝맺고 있음을 보이는데, 이것은 **시적화자(詩的話者)의 미묘한 '내면심리(內面心理)' 와 그 '정서(情緖)'를 암시 하고 있다.**

에즈라 파운드(E. Pound)는 시를 음악시(melopoeia)·회화시(phanopoeia)·논리시(logopoeia)로 나누었는데, 류재상 시인은 대체로 음악성과 회화성을 무리 없이 조화시키고 있다. 일정한 규칙적인 리듬을 획득하고 있으며, 시각적(視覺的)인 이미지에 의한 회화성(繪畫性)으로, 시의 품격을 높이고 있으며, 이것으로 시의 서정성(抒情性)에 충실하려는 류재상 시인의 시적자세(詩的姿勢)를 충분히 엿볼 수 있다. 이 시집(詩集)의 제6부시에서는 **2연 3행** 구조의 짧은 단시(短詩) 형태가 많이 보이는데, 이것은 주제를 집약적으로 압축하여, 탄력성(彈力性)과 긴장도(緊張度)를 최고조(最高潮)로 높이려는 시인의 의도(意圖)를 볼 수 있다. 시 마지막 결련(結聯) **'1행'**에 절정(絶頂)을 보임은, **극적전환(劇的轉換)**으로, 결국 후반 1행이 바로 작품의 주제(主題)로, 독자의 기억에 선명히 각인(刻印)시키기 위한 **'시적전략(詩的戰略)'**이다.

명경지수(明鏡止水)와 같이 맑고 투명하면서도 명징한 문체(文體), 담백하면서도 군더더기하나 없는 감정의 절제(節制), 종교는 아니지만 종교 이상의 경건미(敬虔美)를 담보한 시(詩)의 생산(生産)은, **탄탄한 시력(詩歷)의 '소유자' 만이 가능한 일이다.**

류재상 시의 매력이 자연애(自然愛)에 뿌리를 둔 **'인간과 자연과의 합일(合一)'**이다. 그리고 또 하나 류재상 시인의 시세계의 축은 **'가족(家族)에 대한 사랑'**일 것이다. 그에게 가족에 대한 사랑은 시(詩)만큼이나 많은 비중을 차지하고 있다. 끈끈한 가족애(家族愛)로 시(詩)를 관통하고 있음을 쉽사리 찾게 된다.

> 나는 자연을, 내 가족으로
> 느끼고 있다! 가족처럼
> 자연을,
> 사랑할 때!
> 언어적 관념이 아닌,
> 감동으로!
> 자연을,
> 사랑할 수 있기 때문이다!
> 이것이, 어느 시(詩)와 다른!
>
> 내, 시만의 창조적(創造的) 질서다!!
>
> 〈서시(序詩)〉 전문

그리고 또 우리가 눈여겨 볼 부분은, 이 시집 제 6부에 나오는 극히 짧은 **'단행시(短行詩)'**들이다.

> 아름다움도,
> 총이다!
> 그것이
> 바로, 벌 잡는 저 꽃이다!!

〈총〉 전문

가장 부족한,
만족이!

바로, 다이어트(diet)다!!
〈다이어트〉 전문

「총」은 4행의 단형시이며, 액식어법(zeugma)의 수사법이 두드러지고, 다이어트의 3행은 더욱 짧은 단형시인데, 이 시들을 보건대, 언어의 압축이 빚는 시상(詩想)의 비약은 **폭발 직전**의 뇌관과도 같은 **'긴장미(緊張味)'**를 조성하고 있다. 이것은 시인의 남다른 시적기교(詩的技巧)다. 짧은 3행의 단시는 시집 『위대한 사람』에서도, 경험의 압축과 삶의 의미를 집약적으로 표출시키고 있다. 16세기에 바쇼우에 의하여 창시한, 일본의 전통적 시형식인 하이쿠(俳句)는, 5.7.5의 음절을 갖는 짧은 형식의 3행 17자의 일본(日本) 서정시(抒情詩)인데, 류재상 시인의 경우에도, 하이쿠와 같이 압축된 형식의 짧은 3행시가 보인다.

신석정은 「나는 시(詩)를 이렇게 생각한다」에서 "**시를 쓴다는 것은, 생에 대한 불타오르는 시인의 창조적 정신에서 결실(結實)되는 것이니, 인생을 보다 더 아름답게 영위하려고 의욕하고, 그것을 추구, 갈망하는 데서 창작된다면, 그 시인의 한 분신(分身)이 아닐 수 없다.**"고 하였는데, 시인의 분신(分身)인 시(詩)를 통하여 체험으로 맑게 걸러낸 그 인생과 영혼이라면, 우리에게 보다 큰 감동과 한없는 행복감을 안겨줄 수 있다는 것이다.

류재상 시인의 시집 『파란 풀잎』은 제1부 〈전원생활〉 제2부 〈떨어지는 낙엽〉 제3부 〈햇볕〉 제4부 〈서울의 공기〉 제5부 〈삶의 여유〉 제6부

〈또 다른 생각〉 등 전체 '**111편**'을, 편의상 순수서정의 세계, 사계(四季)의 자연애, 생의 역설적 달관, 한 해를 맞는 소회, 우주적 생명사상, 강호가도(江湖歌道)의 부활, 친환경적 생태시, 현실비판적인 시(詩) 등, 8개의 주제별(主題別)로 나누어, 그 시적특성(詩的特性)을 살펴보기로 하겠다. 먼저 그의 시집『가장 싸늘한 불꽃』이, 우주(宇宙)와 자아(自我)가 하나로 합일(合一)되는, 다시 말하면 미래의 지향점인 죽음과 삶이 하나로 합일(合一)되는 초월적(超越的) 세계로 향하는 단계(段階)를 노래하였다면, 이번 시집『파란 풀잎』에서는, 앞으로 더 폭 넓은 '**우주적 인식(宇宙的認識)**'이, 류재상 시인의 최종적(最終的)인 시세계가 될 것임을 암시하고 있다. 현재의 시적자아(詩的自我)는 나와 너, 객관과 주관, 자연과 인간, 삶과 죽음, 유와 무를 합일하는, 새로운 '**우주질서(宇宙秩序)**'를 창조(創造)하는 위치에 서 있다.

우선, 순수서정(純粹抒情)의 세계를 노래한 시들 중에서, 특히 두드러진 작품은 〈편지 한 통〉과 〈아침 안개〉〈바람〉〈복숭아꽃〉〈연꽃〉 등을 들 수 있다.

산수유 꽃은, 편지다! 내가
기다리는,
그분의
편지다!
우체부
그
봄비 아저씨가, 다녀간
후!
우리 집

대문 앞에
꽂힌,
그분의
편지
한 통! 노랗게, 쓴 예쁜 글씨로!

"나를 정말 한없이 사랑한단다!!"
〈편지 한 통〉 전문

오늘 아침, 저 안개는
팬티(panties)다!
지금
산(山)이
반쯤,
벗어버린 하얀
팬티다!
저렇게
요염한,
예쁜 물소리 그녀
때문이다! 골짜기마다,

오늘 아침은! 참, 묘한 분위기다!!
〈아침 안개〉 전문

류재상 시인은 언어를 자유자재(自由自在)로 다룰 줄 아는 참으로 보기 드문 귀재(鬼才)다. 시인은 언어의 연금술사(鍊金術師)로 지칭되지만, 특히 류재상 시인은, 비유(比喩) 중에서도 **'은유(隱喩)의 사용'**으로, 사고영역(思考領域)을 더욱 확장시킬 뿐 아니라, 언어로 재현(再現)된 사물의 감각적 영상(映像)인 심상(心象)에 호소, 새로운 의미(意味)를 창출하여, 시적진실(詩的眞實)을 사유(思惟)하게 만드는, **탁월한 '시적능력(詩的能力)'을 가졌음을 입증하게 한다.** 야콥슨은 서정시(抒情詩)에서 중요한 요소는 유사성(類似性)을 바탕으로 한 은유(隱喩)라고 하였는데, 이런 유사성을 바탕으로, 객관적 상관물(相關物)과 시인이 상호 동질성(同質性)을 획득하게 된다.

M. 아널드는, "**시(詩)란 간단히 말해 가장 아름답고, 인상적이고, 다양하게, 가장 효과적으로 사물을 진술하는 방법이다.**"라고 하였는데, **'산수유 꽃은, 편지다!/기다리는, 그분의 편지다!'**의 구절에서는 봄의 아름다움에 가슴 설레는 황홀함이 그대로 바람결에 실려 오는 듯한 착각에 빠지게 한다. 봄 편지인 산수유 꽃을 통하여, 독자에게 아름다운 시심(詩心)을 전해주고 있다. 봄비[春雨]가 만물의 겨울잠을 깨우면 노란 꽃이 활짝 만개하여, 천지는 다시 봄의 찬가(讚歌)를 부른다는, 시인의 시각적(視覺的)인 이미지의 환치에 황홀한 현기증(眩氣症)마저 느끼게 된다.

아침의 운무(雲霧)를 보면서 시인(詩人)은 자연에 대한 찬가(讚歌)를 노래하는데, 안개를 국부(局部)를 드러내지 않은 팬티로 은유하고, 안개를 산의 중턱에 걸친 하얀 팬티(panties)로 보면서, 그 이유는 산골짜기 맑은 물소리가 요염하기 때문이라고 하였다. 그래서 오늘 아침은 **'참, 묘한 분위기다'**고 하여, 아침의 그 신령함을, 차츰 그 실체를 드러내는 안개로 묘사하고 있음은, 한 폭의 정제(精製)된 수묵화(水墨畵)를 대하는 듯한 착시현상(錯視現象)에 빠지게 된다. **'마지막 행의 한줄 띄움'**은 팽팽한 시적 긴장감(緊張感)을 조성하여, **언어의 '압축'이 더 이상 불가능하도록 만든다.**

바람은, 종이다!
계절마다,
새로운
그림을 그리는!

하얀, 종이[紙]이다!!
〈바람〉 전문

눈에 보이지 않는 바람을, **고도의 '시각적' 영상미(映像美)로 시적(詩的) 테크닉을 발휘하고 있다.** 눈에 보이지 않는 자연물인 바람을, 은유와 의인법을 사용하여 간결하고 선명하게 의미를 부여한 류재상 시인의 표현법에서, **중후한 '시력(詩歷)'의 보유자(保有者)**임을 확실히 보여 주고 있다. 바람결로 느껴보는 계절감, 바람결로 채색(彩色)하는 자연의 아름다움을, **한 폭의 '유채색(有彩色)'의 그림으로 만드는 그 솜씨에,** 더 이상의 무슨 부연(敷衍)이 필요할까.

복숭아꽃은,
생리다!
4월의, 패드에
빨갛게
묻어나는!

하늘의, 생리(生理)다!!
〈복숭아꽃〉 전문

홍조(紅潮)를 띤 복숭아꽃에서, 여성의 생리현상(生理現狀)을 연상함은 **놀라운 시적(詩的) '상상력(想像力)'이다.** 월수대(月水帶)에 빨갛게 묻어나는 생리(生理) 중에서도, 자연의 이법(理法)을 신비로 싸고 있는 저 **'하늘의 생리'**로 보았으니, 시인의 예리한 관찰력은, 우리가 아는 보통 시(詩)와는 시적차원(詩的次元)을 달리하고 있다. 『삼국유사(三國遺事)』에서 원효대사가 관세음보살을 뵙기를 소원하였더니, 명주〈現, **강릉**〉의 시냇가에서 월수대를 빨고 있는 여자로 화한 관세음보살을 만났다는 고사(故事)에서, 무장무애(無障無礙)의 원효에 걸맞은 만남이었듯이, 류재상 시인의 시적표현에서도, 류재상 시인만이 가지는 **'개성적 표현'**이 돋보인다. **이것이 바로 시적(詩的) '창조성(創造性)'이다.**

연꽃은, 혁명이다!
가장
더러운, 놈들을!
완전히
찬란한,
꽃잎으로 만드는
혁명이다!
저 시꺼먼 흙속에서

일어난, 혁명(革命)이다!!
〈연꽃〉 전문

연꽃은 **'장엄(莊嚴)'**이란 꽃말을 가진 불교를 상징하는 꽃이다. 이상향(理想鄕)을 나타내는 꽃으로, 인도 신화(神話)를 노래한 대서사시 『**마하 바라타**』에도 연꽃이 나온다. 연꽃은 종교적으로 생각하지 않더라도, 진흙과 같은 수렁에서 피어나되, 진흙과 같은 더러움에 물들지 않고, 오탁악세(五濁惡世)에서도 번뇌(煩惱)를 해탈한 청정심을 대변하는 꽃이다. 시인은 연꽃의 생리를 빗대어 **'혁명(革命)'**이란 은유로 나타내었다. 가장 더럽고 추악한 곳에서도, 가장 깨끗하고 아름다운 자태를 드러내는 연꽃을, 혁명이란 무설법(無說法)으로 역설(力說)한 시인의 의표(意表)는, 탐욕으로 오염된 현대사회의 새로운 **'인간성 회복'을 강력히 염원하고 있는, 참으로 빼어난 수작(秀作)이다.**

순수서정의 세계를 **'고도의 비유와 상징'**으로 시각화하여 표현한 시적 기교의 탁월성은, 그의 역량을 웅변하고 있으며, 묘사에 의한 진술은 한 폭의 동양화(東洋畵)를 보는 듯한 감동(感動)을 공유하게 된다.

다음으로, 시인의 망막에 맺히는 사계(四季)의 자연애(自然愛)를, 시인 특유의 애정(愛情)으로 승화시킨 시들을 살펴보기로 한다.

**산들바람이, 엉덩이를
흔들고 있다!
저쪽에
아롱거리는,
아지랑이
그
젖꼭지에도! 파랗게, 젖이
나는
봄이다!
벌써
양지쪽,
버들강아지
그**

아랫도리에도! 웃음 같은

다디단, 분비물(分泌物)이 촉촉하다!!
〈벌써 봄이다〉 전문

봄비는, 사정(射精)이다!
불꽃같은,
사정이다!
한창,
꽃피는
4월이면!
하늘도, 날마다 하얗게!
깨가,

막 쏟아지는! 그런, 신혼(新婚)이다!!
〈젊은 계절〉 전문

봄의 아름다움에 취하여, 봄과 하나로 동화(同化)된 시인의 시적경지는, '선인(仙人)'과 무엇이 다르겠는가? 우화등선(羽化登仙)이란 이런 경지(境地)일 것이며, 상계(上界)에서나 느낄 수 있는 비경(秘境)일 것이다. '산들바람이, 엉덩이를 흔들고 있다'는 표현은, 의인법과 시각적 심상을 차용(借用)하여, 미풍(微風)에 가볍게 흩날리는 초목(草木)의 새순들을 정겹게 묘사한 수작(秀作)이다 **'아지랑이 젖꼭지에 파랗게, 젖이 나는 봄'**에서 초록의 싱싱함을 육감적(肉感的)으로 표현하기란 그리 쉽지 않을 것이다. 양지쪽 버들강아지의 새순을 보면서, 웃음 같은 다디단 촉촉한 분비물(分泌物)에, 봄[春]을 흠뻑 취하게 만드는 시적화자(詩的話者)의 달콤한 달변(達辯)은, 새봄을 맞이하는 우리 모두를 **사지(四肢)가 나른한 '황홀경' 속으로 그만 스르르 빠져들게 만든다.**

봄비가 메마른 대지를 촉촉이 적시면, 만물이 겨울잠에서 기지개를 켜고 화들짝 앞 다투어 화신(花信)이 들려온다. 그 봄비를 시적화자(詩的話者)는 **'자연의 교합'** 으로 이미지화하여, 한창 무르익어 가는 봄을 신혼(新婚)의 단꿈에 취한 자연으로 느낌은, 물아일체(物我一體)의 경지에서, **자연과의 영적인 교감으로, '접신(接神)'에 든 상태이다.**

매미소리는, 뒷물질이다!
불쾌한
그
무더위를,
씻어내는 뒷물질이다!
그것은
위생이
아니라, 늘 청결(淸潔)한!
여름의

강한, 자존심(自尊心)이다!!
〈여름의 매미소리〉 전문

소나기는, 남근(男根)이다!
잠자는
들판을,
갑자기 덮쳤다!
이때,

깜짝 놀란
풀잎들이!
뿌리까지, 벌떡 일어나
성난 남근을!

아주, 새파랗게 물고 늘어졌다!!
〈여름 소나기〉 전문

　시인(詩人)은 '시(詩)'로써 말하는 사람이다. 시인은 모국어로 사유(思惟)하고 느끼며, 피가 묻어나는 시어(詩語)로 그 가슴속을 훤히 드러내 보인다. 불어오는 바람결에 들리는 시원한 매미소리는 시인에게 어떤 포커스(focus)로 잡혔을까? 그 해답은 의외로 **'여성의 은밀한 뒷물질'** 이다. 시인의 의표를 찌르는 사고와 감정의 그 섬세함과 치밀함, 그저 어안이 벙벙할 뿐이다. 아니 황홀감에 사로잡히지 않을 수 없다. 불쾌하고 후덥지근한 무더위를 씻어내는 뒷물질인데, 그것은 위생상의 문제가 아닌, 위대한 여름의 자존심이란 시인의 메시지는, **'유암화명(柳暗花明)'** 의 경지를 터득한 것이다.

　여름에 갑자기 내리는 소나기를 **'남근(男根)으로 비유'** 하여, 나른한 한낮의 더위에 노곤히 취한 대지(大地)에 생기(生氣)를 불어넣는 광경을 다이내믹하게 그리고 있다. 비유적인 시어를 사용하여, 시의 회화성(繪畫性)을 살린 시적인 표현법은, **시를 가장 '생동감(生動感)' 넘치게 만들고 있다.**

들판이, 임신(姙娠)하면
오곡이 익는다!
어서

빨리
햇볕도, 꽃씨 같은
손자가
보고
싶다! 허수아비
가슴 떨리는, 첫날밤에!
벼이삭은,

왜? 그런지! 그만, 오줌 빛이 노랗다!!
〈가을 들판〉 전문

단풍은, 풍악(風樂)이다!
산들이
꽹과리
치고,
하늘이
파랗게 북치는 풍악이다!
오곡들도
들판에서,
황금빛
어깨춤이다!
바람도, 얼씨구 좋다!
햇살도

사뿐사뿐, 학(鶴) 춤을 춘다!!
〈즐거운 가을〉 전문

오곡백과(五穀百果)가 무르익은 황금빛 가을 들판을 보고, 시인은 들판이 잉태(孕胎)하여 오곡이 익는다는 의인법(擬人法)으로, 들판에 우두커니 서서 가을을 지키는 허수아비에게로 감정을 이입하여, 첫날밤에 **허수아비와 합궁(合宮)을 치른 벼이삭의 '오줌 빛'이 노랗다고** 시각적(視覺的)인 심상(心象)을 써서, **'풍요하게 익은 벼이삭'**을 노래하고 있다.

불꽃처럼 타오른 가을의 전령(傳令) 단풍(丹楓)을, 마치 삼라만상(森羅萬象)이 풍악(風樂)놀이로 떠들썩하게 표현하여, 즐겁고 풍요로운 계절의 찬가(讚歌)로 노래하면서, 간결한 시어(詩語)로 가을이 주는 계절미(季節美)와 작자의 감정을 **'공감각(共感覺)적인 표현'으로, 한판 걸쭉하고 질펀하게** 풀어놓고 있다.

겨울은, 칼날이다!
예리한,
칼날이다!
12월의
찬바람은, 살인도

가능한! 아주, 섬뜩한 칼날이다!!
〈겨울추위〉 전문

시인(詩人)은, 위 시와 같이 우리가 무심히 보아 넘길 자연 현상도, 애정(愛情) 어린 시선(視線)으로 새롭게 다시 가공(加工)하여 우리에게 되돌려 주고 있다. **자연의 모습을 재조명하여,** 감각적으로 숙성(熟成)시켜, 더욱 아름답고 더욱 세련된 모습으로 우리에게 감동(感動)으로 보여주고 있다. 그것은 **'자연과 인간의 공존(共存)'**을 꿈꾸는 높은 정신세계의 지향(志向)이다. 겨울의 매서운 추위를 칼이란 은유로 표현한 발상(發想)도 신선하지만, 삼동(三冬)의 찬바람을 살인까지도 가능한, 날선 칼날이란 주제를 설정한 것도, **자연을 바라보는 참으로 예리한 '관찰(觀察)'이다.**

인생론적(人生論的) 성찰(省察)의 시(詩)에서는, 죽음을 넘어선 인생의 달관(達觀)을 노래하고 있다. 류재상 시인의 삶의 여유(餘裕)는 '**인생(人生)의 예술(藝術)**'이다.

삶의 여유는, 예술이다!
그림
속의,
여백이다!
듬뿍
하늘을,
묻혀온! 청잣빛, 항아리다!
삶의
그 여유는,
아직도
신비
속에 살고 있는! 눈부신

나의, 하얀 신앙(信仰)이다!!
〈*삶의 여유(餘裕)*〉 전문

높을수록, 보다 낮아야 한다!

하늘은
비[雨]가
되어야,
비로소 풀잎에 온다!
사람은,
작은 벌레
한
마리까지! 사랑해야, 비로소
사람이다!

종교는, 가장 구체적으로 눈물이다!!

〈깨달음〉 전문

우리의 팍팍한 일상에서, 가끔씩 일탈하며 느끼는 여유로움을 예술이라는 은유(隱喩)로, 시인의 인생관의 편린을 유추하게 한다. 번다(煩多)한 세사(世事)에 묻혀 살다가, 가끔씩 자기 자신을 뒤돌아보는 하얀 여백(餘白)과 같은 여유로움은, 시인에게는 오직 가장 깨끗한 **'신앙(信仰)'과도 같은 시간이다.** 시인의 이 순결성에서, 우리는 순수와 순결을 옹호하는 인생관(人生觀)을 발견한다.

〈깨달음〉에서는 중용(中庸)의 도에 입각한 인생의 이법(理法)을 역설적(逆說的)으로 표현하고 있다. 높을수록 낮다는 역설에서 새옹지마(塞翁之馬)의 인간사를 반추(反芻)하게 되며, '종교는, 눈물이다'라는 종구(終句)에서, **현실에 타협(妥協)하여 종교 본연의 위치를 망각할 수 있는 그 '위험성'을 경고하고 있다.**

흠도 티도

*금가지 않은
나의 전체는 오직 이뿐!*

*더욱 값진 것으로
드리라 하올 제,*

나의 가장 나아종 지닌 것도 오직 이뿐.
—김현승, 〈눈물〉 부분

  우리 인간이 신(神) 앞에 드릴 가장 순수한 사랑과 헌신은 눈물이라는, 김현승의 시와 같이 류재상 시인도, **종교(宗敎)는 '눈물'과 같이 가장 진실하고 순결할 때,** 참다운 종교의 역할을 수행할 수 있다고 보고 있다. 신(神)을 빙자한 타락한 종교의 질타로써, 종교 본연의 모습으로 회귀(回歸)하라는, **시인의 '충고(忠告)'에** 참으로 숙연해진다.

**죽음은, 여행(旅行)이다!
저 눈부신,
5월!
그
초록빛
가방 하나, 달랑
들고!
그냥
이웃집
가듯, 저 푸른 하늘로!
훌쩍**

그렇게, 떠나는 여행이다!!

　　　　　〈즐거운 여행〉 전문

죽으면, 누구나
다
재벌이다!
하늘의,
저 많은
별들을! 혼자
다

소유(所有)할 수 있기 때문이다!!

　　　　　〈새로운 재벌(財閥)〉 전문

　류재상 시인이 죽음을 담담하게 저 푸른 하늘로의 **'여행(旅行)'**으로 여김은, 생을 달관한 철학자와 같은 사색의 깊이를 느끼게 한다. 죽음이 죽음으로 끝나는 것이 아니라, 죽음이 새로운 탄생(誕生)이며, 거기에서부터 진정 자연과 하나로 합일(合一)되어, 그때부터 참다운 행복이 영원히 시작된다는 **놀라운 '사생관(死生觀)'**이다.

　'죽으면 재벌'이라는 역설(逆說)에서, 죽어서도 하늘을 소유(所有)한다는 호연지기(浩然之氣)의 기상(氣像)과, 하늘을 우러러 한 점의 부끄러움도 없는 영혼의 순결성을, 류재상 시인은 아주 당당하고 의연(毅然)하게 보여주고 있다.

　새해를 보내고 맞는 소회(所懷)를 다룬 시들로 대표적인 시(詩)는, 〈

계미년(2003) 제야의 종소리〉와 〈갑신년(2004) 원단(元旦)〉을 들 수 있다. 시인에게 있어 한 해를 보내고 맞는 각별한 느낌을 **아름다운 시(詩)로 표현할 수 있음은 시인의 또 다른 '특권(特權)'** 이다.

살아 온, 내 삶의 요리가!
어쩐지?
그
고소한
깨소금보다, 고춧가루가
더
많다!
그래서
몹시, 맵다! 그러나, 느끼한

조미료(調味料)는! 꿈에도, 쓰지 않았다!!
〈계미년(2003) 제야의 종소리〉 전문

새해, 원단(元旦)의 소망은 새(鳥)다!
따뜻한 양지쪽에
둥지를
틀고,
알을
낳고 싶다!
풍부한 먹이에, 건강한 새끼가
제일이다!
나머지는,

하늘이
알아서 할 일이다!
다만 올해는, 깊은 산 속의 저 물소리
같은! 그런

그윽한, 친구 하나쯤 정말 사귀고 싶다!!
〈갑신년(2004) 원단(元旦)〉 전문

제야의 종소리를 들으며 시인은 지난 1년간의 삶을 회고하면서, 기쁜 일보다 궂은 일이 더 많은 세상사(世上事)의 번뇌(煩惱)를 느끼게 되지만, 자신의 삶에 단, 한 점의 부끄러움도 없는 떳떳함과 당당함을 소회(所懷)하고 있다. 불의와 야합(野合) 없이, 양심에 하나의 가책도 없이, 하늘과 교통(交通)하는 삶, 이것이 곧 **평소의 시인의 '삶' 이기 때문이다.**

'새해, 원단의 소망은 새(鳥)다!' 에서 마음은 언제나 미래의 꿈과 희망을 향해 있음을 은연중에 말하면서, 건전하고 건강한 생활인으로, 창작활동에 몰입할 수 있는 바램을 나타내고 있다. 어쩌면 순명(順命)의 시인, 그러나 그러한 시인에게도 작은 소망은, 깊은 마음의 교감을 나눌 수 있는 다정한 친구를 만나, 세상사를 마음껏 한번 털어놓고 싶은 그런 친구를 그리워하고 있다.

범신론적(汎神論的)인 생명사상(生命思想)을 다룬 시들로는, 〈복제인간〉과 〈세르비아 꽃〉〈살아있는 시〉와 〈콩나물〉 등이 있다.

푸른 하늘이, 그의
먹잇감이다!

깨끗한
희망이, 기르고
있는
한 마리의
짐승이다! 과학이

저 혼자, 즐기는 꿈이다!!
〈복제인간〉 전문

지금 우리의 사랑이, 살아있는 그분의
얼굴이다! 저쪽, 텅 빈
허공에도!
그분의,
피가
흐른다!
가늘게 흐르는, 저 물소리도! 내 곁을
지나는
그분의,
발자국이다!
빨간,
고추잠자리 한 마리도!
살아있는, 그분의 모습이다! 그분은,
지금 우리 앞에서!

저 세르비아 꽃으로, 활짝 웃고 계신다!!
〈세르비아 꽃〉 전문

류재상 시인에게 복제인간은 이성(理性)이 없는 생명만 가진, **과학이 즐기는 인간의 '꿈'으로 표상(表象)되고 있다.** 〈세르비아 꽃〉에서는 우주에 편만(遍滿)한 신(神)의 존재를 피력(披瀝)하면서 존재에 대한 **'범생명관'**을 노래하였는데, 우리의 사랑도 살아있는 그분의 얼굴이며, 물소리도 그분의 발자국이며, 심지어 빨간 고추잠자리 한 마리도 살아있는 그분의 모습으로, 창조주 **'그분이 지금 우리 앞의 세르비아 꽃으로 웃고 있다'**고 하면서, 신(神)과 자아(自我)의 일체감(一體感) 내지 우주와 자아의 조화를 통하여, **신(神)의 존재를 시적(詩的) '암호(暗號)'로 밝히고 있다.**

류재상 시인은 극히 하찮은 세르비아 꽃에서 자연에 미만(彌滿)한 절대자(絶對者)를 시적(詩的)으로 포착하여, 그 존재에 대한 신념(信念)을 감동적으로 피력하고 있다.

자연애(自然愛)를 노래한 강호가도(江湖歌道)의 부활이라고 할 수 있는, 류재상 시인의 작품으로는 〈전원생활〉과 〈바뀌는 계절〉 등을 들 수 있다.

뜰의 달빛도, 우리 집
식구(食口)다!
이렇게
살다보니,
행복(幸福)도! 심심하면,

친구(親舊)처럼, 놀다간다!!
〈전원생활〉 전문

아랫배가 동그랗게, 오곡(五穀)을

임신한
저
가을이!
저쪽에서, 내 아내처럼 웃고 있다!
이럴
때,
눈부신
저 파란하늘 한 잔에! 온 들판이
그만

벌써, 노랗게 흠뻑 취(醉)해버렸다!!
〈바뀌는 계절〉 전문

시인(詩人)은, 식구(食口)인 뜰의 달빛과 함께 살고 있으니, 무욕(無慾)과 무소유(無所有)의 도학자적(道學者的)인 삶을 살고 있다고 하겠다. 마치 조선시대 선비들의 무장무애(無障無礙)의 삶이 재현(再現)된 것 같은 시인의 삶에서, 시인의 인생관(人生觀)을 엿보게 한다. 모두가 바라는 행복도, 심심하면 마음 편한 개구쟁이 친구처럼 찾아오는, 그야말로 **자연과 더불어 자연에 '동화(同化)' 되어 살아가는, 시인의 선비적인 삶을 엿볼 수 있다.**

'버리는 삶', 그것은 류재상 시인의 시적 화두(話頭)가 아닐까? 〈바뀌는 계절〉에서 계절의 변화를 바람으로 체감(體感)하게 되며, 바람과 함께 바뀌는 계절을, **'웃고 있는 내 아내'** 로 환치(換置)한 시적 발상과 표현 기교는, 얼마나 발랄하고 신선한가? 은유에 의한 심상(心象)의 극대화가 주는 효과는, 시(詩)의 맛을 더욱 감칠맛 나게 하는 요인이 된다. 맑고 청정한 푸른 하늘을 마시며, **시인은 세상의 그 누구보다도**

'행복감'에 취하게 된다고 노래하고 있다.

시인은 항상 마지막 **'종결행(終結行)'**을 성공적으로 마무리하고 있는데, 시(詩)에서는 시작(始作)과 전개과정(展開過程)보다는, 작품의 집약과 집중의 마지막 종결이 가장 고뇌(苦惱)가 크고 어려운 부분이다. 시인의 의도(意圖)는, 짧은 단시(短詩)이기에 리듬보다는 의미구조(意味構造)를 극적(劇的)으로 전환시켜, 주제의 함축(含蓄)으로 시적 긴장도를 최대한 높이기 위한, 류재상 시인만의 독창적인 **창작기법(創作技法)**의 특별한 '작전(作戰)'이라 할 수 있다.

친환경적이며 생태학적(生態學的)인 이슈(issue)를 다룬 류재상 시인(詩人)의 시로는, 〈아침놀〉과 〈밤〉 그리고 〈화가(畵家)〉 등이 두드러진 작품들이다.

아침놀은, 화장품이다!
하늘이
사용하는,
화장품(化粧品)이다!
철새
두 마리,
저 멀리 눈썹을 살짝
그리고 날아가면!

하늘도, 하루 종일 예쁜 나의 신부(新婦)다!!
〈아침놀〉 전문

밤[夜]은, 가장 진한

커피다!
그대와
함께,
마시고 싶은! 아주
진한,
한 잔의
커피다!
어느새, 내 방안은!

커피향, 그 은은한 달빛이다!!
〈밤[夜]〉 전문

아침놀의 아름다움에 도취한 시인은, 만물이 기지개를 켜는 순간의 시선(視線)을 포착하여, '**화장품(化粧品)**'이란 비유로 군더더기 하나 필요 없이 간명(簡明)하게 표현하였다. 그 화장품은 하늘이 사용하는, 하늘의 비밀(秘密)을 내포하고 있는, 형이상학(形而上學)적인 것이리라. 어쩌다가 마주치는 멀리 날아가는 철새 떼가 눈썹처럼 파문을 일으키면, 아름다운 하늘은 하루 종일 바라만 보아도 황홀한, '**예쁜 나의 신부(新婦)**'라는 시인의 묘사에서, **자연을 사랑하며 자연과 교제(交際)하는 시인의 그 '청정심(淸淨心)'이 참으로 부럽다.**

'**밤은, 진한 한 잔(盞)의 커피다**'라는 표현에서, 시적화자는 진한 커피 한 잔 놓고, 밤늦게까지 원고지와 씨름하는 과정에서 인생을 깊이 성찰(省察)하면서 인생의 의미(意味)를 다시 새롭게 깨닫는다. 온 방안에 커피향기로 진동할 무렵, 시적화자의 벗인 달빛이 어느새 몰래 찾아와, **시인과 '무언(無言)'의 대화를 나누고 있다.**

계절은, 화가(畫家)다!

밀레의,

친구(親舊)다!

4월의,

저 꽃과

나비는! 계절이, 풍경을

그리고! 남은, 물감이다!!

〈화가(畫家)〉 전문

계절은 화가(畫家)이며, **프랑스의 화가인 '밀레'의 친구다.** 그 중에서도 4월의 자연물인 꽃과 나비는 계절이 **'풍경(風景)을 그리고 남은 물감'**으로 표현한 것은, 고도의 순도 높은 비유로, 봄의 계절미가 물씬 묻어나는 절구(絕句)이다. 유채색(有彩色)의 향연(饗宴)인 봄의 찬가(讚歌)를 이보다 더 극명한 표현으로 나타낼 수 있겠는가? 환경의 중요성을 아무리 강조한들, 이 시(詩)에서 의도하는 자연(自然)의 소중함을 이보다 능가할 수 있겠는가?

류재상 시인은, 자연의 서경(敍景)과 거기에서 느끼는 서정(抒情)을 노래한 순수시(純粹詩)와, 불의(不義)와 부조리와 사회적 모순을 절대로 수수방관하지 않고, 여지없이 붓의 그 뜨거운 불[火]의 비판을 가하는, **참으로 시적(詩的) '스펙트럼(spectrum)'이 넓은 시인이다.**

류재상 시인의 시에서 현실비판적인 시들은 페이소스(pathos)적이며, 풍자(satire)적인데, 예로는 〈도심의 별빛〉과 〈서울의 공기〉, 그리고 〈서울의 유산〉등의 작품들이 있다.

밤마다! 달콤한 여인의

입술 같은,
저
별빛이!
도심(都心)의 하늘에
와서는,
언제나
악취(惡臭)다! 너무나
밝게,

타락(墮落)한! 저, 불빛 때문이다!!
〈도심의 불빛〉 전문

밤이 주는 자연의 아름다움은 **'달콤한 여인의 입술 같은 별빛'** 인데, 이 눈부신 별빛이 도심의 하늘에 와서는, 언제나 악취(惡臭)를 풍기며, 순수와 순결을 상실한 **'밤의 여인화(女人化)'** 가 된다는 안타까움이다. 그 이유를 시인은, **도회지의 타락한 홍등(紅燈) 때문으로 보고**, 몹시 가슴 아파하고 있다. 삶의 순수(純粹)함을 회복하는 것은 우리 모두의 기구(祈求)가 아닐까? 날카로운 비판으로, **시(詩)에 보다 활력 넘치는 '역동성(逆動性)'을 불어넣고 있다.**

나
이제,
병신(病身)이다!
혼자
사는,

저 하늘! 우리엄마, 오짜꼬……?!
〈서울의 공기〉 전문

  각종의 오염물질과 다이옥신, 이산화탄소, 자동차 매연 등의 공해로 몸살을 앓고 있는 서울의 공기(空氣)가, 공기로서의 제 역할을 수행할 수 없는 '**병신(病身)**'으로 환치하고, 병(病)들어 가는 자연을 '**엄마**'로 상징하여, 시인(詩人)은 이 나라의 중심, 서울의 공해문제(公害問題)를, **너무나 가슴 아픈 '가슴앓이'로 고발(告發)하고 있다.**

우리 아버지의,
유산(遺産)은!
오직, 저 흐린!

한강(漢江)의, 저 물빛뿐이다!!
〈서울의 유산〉 전문

  조상(祖上)의 혼(魂)과 숨결이 오롯이 느껴지는 아름다운 자연은, 근대 물질문명의 횡포 앞에 머리를 풀어헤치고 통곡(痛哭)하며 신음(呻吟)하고 있다. 조상(祖上)들이, 소중하고 아름답게 물려준 산하(山河)는 만신창이가 되어 그 '**아름다운 순결성**'을 잃어버린 지 오래이며, 지금 이 나라 국토(國土) 방방곡곡이 개발(開發) 붐에 짓밟히는 **비명(悲鳴)으로 몸부림치고 있지 않는가?** 오죽 했으면 시인(詩人)은, 조상들이 유산으로 물려준 고결한 우리 국토(國土)가, 저 '**흐린 한강(漢江)의 물빛뿐**'이라고 개탄(慨歎)하고 있을까? 우리 모두는 그 의미를 뼛속 깊이 되새겨 볼 필요가 있다.

  이 시집에서, Off the record(非記錄)이지만, 〈정치와 시〉같은 작품의 경우는, 훨씬 더 날카로운 언어의 매서움을 보여주고 있다.

시(詩)와, 정치(政治)는 같다!
둘, 다
사기(詐欺)다!
그래서,
이 둘은 서로!

사람의, 넋을 뽑는 언어예술이다!!
〈정치와 시(詩)〉 전문

3. 갈무리

시(詩)는, 마음속에 일어나는 감정이나 의지나 생각을, 운율(韻律)있는 언어로 압축(壓縮)하여 표현하는 언어예술의 한 장르(genre)이다. 읽는 사람에게 감동을 주고 마음의 진실을 열어 놓음으로써, 인생을 더 깊이 이해하고, 보다 더 나은 삶을 향하도록 하는 지표가 된다고 할 때, **시인은 '시(詩)'로써 자신의 존재를 인식하며, 독자는 자신의 삶을 '시(詩)'에서 새롭게 발견하게 된다고 하겠다.**

류재상 시인의 시집 『파란 풀잎』이 주는 메시지는, 작가의 말과 같이 **'자연에 대한 사랑'**으로 요약할 수 있는데, 여기서 말하는 자연은 자연(自然) 그대로의 의미보다는, 포괄적인 의미로 개념을 확대고 있다. 자연과 인간세계를 아우르는 **초월(超越)의 공간**, 즉 유(有)와 무(無)의 결합(結合), 자아(自我)와 자연(自然)의 합일(合一), 주관(主觀)과 객관(客觀)의 일치(一致), 삶과 죽음의 조화(調和), 너와 나의 공존(共存), 천상(天上)과 지상(地上)의 합일(合一) 등, 그 **'의미의 다양성(多樣性)과 초월성(超越性)'**을 인식할 때, 비로소 류재상 시(詩)의 이해(理解)와 진실

(眞實)에 더 가까이 갈 수가 있을 것이다.

먼저 소재의 다양성을 특징으로 들 수 있는데, 순수서정(純粹抒情)의 세계와, 계절의 변화에서 느낄 수 있는 자연에 대한 사랑, 일상생활(日常生活)의 과정(過程)에서 발견하는 삶의 달관(達觀), 한 해를 보내고 맞는 소회(所懷), 우주론적(宇宙論的) 범생명사상(汎生命思想), 강호가도(江湖歌道)의 재현(再現) 및 부활(復活), 친환경적인 생태시(生態詩), 현실비판적(現實批判的)인 시, 이런 종류의 시들은, 삶의 전반(全般)에 걸쳐 인식(認識)하고 체득(體得)한 소재(素材)들로, **'순수시와 참여시의 경계(境界)'**를 허물어뜨리고, 어느 한 분야(分野)에 국한되지 않은, 여러 가지 다양성(多樣性)을 보여주고 있다.

표현적인 특징으로는, 표현의 효과를 극대화(極大化)하기 위하여, **비유법〈특히 은유〉과 변화법을 많이 차용(借用)하였으며**, 언어를 통하여 구현(具現)된 심상(心象·image)은, 감각적 심상과 상징적 심상, 묘사적 심상과 비유적 심상의 활용으로, 시인(詩人)이 포착한 의미(意味)나, 정서(情緒)나, 분위기(雰圍氣)를 그대로 생생한 감동(感動)으로 연결하고 있다. 이것은 시인(詩人)이, 언어를 다루는 솜씨가 벌써 **'달인(達人)'의 수준임을 보여주고 있다.** 시어(詩語)에 새로운 **'활력과 생명력'**을 불어넣어, 독자들을 황홀한 감동의 세계로 인도하고 있다.

시적인 기교(技巧)의 특징으로는 첫째, 극도로 긴장된 압축의 표현으로, 언어의 미적감각(美的感覺)을 보다 세련되게 하였으며, 우주적(宇宙的)인 상상(想像)의 공간(空間)을 확보하기 위하여, 불필요한 언어를 과감하게 생략하여, 언어의 압축에 의한 **'언어예술미(言語藝術美)'**를 최대로 극대화(極大化)시켜 살리고 있다. 둘째, 시인의 육감적인 언어감각에 의한, 적재적소에 어울리는 비유(比喩)로, 차원 높은 표현기법을 구사하여, **'시각적 영상미(映像美)'**를 확보하고 있다. 셋째, 시인은 시어(詩語)를 새롭게 계발, 확대하고, **시(詩)의 새로운 지평(地平)을 열**

어, 시(詩)다운 시가 어떠하여야 하는지를, 시를 통하여 독자들에게 보여주고 있다. 넷째, 완벽하게 시적(詩的)이고 논리적(論理的)인 완성도(完成度)를 시도하여, 체계적인 **'인식공간(認識空間)'**을 고도의 기법으로 보여주었다.

시적(詩的)인 해석은 논자(論者)에 따라 다르겠으나, 대체로 맥(脈)을 잡아 정리하여 보면, 다음과 같이 정리할 수 있을 것이다.

류재상 시인은 자연에 대한 사랑을 시(詩)로 재수용하여 승화시켰으며, 인간이 느낄 수 있는 자연애(自然愛)의 극치(極致)에서, 자연의 **'가족화(家族化)'** 내지는 **'인간화(人間化)'**를, 시적인 언어로 형상화(形象化)하였는데, 그 특성(特性)을 살펴보면 다음과 같다.

첫째, 인간과 자연이 교감(交感)할 수 있는 순백(純白)의 **'순수한 사랑'**.

둘째, 인간이 본능적으로 꿈꾸며 그리워하는 원초적(原初的)인 **'영원성(永遠性)'**.

셋째, 관념적이고 추상적인 시어(詩語)가 아닌, 보다 감각적이고 육감적인 시어를 통해, 자연의 **'내면화(內面化) 및 정신화(精神化)'**.

넷째, 친환경적이고 생태적(生態的)인 인식으로, **'공해(公害) 추방 및 미래 인류의 녹색 삶 제시'**.

다섯째, 우주와 인간의 합일(合一)을 위한 새로운 **'시론(詩論) 제시'**.

여섯째, 비과학적인(非科學的)인 접근-자연과의 가장 원시적인 정서적 접근으로-인류(人類)의 **'미래구원(未來救援)'**.

결국, 류재상 시인은 영감으로 쓴 시를, 감동(感動)으로 전달하며, 시대의 **'예언자적(預言者的)'**인 시인(詩人)의 역할(役割)을 다 하고 있다

인류 언어학자인 Benjamin Whorf는 **"언어는 우리의 행동과 사고의 양식(樣式)을 결정하고 주조(鑄造)한다."**고 하였는데, 그것은 우리가 실세계(實世界)를 있는 그대로 보고 경험하는 것이 아니라, 언어를

통하여 머릿속에서 창조적 세계를 인식(認識)을 한다는 것인데, 류재상 시인의 경우도 완전한 **'상상의 인식체계(認識系)'**인 시(詩)의 특성을 잘 표출하고 있다.

 "훌륭한 시(詩)는 가장 고귀한 국가적(國家的) 보석이다."라는 말과 같이, 류재상 시인의 정금(正金)과도 같은 아름다운 시어(詩語), 현란한 수사(修辭), 압축미의 극점(極點)에서 추출한 표현(表現), 사상과 감정의 씨줄과 날줄의 조화미(調和美), 일상(日常)과 이상(理想)의 합일(合一), 미래 인류의 비전(vision) 제시 등은, 시(詩)의 위기(危機)를 맞고 있는 오늘의 시대를, 새롭게 각성(覺醒)시킬 수 있는 **가장 신선한 '충격'이다.**

 류재상 시인은 무종교적(無宗敎的)이지만, 그의 시(詩) 속에는 유파(流波)에 구애(拘礙)받지 않고, 창조주(創造主)의 섭리(攝理)에 순응하는 시인의 **'범종교관(汎宗敎觀)'**을 발견하게 되는데, 우리 인간은 창조적인 언어사용으로 세계의 아름다움을 상상하며, 불의(不義)와 부정(不正)에 맞서, 정신적 재무장으로, 꿈꾸는 **'이상세계(理想世界)'를 지향하며,** 인간과 자연이 서로 교감(交感)하여, 인간과 자연이 상호 공존(共存)하는 상생(相生)의 세계를 만들어 가는, 새로운 **'시적행복세계(詩的幸福世界)'**를 창출(創出)하게 된다. 류재상 시인이 추구(追求)하며 꿈꾸는 만물일체(萬物一體)의 경지(境地)인『장자』의 **'호접지몽(胡蝶之夢)'**과도 같은 영원한 위안(慰安)과 평강(平康)의 시세계(詩世界)를, 우리 독자들은 또 만날 것을 기약(期約)하면서, 류재상 시인의 무궁한 건필(健筆)을 빈다. 〈끝〉

제23시집
1행시 · 「촌철살인(寸鐵殺人)」

1행시 · 「촌철살인(寸鐵殺人)」

〈서시〉

도전(挑戰)하는 희망

피(血)로 쓴, 시다! 내 시(詩)의 마지막 실험(實驗)
단계까지, 온 것 같다! 시의 극한까지, 몰고 온
셈이다!
이 일행시(一行詩) 시편들이, 더 이상
나갈 수 없는 내 시의 한계 같기도 하다!
그러나 이 한계의
절망이,
또 다른
내 시의 새로운
분출구가 될 것을! 나는 내
시의 독자 앞에, 당당히 예언할 수 있다! 나는 시와
함께, 생의 마지막 그날까지 갈 것이다! 시의 절망과
한계(限界)가, 오히려 새로운
내 시의 지평이
될 때까지!
나는

시에, 도전하면서!
저 씩씩한 고독(孤獨)의 그 괴로운 힘으로
끝까지, 용감하게 앞으로 나갈 것이다!
진실로
실존(實存)하면, 내가 태어나 내가 죽는 그날까지!
온 우주만물이 다 내 눈[目]으로 창조한, 내 소유다!

이 얼마나, 장엄(莊嚴)한 자기 구원(救援)의 빛이냐!!

2005년 1월 1일 원단(元旦)
덕유산월엽당산방 거창 '시인의집' 주인
월엽 류 재 상 씀.

〈대표시〉

내 얼굴은

내가 쓴, 내 역사책이다!!

〈후기사족〉

　세계 최초로 '1행 시(詩)'에 도전해 보았다. 시(詩)의 성공보다는 새로운 도전에 더 무거운 의미를 두었다. 단, 한 줄의 **'짧은 명언(名言)'** 이 한 인생(人生)을 완전히 바꾸어 놓을 수도 있기 때문이다.
월엽 씀.

> 류재상 단상집
> **시인의 고독한 독백**

제5장
자유(自由)는 모든 것을 오직 버리는 것이다

56. 자유는 모든 것을 오직 버리는 것이다.

57. 가장 놀라운 사실은, 나쁜 놈들은 자기가 자기를 나쁜 놈으로 만들고 있다는 사실이다.

58. 현대는 자동차(自動車)가 인간의 고기 맛을 가장 잘 알고 있다. 그 증거가 바로 저 비참한 교통사고(交通事故) 현장이다.

59. 변호사(辯護士)는 죄(罪)를 사랑하고, 절대로 죄를 미워하지 않는 사람들이다.

60. 욕(辱)은 극히 사회적이고 역사적이다. 개인이 창작한 욕은 없다. 욕은 전부가 배운 것이다.

61. 무관심(無關心)보다는 차라리 미워하라. 미움은 확실한 사랑의 증거(證據)다.

62. 현대인(現代人)은 숫자에 현혹(眩惑)되는 무서운 미신(迷信)을 갖고 있다.

63. 행복(幸福)은 획득되는 것이 아니라, 창조(創造)하는 것이다.

64. 인간의 고독(孤獨)은 본질적(本質的)이다. 자기가 자기를 반드시 알아야 하기 때문이다.

65. 더러운 걸레가 세상을 가장 깨끗하게 닦아낸다. 따라서 걸레 같은 놈이라고 욕(辱)하지 말아야 한다. 우리 모두는 제발, 걸레 같은 놈이어서 빨리 되어야 한다

66. 불행은 더러운 집착(執着)에서 오는 중압감(重壓感)이다.

67. 높은 보수(報酬) 때문에 일이 저절로 신나는 것은 절대 아니다. 그러나 보통 사람들은 그렇게 착각(錯覺)하고 사는 사람들이 대부분이다.

제24시집
「시는 행복해요」

시는 행복해요

⟨서문⟩

내 언어의 기적(奇蹟)을 찾아서

　내가 시를 사랑해온지도, **40여 년의 세월이다.** 10년이면 강산도 바뀐다는데, 벌써 강산이 네 번이나 바뀐 셈이다. 내 아내보다 내 아들딸보다, 시(詩)를 사랑해온 세월이 훨씬 더 길다. **그러나 조금도, 후회하지 않는다.** 만약 시를 사랑하지 않았던들, 내가 지금까지 살아올 수 있었을까? 아마, 어려웠을 게다. 시는, 바로 **나의 신(神)이요! 나의 종교(宗敎)요!** 또한, **내 삶의 기적(奇蹟)이다!** 나는 시 없으면, 살 수 없는 사람이다. 물고기가 물 없으면 살 수 없는 이치(理致)와 똑같다. 사물을 보는 나의 시선은, 모두가 시적시선(詩的視線)이다. 내가 생각하는 사고(思考)도, 전부가 시적사고(詩的思考)다. 내 삶도 내가 사는 이 세상도 전부가, 나의 **'시적미학(詩的美學)'** 이다. 이러한 나의 시는, 바로 **내 언어의 기적이다.** 40여 년 동안의 나의 시적 경험으로, 시(詩)는 **'언어의 기적(奇蹟)'** 임을 알았다. 이 시집(詩集)에서, 존경하는 독자 여러분들도 시적(詩的) 언어의 기적을 경험했으면 한다.

2005년 5월 10일
山人居處月葉堂山房 거창 '시인의 집' 주인
月葉 류 재 상 씀.

〈대표시〉

詩는 행복해요
-5월 나무의 노래

5월부터 나무는, 파란 불꽃으로 하늘냄비에!
찌개를, 보글보글 끓인다!
오늘 아침
그 맑고 상쾌함도, 저 하늘냄비에!
좀 달콤하게
송송, 썰어
넣고!
바람에 춤추는, 그 즐거움도!
고추장처럼, 아주 얼큰하게 풀어서! 나무는
5월부터, 강(强)한 불꽃으로!
보글보글
찌개를,
끓인다! 고독한
저쪽의 흰 구름아저씨도, 초청하고!
봄비 내리는
저 촉촉한, 한가로움도!
친구(親舊)처럼, 불러서! 5월 나무는, 오늘도
그 파란 불꽃으로!

하늘냄비에, 참 맛있게 찌개를 보글보글 끓인다!!

〈후기사족〉

행복은 이 세상에는 존재하지 않는다. 그래서 **'돈이나 명예·권력'** 같은 그런 것으로는 절대 구할 수가 없다. 우리 사람들은 오직 행복이 있다는 그 착각에 사로잡혀 살고 있을 뿐이다. 그러나 우리의 삶에서 **'행복'은 절대로 포기할 수가 없다.** 만약 행복을 포기한다면 우리가 살아가야할 아무런 이유가 없기 때문이다. 행복은 우리의 삶에서 **'절대적인 최고 목표'** 다. 그렇다면 존재하지 않는 행복을 구하는 방법은, 오직 **'창조(創造)'하여 얻는 방법 이것 하나뿐이다.** 우리 모두는 각자가 자기의 능력이나 환경에 맞는 행복을 반드시 창조(創造)하여 가져야 한다. 행복은 살아있는 뜨거운 **'감동(感動)'** 으로만 창조할 수 있는, 유일한 인간의 **'정신적 최고 창조물'** 이다.

월엽 씀.

제25시집
「가장 촉촉한 침묵」

가장 촉촉한 침묵

⟨서시⟩

시(詩)는 언어의 오락(娛樂)

제 시를 사랑하는 독자 여러분, 안녕하세요!
저는, 언어를 가지고 놀았습니다!
언어는, 가장 신나는
제 장난감입니다!
40여 년 동안, 언어를 갈고 다듬으며
신나게 가지고
놀다보니!
이제
겨우
마음에 드는, 장난감 하나를
제 작은 손아귀에 넣을 수 있게 되었습니다!
아름다운 모국어(母國語)로, 가슴이 터질 듯
외치고 싶어 하는! 저 자연의
침묵과,
우리
곁의 작은

일상(日常)들의
침묵(沈默)이! 또 다른, 제 장난감이
되었습니다!
독자 여러분, 이제
언어를 더욱 행복하고 황홀하게
즐기세요! 시(詩)는, 모국어(母國語)를 가장
아름답게 가지고 노는!

우리의, 가장 맑은 영혼(靈魂)의 오락입니다!!
2005년 11월 20일
거창월엽당 '시인의 집'에서
월엽 류 재 상 씀.

〈대표시〉

가장 촉촉한 침묵
-소나기의 언어

모두들, 안녕하세요? 저는, 강(强)한 소나기예요! 오늘은
잠깐! 지상(地上)의, 제군(諸君)들을
목욕시키려 왔거든요!
자, 먼저 꽃피는 저쪽 작은 풀잎부터 어서 빨리
이리로 오세요!
새벽안개

묻은, 그 칙칙한 옷부터 벗으세요!
때가, 참
많군요?
나무들은, 잠깐만
저리 좀 옆으로
비켜주세요! 푸른 들판은, 저쪽에서
잠시만 기다려주시겠어요? 어린 저 과일나무들, 어서 빨리
깨끗이 씻겨야 하거든요! 새파란
꼬마과일, 제군들!
그렇게 막 시끄럽게
너무 많이,
제 팔에!
무겁게, 매달리지 마세요? 소나기
제가, 지금
너무 힘들거든요!
저쪽에 계시는 높은 산(山), 당신도! 이리 와서
저 좀, 도와주세요!
제가 지금, 눈코 뜰 새 없이 바빠
정신이 하나도 없거든요! 오늘은, 저 무더운 여름하늘에다!

뭉게구름, 그 하얀 빨래를 잔뜩 빨아 널어놓고 왔거든요!!

〈후기사족〉
늘 뼈를 깎는 괴로움과 함께하는 시인(詩人)에게는, 그 뒤에서 그 괴

로움을 묵묵히 지켜봐주고 격려해 주는 **희생적 협력자가 있게 마련이다.** 나에게도 그런 위대한 협력자가 있다. 바로 내 아내 '海里 양정숙(梁正淑)(1947.4.21생) 여사'와 내 둘째 딸 '지아(之娥)(1973.11.18생)'다. 옆에서 늘 희생적으로 돌봐주고 격려해 주는 그런 가족들의 희생과 보살핌 덕분에, 그 동안, '**시집 25권**'〈시 2,500편 이상 창작〉이라는 그 많은 양의 시를 쓸 수가 있었다. 특히, 내 둘째 딸 지아는 결혼도 하지 않고, 오직 아버지의 글쓰기만을 뒷바라지하고 있다.

　이런 피눈물 나는 가족들의 위대한 희생과 돌봄이 있기에, 오늘도 또 용기를 내어, 그 무섭고 두려운 '**연필(鉛筆)**'을 또다시 고쳐 잡고, 뼈를 깎는 그 괴로운 '**시(詩)**'와 용감하게 한판 싸울 수가 있다. 만약 내 졸작들이 독자 여러분들에게 감동(感動)을 주는 그런 작품이 된다면, 내 아내 양정숙과 내 둘째 딸 지아의 그 오랜 동안의 봉사와 희생정신의 덕분으로 비롯되었음을, 여기에 '**문자(文字)**'로 밝혀, 내가 죽은 뒤에까지 영원히 그 '**감사의 마음**'을 기리남기고자 한다.

월엽 씀.

> 류재상 단상집
> **시인의 고독한 독백**

제6장
성(性)은 삶의 가장 인자한 스승이다.

68. 성(性)은 삶의 가장 인자한 스승이다.
69. 성(性)은 병든 행복을 치료할 수 있는 가장 절묘한 묘약(妙藥)이다.
70. 성(性)은 가장 강력한 신(神)의 에너지(energy)다.
71. 성 관리(性管理)의 능력이 바로 그 사람의 인간 능력(人間能力)이다.
72. 성문화(性文化)는 그 사회 문화(社會文化) 전체의 기틀이다. 성(性)이 개입하지 않은 문화(文化)는 단 하나도 없기 때문이다.
73. 성적(性的) 타락(墮落)은 개인의 타락이 아니라 사회 전체의 타락이다. 로마(Roma)는 성적 타락으로 멸망한 최초의 세계국가(世界國家)였다.
74. 성(性)은 생명을 만들기 때문에 윤리(倫理)의 본질(本質)이다.
75. 문명(文明)의 근원적 원리(根源的 原理)는 암컷과 수컷의 성적(性的) 모방이다. 한 예로 자동차 한 대를 분해(分解)해 보면 그 나사의 결합(結合)으로 확인 할 수 있다.
76. 성(性)을 남녀의 쾌락적 차원이 아니라, 남녀가 서로 다른 세계라는 높은 정신적 차원(精神的次元)으로 끌어 올려야 한다. 이럴 때 성(性)은 참으로 고귀하고 성스럽다.
77. 성(性)은 인류(人類)가 보유한 최고의 재화(財貨)다.

제26시집
「행복을 팔아요」

행복을 팔아요

〈서문〉

삶의 행복

　존경하는 독자(讀者) 여러분 안녕하세요. 여러분에게 제 **'행복(幸福)'을 팔려고 왔어요.** 마음을 깨끗이 비우시고 제 시(詩)를 한번 읽어보세요. 가장 만족스런 행복을 가슴 가득히 사 가실 수 있을 거예요. 행복은 멀리 있는 화려한 꿈이 아니라, 가장 가까이에 있는 아주 작은 **'현실'**이에요. 어둠 속에서 밝은 빛을 찾으려는 눈빛으로 세상을 한껏 기쁘게 바라보세요. 그러면 지금까지 너무나 초라했던 우리의 주위가 온통 **'감사와 사랑'**으로 가득 차 있음을 정말 아실 거예요.

　이번 시집은 이런 환희와 감동을 형상화한 시편(詩篇)들이에요. 존경하는 독자 여러분, 이번 시편들은 제가 언어의 기존질서에 복종한 것이 아니라, 언어가 제 시적(詩的)창조 질서에 복종하는 시편들이에요. **어쩌면? 충격적(衝擊的)일 수도 있어요.** 그렇기 때문에, 오히려 상상의 기쁨과 언어의 자유를 한껏 만끽할 수 있을 거예요. 독자 여러분, 삶의 행복은 언제나 **불만족 가운데 만족을 찾아 나서는**, 모순 속에 숨어있는 눈부신 **'보석'**이에요.

2006년 6월 10일
산인거처거창월엽당주인
월엽 류 재 상 씀.

〈대표시〉

행복을 팔아요
―3월 25일쯤

꽃들이, 소풍(逍風)을 간다! 노란 모자, 빨간 모자 흰
모자 쓰고! 오늘은 꽃들이, 신나게 소풍을 간다!
따뜻한, 햇살도시락 싸들고
꿀벌가방 메고!
하늘과 함께, 파랗게 노래 부르며!
랄랄라 랄랄라, 신나게
꽃들이,
소풍을 간다!
노랗게
개나리
앞장섰다가, 또 살구꽃 빨갛게
앞장서고! 벚꽃들도 시끄럽게 앞 다투어, 이리 뛰고
저리 뛰고! 진달래도, 그 분홍빛
콧노래
흥얼대며
소풍을 간다!
짹짹짹
저 경쾌한
산새소리, 그 운동화
신고! 물소리 따라, 흰 구름 따라

바람 따라! 산으로
들로 랄랄라 랄랄라, 신나게 꽃들이 소풍을 간다!
오늘은, 이 세상 모두가 소풍을 간다! 저쪽의 먼지들도
하얗게,

떠들며! 아지랑이, 아롱아롱 손잡고 신나게 소풍을 간다!!

〈후기사족〉

　　행복(幸福)은 항상, **나보다 아래를 바라보고 사는 일이다.** 그러면 나는 가장 위쪽에서 감사하며 살 수 있다. 행복은 '**감사(感謝)**'만이 오직 낳아 기를 수 있다. 행복과 불행의 차이는, 예컨대 '**100원과 99원**'의 차이다. 100원인 사람이 99원을 바라보면 가장 위쪽에서 가장 행복하게, 하느님과 부모님, 그리고 모든 이웃에게 감사하며 만족하게 살 수가 있을 것이다. 그리고 99원이 위쪽 100원을 바라보면, 늘 가난하게 맨 아래쪽에서 바둥대며 사는 그런 불만족한 삶이 될 것이다. 그러나 '**99원도 98원**'을 바라보면, 가장 위쪽에서 아무 것도 부러울 것이 없는 가장 만족한 삶이 된다. 행복은 이렇게 우리의 아주 작은 바로 '**1원의 생각**'이 만들어 내는, **정신적 창조물(創造物)이다.** 절대로 **돈·권력·명예**로써 구해지거나 얻어지는 것이 아니다. 행복은 애초부터 이 세상에 실체(實體)가 없는, 꿈같은 '**인간의 언어적 허구(虛構)**'다. 그렇기 때문에 내가 지금 처해 있는 그 현실을 가지고, 내가 바라는 가장 만족한 행복을 내 스스로가 만들어 가지는 그런 길밖에 또 다른 길이 없다. 그래서 행복은 우리의 삶의 '**정신적(精神的) 최고 창조물**'이다.

월엽 씀.

제27시집
「황홀한 죽음」

황홀한 죽음

⟨서시⟩

황홀한 죽음

우주(宇宙)는 모두가, 순환관계(循環關係)로 이어져 있다!
삶과 죽음도, 역시 순환관계일 뿐이다!
즉 존재의 양식이
다를 뿐,
동일 공간 안에 공존(共存)하고 있다!
둥근 공이
지금
돌고 있는, 현상이다!
매우, 전통적인 인식이다! 아주 익숙한, 종교관(宗敎觀)이다!
다만, 삶은 불안전한
순간적
현실이요!
죽음은, 안전하고 영원한 현실이다!
이 시집은
이런 생각을, 시(詩)로
형상화했다! 죽음은 또 다른 생명으로

돌아오는, 새로운 절차일 뿐이다! 결코 슬픔이 아니라
영원한, 기쁨이다!

끝이 아니라, 또 다른 시작(始作)이다! 그래서, 황홀하다!!
2007년 3월 20일
거창월엽당 '시인의 집'에서
월 엽 류 재 상 씀.

〈첨언(添言)〉

  제 작품집 중에서 유일하게 **'대표시'** 와 **'후기사족(後記蛇足)'** 이 없습니다. 그 이유는 제34시집 **「아름다운 초월」** 로 완전히 새로운 **'창작물'** 로 개작(改作)했기 때문입니다. 그래서 **'제27시집'** 과 **'제34시집'** 을 서로 비교하여 읽어 보시면, 제 시의 그 형식과 내용의 **그 오묘한 변화의 차이에,** 더 흥미 있는 재미를 느낄 수 있을 겁니다.
월엽 씀.

> 류재상 단상집
> 시인의 고독한 독백

제6장
성(性)은 삶의 가장 인자한 스승이다.

78. 세상에서 성(性)만큼 큰 영향력(影響力)은 없다.
79. 성관계(性關係)는 강요(强要)가 아니라, 자발(自發)이다. 민주주의의 실천과 성관계는 서로 똑 같다.
80. 성(性)은 한낱 호기심(好奇心)과 쾌락(快樂)으로 시작해서 끝내는 숭고(崇高)한 생명으로 승화(昇華)된다.
81. 성(性)은 정치, 경제, 문화, 교육을 움직이는 최고 능력(最高能力)이다.
82. 성적(性的)인 쾌락은 아주 짧은 순간이지만, 성적인 부담(負擔)은 가장 긴 고통의 시간이다. 이것이 바로 성(性)이 주는 무서운 경고(警告)다.
83. 성관계(性關係)는 새로운 생명을 위한 남녀 간의 가장 아름다운 전쟁(戰爭)이다.

제28시집
「수채화」

수채화

〈서시〉

창조적(創造的) 자유(自由)

시(詩)의 본질은, 언어의 자유(自由)다! 언어의 자유는
곧 생각의 자유요, 감동의 자유다! 나는 이 시집에서
이런 자유를, 마음껏 구가해 보았다!
언어를 일상(日常)의
질서와
고정관념(固定觀念)의
통제에서, 완전히 해방(解放)시키려고
노력(努力)했다! 그래야만
내가 꿈꾸는,
자연과의
인격적(人格的) 합일(合一)이
가능하기 때문이다! 나[我]의 자연은, 항상 인격체다!
그래서 내 앞의 자연은, 언제나
인간과
똑같다!
언제든지 나와 대화하고

언제든지 나와 감동을 나눌 수 있는
그런 인격적, 자연(自然)이다!
이것은
언어의 완전(完全)한 자유를 통해서만
얻어지는, 나와 자연과의 새로운 창조적 질서(秩序)다!
존경하는 독자(讀者) 여러분도, 이 시집(詩集) 속에서!

자기만의 자유를, 가장 황홀하게 꿈꿔보시기 바랍니다!!
2009년 3월 15일
거창월엽당 '시인의 집'에서
월엽 류 재 상 씀.

〈대표시〉

수채화
—제비꽃 풍경

제비꽃은, 작은 보라색 권투선수다! 겨울의,
그 긴 링(ring)
위에서!
덩치 큰
흰
눈(雪)이,
보라색

그 작은 주먹에!
보기 좋게, 한 대 얻어맞아! 몹시, 비틀거리다
쓰러진다! 이때가
바로,
3월
초순이다!
봄[春]이
오는,
양지쪽 햇살이!
제비꽃, 그 승리(勝利)의 작은 두 주먹을!

번쩍, 하늘 높이 자랑스럽게 들어 올리고 있다!!

〈후기사족〉

'붓'과 '물감' 대신에, 언어[詩]로 담백한 '**수채화(水彩畵)**'를 그려 보았다. 수채화는 아주 소박하고 매우 담백한 그런 맛의 그림이다. 현대시는 **음악과 그림의 복합체다.** 리듬 속에 그림을, 그림 속에 리듬을 담아야 한다. 이것이 우리 한국시의 **새로운 과제요 새로운 지평이다.** 음악성만 가지고도 만족한 시(詩)가 될 수가 없고, 회화성만 가지고도 만족한 시가 될 수가 없다. 이 두 '**예술성이 가장 절묘하게 합궁(合宮)**' 했을 때, 비로소 가장 만족스러운 시(詩)가 세상에 탄생할 수가 있다. 이번 시집은 이런 '**나의 꿈**'을 한번 실험해 보았다. 참으로 좋은 시(詩)는, 한 수 더 높은 신(神)의 솜씨, 즉 **천재성**이 꼭 필요함을 다시 한 번 아주 뼈저리게 느낀다.

월엽당에서 씀.

제29시집
「가장 황홀한 원」

가장 황홀한 원

⟨서문⟩

언어(言語)의 신(神)

　인격(人格)은 '**목적(目的)**'이다. 절대로 수단(手段)이 될 수 없다. 그런데 세상은 그렇지 않다. 인격을 '**수단**'으로 대하는 사람들이 너무나 많다. 참으로 타락한 세상이다. 특히 돈에 오염된 **상업주의가** 그렇다. **문학(文學)도 목적이다. 절대로 수단이 될 수 없다.** 그런데 세상은 그렇지 않다. 문학을 수단으로 대하는 문인들이 너무나 많다. 아주 타락한 문인들이다. 특히 이들은 가장 무서운 '**가짜요 위험한 속물(俗物)**'들이다.

　상업주의에 오염된, 문학잡지발행인이나 그 편집인들이, 공산품(工産品)처럼 문인들을 막 생산해놓고, 문학은 쥐뿔도 모르면서, 자기네 문학잡지의 신인상 심사위원이나, 또는 문학상 및 각종 문학행사 심사위원으로 참여하여 문학의 달인처럼 행세하거나, 완성도 낮은 시나 소설을 오히려 위대한 작품으로 화려하게 둔갑시켜, 허위 과장광고(誇張廣告)를 일삼는 소위 직업적 돈벌이 문학작품해설가나, 또 문학잡지 맨 뒤 꽁무니에 매달아놓은 **촌평란(寸評欄)**에, 촌평자의 지인(知人)이거나 아니면 그 친구, 또는 제 주위의 잘 아는 사람들의 작품을 뺑튀기하여, 안목(眼目)있는 독자들을 참으로 당혹스럽고 부끄럽게 하는 그런 비양심적인 평자(評者)나, 문학평론가라는 권위와 허울로, 피땀 흘린 남의 글을 자기 글인 양 슬쩍 베끼거나, 아니면 외국의 유명한 '**문학이론**'을 제 것인 양 도용(盜用)하여 문학이론가로서 유명세를 자랑하거나, 별 볼일 없는 저급한 작품을 돈이나 인맥, 또는 교묘한 사교술(社交術)로 문학상을 제다 휩쓸어, 자기가 가장 유명한 문학인 양 자기출세의 한 방편으로 이용하거나, 아니면 그것을 돈벌이의 한 수단으로 활용하거나.

전문적인 문단정치꾼들이, 자기들의 권력이나 세력을 만들기 위해 비공식적이고 개인적인 문학단체를 임의(任意)대로 만들어, 거기에서 간부라고 거들먹거리는 그런 문인들이거나, 그 주변을 기웃거리는 참으로 딱하고 불쌍한 기생(寄生) 문인들, 또는 지방에서, **지역정치의 '대중동원(大衆動員)세력'인 토착문화세력과 협착하여** 문화원장, 내지 각종 예술단체의 지부장이나 그 간부로 있으면서 그 지방 문화예술 지원금을 교묘한 명목으로 빼돌려, 그 지방 문화나 예술을 자기 뜻대로 움직여 보려는 그런 얌체 문화권력(文化權力) 지향문인들, 또는 그 **'지역중심도시'**에 거주하면서 지역문인단체의 회장이나 간부로 있으면서 그 지역 주변의 **'천재적'인 뛰어난 문인이나 예술인**을 발굴 지원하기는커녕, 오히려 그들을 시기 질투하여 의도적으로 소외시키는, 그런 한심한 **'지방텃세 문인'**들이 우리가 가장 경계할 위험한 문인들이다. 이 서문(序文)을 읽고 불쾌하거나 몹시 **'화(火)'**가 나는 그런 문인이 만약에 있다면, 스스로가 타락한 문인임을 자인(自認)하는 가장 확실한 증거가 될 것이다

목적(目的)이란 바로 '신(神)'이다. 신(神)은 오직 경배(敬拜)요 신앙(信仰)이다. 문학(文學)은 언어(言語)의 '신(神)'이다. 세상이 아무리 타락해도, 문인(文人)은 언어의 신을 믿는 가장 고매한 성직자(聖職者)가 되어야 한다.

2010년 4월 5일
산인거처거창덕유산월엽당주인
월엽 류 재 상 씀.

〈대표시〉

가장 황홀한 원(圓)

끝과 시작이 교미(交尾)하면, 원(圓)이다!
황홀한, 원이다! 삶은, 전부가
원이다!
우리
모두는 원으로 태어나, 원으로 죽는다!
가을의 낙엽도
새싹을 물고, 원으로
떨어지듯!
세상은
모두가
돌고 도는, 원이다!
창문 너머, 하얀 겨울이! 벌써 봄을 안고
파랗게, 원으로 돈다!
슬픔도
결국,
기쁨과
한창 교미하는 원이다!
저 멀리 불행이
행복(幸福)을 업고, 두둥실 원으로 돈다!
웃음과
눈물도

살아있는, 가장 달콤한 원이다!
저쪽에 손잡고 가는, 할아버지와 손자도!
돌고 있는, 동그란 원(圓)이다!

시작과 끝이, 교미하면 가장 황홀한 원이다!!

〈후기사족〉

 시인의 적(敵)은 언제나 하얀 **'백지(白紙)'**다. 그래서 시인은 **연필 한 자루가**, 오직 적(敵)을 이길 수 있는 유일한 **'최고의 무기(武器)'**다.
월엽 씀.

> 류재상 단상집
> **시인의 고독한 독백**

제7장
자연의 악(惡)보다 인간의 선(善)이 더 잔인하다.
이것이 무위(無爲)와 인위(人爲)의 차이다.

84. 자연의 악(惡)보다 인간의 선(善)이 더 잔인하다. 이것이 무위(無爲)와 인위(人爲)의 차이다.

85. 역사는 악(惡)과 선(善)이 그려가는 한 폭의 아름다운 그림이다.

86. 역사적으로 악(惡)이 선(善)보다 더 위대하다. 악의 끝에서는 반드시 평화(平和)가 왔기 때문이다.

87. 악(惡)이 선(善)을 낳아 길렀다. 악은 악으로 끝나지 않고 반드시 반성과 선을 낳는다. 이것이 악(惡)의 논리(論理)다. 그 한 예가 세계대전(世界大戰) 이후에 탄생한 바로 저 세계평화의 상징, UN이다.

88. 악(惡)이 선(善)보다 더 예술적(藝術的)이다. 우리의 감동(感動)이 늘 악 쪽을 더 지지(支持)하고 있기 때문이다.

89. 동양의 악(惡)은 다만 '선(善)이 아니다'로 보다 부드럽게 존재했다. 진짜 악(惡)은 없었다. 오늘의 악(惡)은 서양의 종교적 논리에서 태어난 진짜 무서운 악마(惡魔)다.

90. 모든 예술은 악(惡)의 쪽에 더 많은 추파(秋波)를 던지고 있다.

91. 악(惡)이 없었다면 영화와 연극, 그리고 소설은 지금보다 훨씬 더 빈약하거나 줄어들었을 것이다.

92. 선(善)은 고통이 먼저 오고, 악(惡)은 고통이 뒤에 온다. 둘 다 고통(苦痛)이다. 이것이 바로 삶이다.

93. 악(惡)하기 때문에 생존(生存)할 수 있다. 먹이사슬을 보면 분명하다.

94. 세상에서 가장 극적(劇的)인 벽(壁)이 바로 교도소 저 높은 벽이다. 그 속에는 세상의 모든 악역(惡役)들이 다 살고 있기 때문이다.

제30시집
「정말 감사합니다」

정말 감사합니다

〈서문〉

무한한 정서적 인격(情緖的人格)

　시(詩)는 시인과 언어와의 **정서적(情緖的)인 관계다.** 독자와의 관계가 아니다. 그러나 시는 독자를 생각하지 않으면 또 안 된다. 왜냐하면 독자가 없으면 시가 존재할 이유가 없기 때문이다. 바로 이 **'독자와의 소통의 문제'**가 우리 현대시의 가장 큰 고민이다.
　시는 논리적으로 설명하거나 구체적으로 풀이하는 그런 문학이 아니다. **설명이 하나도 없는 문학이다.** 그래서 일상의 언어의미(言語意味)와는 전혀 다른 **차원(次元)이다.** 일상의 언어는 논리적 사고(論理的思考)를 떠나서는 존재할 수 없다. 그러나 시(詩)는 설명이 없는 문학이기 때문에, 인간 본연의 순수한 직감(直感)과 느낌으로 이해하는 **'초월적(超越的) 문학'**이다. 우리의 삶은 논리적인 설명이나 체계적인 사고(思考)로 이해하는 세계보다, **'직감(直感)'**이나 **'감성(感性)'**으로 이해하는 부분이 훨씬 더 많다. 시는 삶을 순간적으로 가장 정확히 포착하는, 번쩍! 하는 직감과 영감의 문학이다. 여기에서 뜻하지 않은 독자와의 **거리감(距離感)이 생긴다.** 독자는 늘 산문적이고 논리적 관점에서 시를 바라보고, 시인은 늘 초월적 입장에서 시를 창작하기 때문이다.
　이번 시집에서는 일반적인 우리의 사고범위(思考範圍)를 초월하는, 자연과 인간과의 **'정서적(情緖的)인 인격적 관계'**를, 해학과 풍자와 더

불어 보다 부드럽고 보다 자연스러운 시적(詩的) 리듬으로 형상화(形象化) 해 보았다. 따라서 이 시에 쓰인 표현양식(表現樣式)은 전부가 '**의인(擬人)**'이다. 나에게 전(全) 자연은 모두가 인격체(人格體)다. 그래서 이 시집의 시들은 대부분 존대법과 의인법(擬人法)이다. 또한 자연뿐만 아니라 추상적(抽象的)인 언어까지 인격적인 대상이다. 모든 자연은 물론 추상어(抽象語)까지 '**~께**'와 '**당신**'이라는 극존칭(極尊稱)의 표현은, 이 시집의 사상적(思想的)인 배경(背景)인 동시에, 내 시(詩)의 가장 독특한 '**개성(個性)**'이다. 나의 이런 일련의 새로운 시적(詩的) 노력이, 오히려 시와 독자와의 거리를 더 멀리하지나 않을까 두렵다.

독자 여러분도 이 시집을 읽고, 자연과의 정서적(情緒的) 자기인격(自己人格)의 무한한 확대(擴大)를 바라는 바이다.

2013년 7월 7일
월엽당 '시인의 집' 주인
월엽 류 재 상 씀.

〈대표시〉

정말 감사합니다
−하늘(天)께

하느님, 안녕하세요! 이 맑고 쾌청한 가을 아침에
가장 깨끗이 씻은, 제 감사의 마음으로
밥을 지어! 파랗게, 미소 짓는
당신께 바칩니다!
제가, 이 세상에 태어나기 이전에도

제 부모님을 통해!
아직
형체 없는,
저를
품안에 안으시고!
지금도 제 운명(運命)은, 하느님 당신의 것입니다!
죽고 사는 일은, 오직 당신의 능력(能力)이며! 당신의
거룩한, 재산입니다!
구름
속에서
비를,
생산(生産)하시고!
허공(虛空) 속에서, 바람을 생산하시어!
지상의, 저 많은
생명들에게! 골고루 나누어
주시는, 하느님 당신께! 오늘 아침에도
가장 깨끗이 씻은, 제 감사의 마음으로 밥을 지어!

이렇게, 엎드려 제 정성(精誠)껏 두 손으로 바칩니다!!

〈평설〉 깨달은 사람, 자연과의 대화법

이 성 림 (문학박사 · 문학평론가 · 수필가 · 명지대 문예창작과 교수)

· 서사(序詞)-이립(而立)의 경지에서

주지하다시피, **月葉 류재상 시인**은 이미 **'29권'**의 시집을 간행한 한국시단에서 이미 중견위상(中堅位相)을 점하고 있는 분이다. 이번에 **'서른 번째 시집'**「정말 감사합니다」를 출간함으로써 **이립(而立)**〈30세의 나이: 중국 공자의 말씀.-여기서는 30권의 류재상 시인의 시집(詩集)을 가리킴〉의 경지를 각인(刻印)시키고 있어 경이롭다할 만하다.

특별히 이번 시집에는 **'거시적(majority)인 담론과 미시적(minority)인 섬세함'**을 동시에 담고 있는 울림을 보여 즈고 있어서, 이제까지의 **'시작(詩作) 결산'**이라는 의미망(意味網)을 부여할 만한 충분한 가치를 가지고 있다고 보여 진다.

시인은 머리말에 이번 시집의 독특한 개성을 잘 풀어 놓고 있어서 독자들에게 친절한 길잡이 역할도 자연스럽게 하고 있다. 새로운 기법을 시도해 본다는 것 자체가 끊임없는 공부와 고뇌의 결과임은 말할 나위 없다.

본제목 밑에 **'부제(副題)〈sub-title〉'**를 달아 시집 전체를 엮은 것도 유별(類別)의 방법론이다. 이 시집을 읽어보건대 **'소소한 모든 것들'**이 감사로 점철되어 있어, 독자들을 참으로 **'선(善)'**하게 만드는 엄숙한 진지함이 있다. **시집 30권 출간, 그 이립(而立)의 의미**를 여러 면에서 가늠케 하는 시집이다. 서른 번째 시집 출간의 무게를 더욱 보태고 있다. 게을리 하지 않은 그동안의 시작(詩作)의 노력을 매우 높이 평가하는 바이다.

I. 자연을 통한 철리(哲理)의 깨달음

月葉 시인은 자연을 닮은 삶을 살고 있다.
"오늘 아침에도/가장 깨끗이 씻은 제 감사의 마음으로 밥을 지어//

이렇게, 엎드려 제 정성껏 두 손으로 바칩니다"라고 하여 하느님께 가장 깨끗이 씻은 감사의 마음으로 첫 밥을 지어 올린다고, 제1편 앞머리에 올리고 있다.

'**지금도 제 운명은 하느님 당신의 것입니다**' 라는 순명의 마음을 표출시키고 있다.

〈땅께 올리는 감사〉에서 땅을 '**우리 생명의 어머니시여**' 라고 노래하고 있다. 하늘·땅에서 더 나아가 물·태양·바람·비·바위·나무·강·숲속 호젓한 오솔길까지도 '**감사**'**의 대상으로 찬미를 하고 있다.** 이 모두가 우리 인간을 둘러싸고 있는 자연(自然)이 아닌가.

이처럼 시인은 자연의 이치와 순환구조에 **철학적(哲學的) 깨달음**을 깊이 하고 있음을 알 수 있게 한다. '**삶은 전부 흐릅니다**' 라고 〈강께〉에서 노래하고 있는데, 이것이 바로 소통이고 통섭(通涉)인 것이다. 막힘이 아니라 바람이 통하게 하는 것이다. 그것이 곧 '**자연(自然)**'**인 것이다.** 자연은 막히지 않고 저절로 통하게끔 뚫려있는 것이다. 막히게 하는 것은 자연이 아닌, '**인위(人爲)**'**인 것이다.**

자연의 치유기능에 대해서도 비유를 즐겁게 하고 있다. 〈숲속 호젓한 오솔길〉을 아저씨라는 칭호로 다정다감하게 부르며 "**아저씨가 주신 약/그 맑은 물소리와 그 아름다운 새소리/날마다 고요히 눈 감고 제 귀[耳]로 잘 챙겨먹고 있습니다**"라고 하여 병약(病弱)했던 행복(幸福)이 숲속 그 호젓한 오솔길을 걸음으로써 위로와 치유를 받아 아주 건강해졌다는 것이다. 자연에서 태어나 자연 속에서 삶을 살아가고 있는 우리 인간에게 자연스럽게 찾아 드는 병약함도 순리인 것이며 그것을 치유하는 것도 자연에서 찾아야 한다는 것이다.

이번 시집의 독특한 어법으로 머리말에서도 밝혀 놓았듯이, '**존대어와 의인체**'**로 인격화**하는 수사(修辭)를 구사하고 있다. 거부감 없이 진실로 절친한 친구·아저씨·여동생·누나·스승으로 불리고 있는 '**정**

겨운 화법'이라 보여 진다.

〈가을 사과나무께〉를 보면 "사과나무 누나가 소나기 우리 집에 자주 드나들 때, 여름과 결혼하여 뜨겁게 잘 살더니, 어느새 새파란 아들 사과를 낳아 벌써 빨갛게 자랐다"는 한 편의 동화 같은 이야기로 승화시키고 있다. "한없이 벌어진 입술에 행복이 그냥 주렁주렁 열렸네"라는 마지막 결구(結句)에서, 단맛 가득 번져오는 미감(味感)과 주렁주렁 붉게 매달린 사과나무의 탐스러운 시각적 효과를 함께 보여 주고 있는 참으로 보기 드문 **수작(秀作)이다.**

인간의 육신은 자연의 일부분인 것이다. 하늘과 함께 한다는 것은 순리적이며 자연의 이치에 따라 살고자함을 피력한 것이다. 인간을 인간답게 살게 하고 위로해 주는 것이 이 세상에는 많다. 그러나 자연만큼 인간을 어루만져 보듬어 안아주는, 저 **'신(神)의 손길'**을 가장 구체적으로 느낄 수 있는 대상은 이 세상에 자연 밖에 없다. 한 줄기의 바람이 불어올 때 신의 숨결을 느낀다. 이것이 바로 류재상 시인의 작품 **감상법이다.**

II. 목신(牧神)과의 교감을 깨달음

섬세한 감성과 관찰이 아니면 보이지 않는 것들이 있다. 목가(牧歌)를 부르는 절창(絶唱)과 같이 전원생활, 시골생활의 아름다움이 곳곳에 배어 있다.

가령 〈행복한 작은 산촌 마을〉에서의 풍광이 그림같이 펼쳐져 있음을 본다.

"작은 논밭들이 옹기종기 모여 앉아, 익어가는 곡식들의/저 노란 이야기로 하루해가 또 저물어 갑니다/이 마을 사람들의 옷자락은/늘 새소리 물소리 그 향긋한 향기로 흠뻑 젖어 있습니다" 이 얼마나 아름다운 목가적인 전원 풍경인가. 그 속에서 건강한 아이를 쑥쑥 낳고, 나름대로 예쁜 눈썹과 입술을 그린 아낙들이, 서로 속삭이며 다정하게 살아가는 그 달콤한 사랑의 숨소리가 들린다는 것이다.

〈산골 마을 가을 운동회〉에서는 이름도 예쁜 목가적 팀 이름들이 나온다. 버드나무 팀·소나무 팀·대추나무 팀·감나무 팀이 출연하여 들썩거리며 손뼉 치며 경기를 치른다. 풀잎·귀뚜라미·벼이삭·파란 하늘·밝은 아침 해가, 컹컹 개 짖는 소리와 함께 풍경으로 펼쳐진다. 빨간 단풍까지 온통 즐거운 함성(喊聲)으로 일어나는, 시골생활의 한 단면인 **'가을 운동회'**를 한번 상상해 보시라.

月葉 시인의 입담이 질펀하게 잘도 펼쳐지고 있음을 감지할 수 있는 아래의 몇 장면을 보자.

〈들판께〉에 이르면 **"작은 메뚜기 한 쌍도/오늘은 그만//나른한 행복을 업고 저쪽 풀밭 너머로 폴짝 건너뛰네요"**라고 목가적 풍경의 극치를 노래하고 있다.

〈감자께〉에서는 **"당신의 웃음소리는/역시 소문대로/참 둥글고 알이 몹시 굵군요. 이제는 우리 농부들이 당신의 충성스런 신하가 되겠습니다"**

〈고구마께〉에서는 **"촉촉한 땅 속에 힘차게 박혀있는/고구마/당신의 그 당당함은/남성의 위대함을 넘어/불타는 여성의 저 나른한 질투까지 이른다지요"**

〈우리 텃밭의 토란잎께〉에서는 **"당신은 우리 집 작은 텃밭나라의 여왕입니다/날마다 보글보글 끓는/우리 집 저 행복한 된장국/올해는 더 감칠 맛나게 잘 다스려주고/비가 오면 그 시끄러운 양철지붕보다/더 아름답게 노래하시고/바람 불거든 저 키 큰 옥수수보다 더 멋지게 춤을 추세요"**라고 노래하고 있다.

등장하고 있는 자연에서 얻어진 소재도 풍요롭기 그지없다. 이밖에도 목가적(牧歌的)인 소재로 옻나무 · 석류 · 사과나무 · 감나무 · 대추 · 복숭아꽃 · 좁쌀 · 아지랑이 · 호박꽃 · 밤나무 · 바위 외에, 봄 · 여름 · 가을 · 겨울 등 사시사철은 물론 우리를 에워싸고 있는 자연 그 자체를 총망라하여 등장시키고 있다.

'**月葉**'이라는 호 자체가 지극히 목가적 절정(絕頂)이라고 여겨진다. '**달 잎사귀**'라니…… 그 무드(mood)만으로도 짐작이 가는 바이다.

숲속에서 피어나고 있는 꽃은 누가 그 진가(眞價)를 인정하든 안하든 상관하지 않고 제 향기를 내뿜으며 제 갈 길을 가고 있다. 자연을 노래하는 시인의 경지가 가히 예사롭지 않다. **자연에 대한 깊은 성찰과 깨달음**이 동반되고 있음을 입증하고 있다.

III. 생활철학의 깨달음

살아가는 데 있어서 어떠한 덕목(德目)이 삶을 지탱해 주는 버팀목이 되어줄 것인지에 대한 **자아성찰(自我省察)**이 곳곳에서 산견(散見)되고 있다.

〈인내께〉를 보면,

"**인내, 당신은 삶의 영토를 다스리는 최고의 권력자입니다/당신이 아니면 삶을 지배할 수 없습니다/우리의 삶은 적(敵)이 너무나 많습니다/……./꽁꽁 언 땅 속의 저 겨울 냉이를 한번 보세요/참고 기다린 인내, 당신은/끝내, 내년 봄 우리의 뜨거운 밥상 위에//그 모진 겨울 추위를 이긴 가장 향긋한 영웅으로 돌아옵니다!**"라고 하여 세상 살아가는 **이치(理致)와 철학(哲學)**을 매우 설득력 있게 갈파하고 있다. 참을 '**인(忍)**'자가 셋이면 살인도 면할 수 있다고 선인들은 가르쳐 왔다. 분노를 일으키는 상황에서도 일단 참아 넘기는 것이 슬기로운 인생을 살아가는 지혜인 것이다. 적이 많은 세상, 공격이 많은 세상에서 인내력을 갖고 참다보면 매듭이 풀려 모든 '**인간사(人間事)**'가 순조로울 것이다.

　자연스런 삶이란 인위적인 것을 배척한다. 〈무위(無爲)의 사랑〉에서 원인과 결과를 따지는 인간의 그 더러운 '**투쟁적 논리**'를 배격하고 있**다.** 저절로 흘러가게 두어야 한다.

　"봄이 오면 새싹들은 저절로 푸르고/……./비가 오면 땅이 젖어/곡식과 열매는 저절로 익어/어느새 풍요로운 가을이 되듯이……."라고 노래하여 모든 만물의 이치가 '**저절로**'에 있음을 아름다운 수사로 표현해 내고 있다.

　〈좁쌀께〉를 보면,

　"요즘 사람들은 크게 출세하고 많이 가지려고/모두들 두 눈에 시퍼렇게 불을 켰는데요/그런데/좁쌀, 당신은 작아서 가장 행복하다고요/작아서 영광이라고요/작은 것이 당신의 최고 무기(武器)라고요/……//오늘은 저 공룡(恐龍) 같은 바보들한테, 마음 놓고 한번 흠뻑 취해 보자고요"라고 노래하고 있다. 어떻게 이리 하찮아 보이는 것에까지 눈길을 주고 있는지 그 '**발견의 눈길**'이 경이롭다. 소위 시의 소재로 선택하지 않을 듯한 것에까지 깊은 의미 부여를 하고 있는 혜안(慧眼)이 놀랍기만 하다. 우리 주변의 그 보잘 것 없고 가장 하찮아 보이는 것까지 그 '**존재적(存在的) 가치**'를 알아주는, 참으로 **성스럽고 위대한 '시인(詩人)'이다.**

　〈벼이삭께〉에 이르면 **철학적(哲學的)**인 그의 사유(思惟)에 탄복하게 된다.

　"안녕하세요, 깊이 고개 숙인/키 작은 꼬마 아가씨/당신의 겸손(謙遜)이/흐르는 땀방울을 감동시켜/지금 농부들의 이마가 가장 즐겁게 활짝 웃고 있네요"라고 하여 벼가 익을수록 고개 숙이는 **천리(天理)**를 자연스럽게 승화시키고 있다. 가을이 되어 노랗게 익은 벼이삭을 통하여 '**겸손**'이라는 커다란 **생활철학**을 건져 올리고 있다. 그것이 바로 月葉 시인의 기품인 동시에, 또한 작은 것 하나까지도 놓치지 않으려는 섬세한 마음의 표현이다. 건전한 생활철학의 그 **부재현상(不在現狀)**으로, 온갖 악행(惡行)이 빚어지고 있는 작금(昨今)의 세태에 비추어 볼 때, 꼭 필요한 인간 수양과 처신의 덕목이라 하겠다. 시의 '**효용성**'을 절실히 실감(實感)하게 된다.

IV. 천륜(天倫)과 수구지심(首邱之心)의 깨달음

눈시울 젖게 만드는 '시편(詩篇)'이 있다. 아버지와 어머니가 같은 마을에서 결혼하여 외할머니와 같이 살게 되었고, 외할머니는 아들이 없었기에 외손자인 月葉 시인을 친손(親孫) 이상의 사랑으로 길러 주셨다고 시작(詩作) 노트에서 밝히고 있다. 외할머니라는 단어의 정겨움이 골수에 맺혀있는 작가의 '**선(善)**'함이 진하게 묻어나고 있다.

"**우리 외할머니/저 먼 하늘나라로 가신지도 벌써 50년/뼈와 살과/그/그윽한 눈빛도/다 물소리와/바람소리로/넘겨준 긴 세월(歲月)/내 눈물은 늙어/어느새 하얀 노인인데, 아직도 내/그리움은 오늘도 초등학교 작은 책가방 메고 장날처럼//저 먼 하늘나라에 간, 우리 외할머니를 기다리고 있습니다**"라고 외할머니를 그리워하는 소년의 심정으로 써 놓고 있다. 〈고향〉편에서도 외할머니와 함께 했었던 어린 날의 한 장면을 절절하게 반추하고 있다.

〈하늘나라 우리 아버지께〉와 〈80고령 우리 어머니께〉에는 육친에 대한 훈훈한 정을 잘 나타내고 있다. '**아들과 벌초를 다녀왔다**'고 고하는 문장에서 **천륜(天倫)**의 소중함을 잊지 않고 있다. 어머니께서 주신 살과 뼈가 일생을 넉넉하게 살아가게 하는 원동력이 되어 주고 있음을 진실로 감사히 여기고 있는 작가의 어여쁨을 바라보는 독자들은 행복하실 것이라고 미루어 짐작해 본다.

　고향에는 정자나무가 있고, 50년 동안 그리웠던 묵은 친구가 있고, 또한 진한 그리운 향수(鄕愁)가 묻어 있는 **소똥 냄새** 풍기는 곳이다. 돌아가신 지 50년이나 된 외할머니께서 '**아이고, 우리 강아지, 내가 왔다**'라고 곧 대문 밀치고 오실 것만 같은 그런 곳이다. 8남매 형제들의 '**태(胎)**'를 묻은 곳이며 아버지의 숨소리가 들려오는 곳이다. 아득하게 그리운 고향을 찾는 심정을 절절히 적어 놓음으로써 '**수구지심(首邱之心)**'을 깨닫게 하고 있다. '**천륜(天倫)'에 닿는 마음이다.** 깃털 하나하나에 끼어 있는 때를 벗기고, 희고 깨끗한 나래로 떠나온 고향을 향해 날아가야 함을 마지막으로 노래하고 있다.

V. 운우지정(雲雨之情)의 깨달음

　뜨겁고 참으로 아름다운 '**육감적(肉感的)**'인 사랑의 언어가 자연스럽게 잘 묘사된 부분이 여럿 있기에 몇 장면을 찾아본다. 우선 〈물께〉를 보면, "**생명의 제왕, 물이시여/당신도 저렇게 잘 익어가는 과일 속에서/햇볕과 가장 달콤하게 결혼하시던 첫날 밤/저처럼//그 뜨거운 사랑의 물소리에 그만 온몸이 땀으로 흠뻑 젖었습니까**"라는 묘사에서 빙그레 웃음을 머금게 하는 수사(修辭)가 잘 펼쳐지고 있다. 재미있는 몇 장면을 찾아본다. 문학에서의 '**재미**'라는 측면은 매우 중요한 문학의 요소이면서 문학의 효능이기 때문이다. 〈복숭아꽃께〉에서는 "**당신의 가슴이 아주 빨갛게 익을 무렵/그 새콤하고 달콤한/당신의 행복//제가 가장 먼저 달려가 단물이 흐르도록 힘껏 안아드릴게요**" 〈들판께〉에서는 "**작은 메뚜기 한 쌍도/오늘은 그만.//나른한 행복을 업고 저쪽 풀밭 너머로 폴짝 건너뛰네요**" 〈고구마께〉에서는 "**우레 같은 생명의 탄생은/언제나/사랑의 그 달콤함에서 비롯되지요/밤마다 황홀한 우리의 사랑도/알고 보면/생명을 위한/하느님의 가장 엄밀한 유혹 이지요"〈호박꽃께〉에서는 "호박꽃이여/날개 까만 호박벌 당신 남편,/그렇게 부지런히 꿀 찾아 당신 안방 드나들더니/벌써 호박잎에 쌍둥이 안고/밖으로 새파랗게 나들이 나왔군요"〈고향(3)〉에서는 "내 고향 당신이 가장 행복할 때 비가 옵니다/이렇게 촉촉하게 봄비가 옵니다/순이의 가슴도 철이의 가슴도/지금 한찬 콩닥콩닥 하얗게 떡방아를 찧습니다"라고 표현하고 있다. 그래서 '진한 소똥 냄새도 개똥 냄새도 살구꽃 향기에 향긋하게 업혀간다'라는 찬미의 노래를 부르고 있는 것이다. 긴 부연 설명을 요하지 않는 아름다운 장면이기에 정리해 보았다. **바쁜 독자**들이 놓칠까 싶어서, 언급하지 않고 넘어가기에는 너무 아쉬움이 남아 간추려 독자들에게 소개해 본다.

Ⅵ. 순환의 원리를 깨달음

첫 머리에 실어 놓은 〈하늘께〉에는 정말 감사를 표하는 시인의 마음이 잘 나타나 있다. **'지금도 제 운명은 하느님 당신의 것입니다'**라고 하여 전적으로 하늘에 맡기는 순리적인 삶을 표출시키고 있다. 맨 마지막에 수록해 놓은 〈고향(13)〉을 보면, **'아주 멀리 하늘나라로 다 날아가 버렸습니다'** 라고 하여 우리를 내시는 것도 하늘이고 거두시는 것도 하늘이라고 하여 **'순응하는 삶의 자세'를 견지(堅持)하고 있다.** 이렇게 우리의 삶이란 **'순환고리(circuit) 현상'**을 이루고 있음을 작가는 일찍이 감지(感知)해 왔다. 지난 봄[春]에 출간한 제 **'29시집'**인 『가장 황홀한 원(圓)』에서도, 이미 시작과 끝이 맞닿아 돌아가고 있음의 **천리(哲理)**를 간파해 놓았던 것이다. 가히, **'수미쌍관(首尾雙關)의 기법'**이라 할 수 있다.

다시 눈여겨보면, 제의적(祭儀的)인 관점에서도 우리를 낳게 하시고,

또 하늘로 되돌아가게 하시는 그 **'우주적 순환법칙'**에, 온 정성껏 감사의 마음을 바치는 것으로 읽혀짐을 또한 간과(看過)할 수 없다.

· **결사(結詞)- 천지만물에의 감사**

우리의 주위를 둘러보면, 온 천지(天地)가 온통 **'감사(感謝)'**로 둘러싸여 있다. 태어난 것 자체가 신의 은총이며 감사다. 만물의 영장이라 하는 인간과 짐승이 다른 점이 무엇인가. 인류학자들은 여러 가지로 이야기하고 있지만, **인간만이 오직 유일하게 '감사'를 느끼며 그것을 표현할 줄 알고 기억한다는 사실이다.** 그렇게 보았을 때, 감사가 당연하건만 당연시 여기지 않고 외면하며 살아가고 있는 타락한 현대인의 모습에, 月葉 시인은 잃어버린 **본심 찾기의 수범(垂範)**을 이번 시집에서 확실히 보여주고 있다. 시집 발간의 **'최대의 의미부여'**라 할 수 있다.

정말 눈물겹게 감사하지 않은가. 큰 것과 작은 것 모두를 아우르며 감사하고 있는 것이다. 특히 작은 것에 감사(感謝)의 눈길을 주고 있음은, **과대망상(誇大妄想)**에 사로잡힌 현대인들에게 커다란 경종(警鐘)이 아닐 수 없다. **전 생애 자체가 '감사'한 마음으로 충만 된 삶이란, 그 얼마나 축복(祝福)되고 행복한 인생(人生)인가**, 이러한 마음이 이 시집(詩集)을 읽는 내내 전달되어 왔다.

참으로 행복한 글 읽기였음을 **고백(告白)**함으로써 소임(所任)을 마치고자 한다. 끝.

제31시집
「삶의 여백」

삶의 여백

〈서시〉

언어의 기적(奇跡)

기적은, 현실 속에서는 불가능이다! 저 놀라운, 종교적
기적은! 참으로 오랫동안, 우리 인간의 종교적인 꿈과
상상력(想像力)이 꾸며낸! 가장 감동적인
허구적, 신화(神話)다!
그러나 시는, 다르다!
시(詩)는, 사실적인 언어의 기적이다!
이 언어의 기적이, 바로 우리의 정신적 기적이다!
나는, 시력 50년여 동안! 5천편 이상의 시를 써오면서
나의 영혼과, 자연이
하나로 일치
되는! 가장 황홀한 정신적
기적(奇蹟)을,
수 없이 경험한 시인(詩人)이다! 시인은
언어의 기적을 믿는, 성직자다! 우주의 모든 존재의
궁극이, 언어다! 이 세상은 전부가, 언어
속의 존재다!

언어를 벗어난 존재는, 단
하나도 없다!
신(神)도, 신(神)이라는 언어를
절대로 벗어날 수 없다! 우리 인간의 가장 위대한
진실은, 인간의 언어가 바로, 우주를 창조한 하느님!
즉, 신(神)이라는 사실이다!
이렇듯, 존재의 궁극이 언어요!
그 언어의, 궁극이
바로 시다! 따라서
시는, 언어를 창조(創造)하는 언어의 신이다!
나는 이 언어의 신을 믿는, 성직자(聖職者)다! 존경하는,
독자(讀者) 여러분! 이 시집 속에서, 인간의 영혼과 자연이
하나가 되는!

이 정신적, 황홀한 언어의 기적을 경험하시기 바랍니다!!
2015년 1월 13일
월엽당 '시인의 집'에서
월엽 류 재 상 씀.

〈대표시〉

삶의 여백(餘白)

삶의 하얀 여백(餘白)을 데리고, 느린 걸음으로!

나는 오늘도, 낙엽 지는
숲속
오솔길을 혼자 걷는다!
발밑에서 제법
아삭아삭
씹히는,
낙엽 밟는 늦가을
맛이! 파란 하늘, 그 감칠맛과 잘 섞일 무렵!
누가, 이런 상큼한
맛을!
참으로
가득, 군침 돌게
행복의 맛이라 했던가?
숲속
낙엽 지는, 오솔길에서!
오늘처럼, 이렇게 여유 있는 삶의 하얀 여백은!
우리의

인생을, 가장 맛있게 요리하는 그림[畵] 같은 양념이다!!

〈평설〉 포정해우(庖丁解牛)의 시인 류재상

－시집『삶의 여백』해설－

우 종 상 (문학박사 · 문학평론가 · 교수 · 시인 · 수필가)

1. 들머리

『장자(莊子)』내편(內篇) 양생주(養生主)에 나오는 '**포정해우(庖丁解牛)**'란 말은, 춘추전국시대 제(齊)나라 양혜왕(梁惠王, BC 370-319 재위)의 주방장인 **포정(庖丁)**이 능숙한 솜씨로 '**소를 해부한다**'는 뜻인데, '**포정해우(庖丁解牛)**'는 어느 분야에서 든 신기(神技)에 가까울 만큼 솜씨가 매우 뛰어난 것을 가리킨다고 한다. 아울러 위의 고사(故事)에서 '**긍경(肯綮)**'이란 말이 나왔는데 '**긍(肯)**'은 소의 뼈에 붙은 살이요, '**경(綮)**'은 뼈에 붙은 힘줄로 사물의 가장 중요한 곳을 말한다고 하는데, **류재상 시인**의 시에서는 군더더기 하나 없이 **시어(詩語)의 긍경(肯綮)**으로 사상(思想)과 정서(情緖)가 표출되어 있다.

류재상 시인은 언어의 기교(技巧)로, 언어에 생기(生氣)를 불러일으키는 가장 **탁월한 '시적능력(詩的能力)'을 가졌다.** 언어의 가장 영롱하고 순결한 에센스(essence)를 유려(流麗)한 운율의 시어(詩語)로 재련(再鍊)하여, 감춰진 언어의 비밀스럽고 은밀한 내면까지 독자들이 느끼게 한다. 범상(凡常)한 시어들도 그의 시에서는 낯선 생명력을 가지고 비범(非凡)하게 표상되고 있음은, '**시어(詩語)의 긍경(肯綮)**'을 포정(庖丁)과 같이 자유자재로 사용할 수 있기에 가능하다고 할 것이다. 곧 장자(長子)는 도(道)로써 삶의 진리를 깨우치듯, 류재상 시인은, **시(詩)로써 우리에게 '삶의 길'을 알려주고 있다.**

시집 상재(上梓) 31번, '**시 5,000여 수**' 자체가 류재상 시인의 삶을 오롯이 상징하고 있음은 주지의 사실이다. **그의 생(生) 자체가 '시(詩)'와 같이 하였다는 증거다.** 그의 삶 자체가 바로 그의 시(詩)라고 할 때, 그를 workaholic이라고 지칭하여도 모자람이 없지 않을까? 시에 대한 poemholic의 삶을 치열하게 언어와 함께 살아온 그에게, **시(詩) 이외의 다른 삶은 부수적(附隨的)이었을 것이다.**

자연과의 진지한 교감을 통해 자연의 이치(理致)를 통찰하고 있기에,

그에게 **'자연은 바로 시인 자신이며 시인이 곧 자연'**이라는 등식이 성립된다고 본다. 무심히 스쳐 지나가는 바람소리와 풀잎에 맺힌 이슬방울 속 그 영롱한 작은 무지갯빛 하나하나까지 섬세하게 느낄 수 있는, 자연을 유별나게 사랑하는 시인이다. 그리고 류재상 시인의 시를 이루는 축(軸)은, 크게 자연(自然)과 신(神)과 인간(人間)에 대한 사랑으로 보아야 그의 시(詩)를 여는, 키워드(key word)가 된다고 하겠다. 결국 **'자연과 신과 인간이, 시인(詩人)의 영혼(靈魂) 속에서 하나로 합일(合一)'** 되는 그 놀라운 감동(感動), 이것이 바로 **류재상 시(詩)의 '비밀(秘密)'의 열쇠다.**

북송(北宋)의 시인인 임포(林浦, 967-1028)가 서호(西湖)에 은거하며 매화를 아내로, 학을 아들로 삼아(梅妻鶴子) 풍류를 즐기며 살았다는 고사(故事)는, 시공을 초월하여 오늘날 류재상 시인의 시에서 다시 느낄 수 있음은 크나큰 안복(眼福)이라 할 수 있다.

자연(自然)과 자아(自我)의 일치, 곧 **'물아일체(物我一體)'**의 경지를 터득한 시인의 시적 경지를 필설(筆舌)로 표현하는 것 자체가 바로 언어도단(言語道斷)이다. 문학(文學)이 인간의 정서를 언어로 표현한 언어예술이라면, 그 중에서 시(詩)는 인간의 정서와 사상을 운율적인 언어로 압축하여 형상화한 언어예술의 진수(眞髓)다. 류재상 시인의, 시에 대한 각별한 사랑은 오직 아가페(agape)적인 사랑이다. 시를 **'친자(親子)와 같이 사랑'** 하는 그 뜨거운 애정(愛情)은 그 누구도 함부로 본받을 수 없기 때문이다. 언어를, **살아 움직이는 새로운 언어로 '재창조' 하는 그의 열정**은, 타고난 재능과 각고면려(刻苦勉勵)의 결정체라 할 수 있다.

'31시집' 인 『삶의 여백』은 시인의 일상생활 중에서 깨달은, 삶의 진실을 밝히고 있다는 점을 주목해야한다. 그것은 보는 각도와 시점이 다를 뿐, 우리 모두가 함께 공감(共感)하는 삶의 정서(情緒)들이기 때문이다.

기적은, 현실 속에서는 불가능이다! 저 놀라운, 종교적
기적은! 참으로 오랫동안, 우리 인간의 종교적인 꿈과
상상력(想像力)이 꾸며낸! 가장 감동적인
허구적, 신화(神話)다!
그러나 시는, 다르다!
시(詩)는, 사실적인 언어의 기적이다!
이 언어의 기적이, 바로 우리의 정신적 기적이다!
나는, 시력 50년여 동안! 5천편 이상의 시를 써오면서
나의 영혼과, 자연이
하나로 일치
되는! 가장 황홀한 정신적
기적(奇蹟)을,
수 없이 경험한 시인(詩人)이다! 시인은
언어의 기적을 믿는, 성직자다! 우주의 모든 존재의
궁극이, 언어다! 이 세상은 전부가, 언어
속의 존재다!
언어를 벗어난 존재는, 단
하나도 없다!
신(神)도, 신(神)이라는 언어를
절대로 벗어날 수 없다! 우리 인간의 가장 위대한
진실은, 인간의 언어가 바로, 우주를 창조한 하느님!
즉, 신(神)이라는 사실이다!
이렇듯, 존재의 궁극이 언어요!
그 언어의, 궁극이

바로 시다! 따라서

시는, 언어를 창조(創造)하는 언어의 신이다!

나는 이 언어의 신을 믿는, 성직자(聖職者)다! 존경하는,

독자(讀者) 여러분! 이 시집 속에서, 인간의 영혼과 자연이

하나가 되는!

이 정신적, 황홀한 언어의 기적을 경험하시기 바랍니다!!

―〈서시〉「언어의 기적」 전문―

「언어의 기적」이란 서시(序詩)에서 류재상 시인의 창작 의도를 짐작할 수 있는데, **'인간의 언어가 창조주 하느님'**이라는 등식(等式)과, 언어의 사실적인 **'기적(奇蹟)이 곧 시(詩)'**라는 시인의 주장에, 혹자는 당혹감(當惑感)을 느낄지 모르나, 시에 대한 시인의 **절대적인 경외심(敬畏心)**을 여기서 느낄 수가 있다.

류재상 시인의 시(詩)에서는, 은은하게 풍겨오는 알싸하고 상큼한 독자의 기분을 참 묘하게 사로잡는 그런 이상한 향기가 있다. 그의 시를 읊조리면 알게 모르게 피톤치드(fitontsid)와 같은 그런 신선한 언어의 향기를 느끼게 되는 것은, 곧 **'자연(自然)과 신(神)과 시인(詩人)의 영혼(靈魂)이 하나로 합일(合一)'**되어, 시(詩)로 완숙(完熟)된 그런 향기(香氣)가 아닐까? 그의 시를 읊조리면 명(明)나라 진익상(陳益祥)의「잠영록(潛穎錄)」에 나오는 다음 구절의 뜻을 체득하게 됨은 우연의 일치일까.

山中覺此身不可無(산중각차신불가무) : 산중에서 이내 몸이 소중한 존재임을 깨닫고,

城郭中視此身爲贅(성곽중시차신위췌) : 도시 속에서 이내 몸이 쓸 데 없음

을 보게 된다.

그렇다! 그의 시(詩)가 내포하고 있는 의미는 자연과의 교감을 통하여, 자연 속에서 진가(眞價)를 더욱 발휘하고 있다. 자연은 류재상 시인의 시에서 가장 **'중심적 제재(題材)'**로 자리 잡고 있기 때문이다.

'유물론(唯物論)과 유심론(唯心論)의 합일'이 그의 시를 이해하는 단초(端初)가 된다고 볼 때, 그의 시에서는 자연의 미세한 현상과 소리까지도 의미 있는 생명력을 가지고 독자 앞에 드러남은, 시(詩)가 가진 무한한 생명력 때문이 아닐까. 시어(詩語)에 생령(生靈)의 기(氣)를 불어넣어 생명력 넘치는 언어의 향연(饗宴)은, 류재상 시인의 탁월한 능력인 동시에, 또한 인간과 신과 자연이, 시인(詩人)의 영혼(靈魂) 속에서 시[言語]로 합일(合一)될 수 있는, **'연역법적(演繹法的)'**인 증거(證據)이기 때문이다.

2. 몸말

시는 운율(韻律)과 심상(心象)으로 옷을 입히고, 시적화자(詩的話者)의 서정(抒情)의 목소리로 의미를 가지는 문학의 한 양식이다. 운율과 심상은 함축적인 시의 형식을 구성하고, 시적화자의 목소리는 독백과 같이 내면 의식을 담아 독자에게 다가가 하소연하거나, 혹은 독백조로 읊조리거나 한다. 류재상 시인의 시에서도, 언어예술인 시를 통해, 언어적 삶의 상쾌한 쾌락적 향유와 시어(詩語)의 달콤한 쾌감(快感)으로, **세파(世波)에 찌든 '현대인'들에게 생활의 새로운 활력을 제공하고 있다.**

류재상 시인의 절제된 시어가 빚는 세밀한 언어 표상(表象)에는, 세계(世界)와 사물(事物)이 아주 다양한 뉘앙스(nuance)로 표출된다. 특히 류재상 시인이 즐겨 쓰고 있는, 조선 후기의 화가(畵家) 혜원 신윤복의 **'춘의(春意)를 머금은 농염(濃艶)한 서정(抒情)의 차용(借用)'**은, 그의 시에서 빼놓을 수 없는 흥미로움이라 하겠다. 자연의 서경(敍景)과 마음의 서정(抒情)이 파스텔(pastel)과 같이 아름다운 풍경으로 마음에 그려짐은, **류재상 시의 특징적 '개성(個性)'이라 할 수 있다.** 류재상 시인이 시어(詩語)의 선택과 조탁(彫琢)에 마지막까지 혼신(渾身)을 다한다는 확신(確信)은, 그의 **'시 5,000여 수'**가 묵언(默言)으로 증명하고 있다.

31시집인 『삶의 여백』은 제1부 〈너무나 부끄러운 죄인〉 외 20편, 제2부 〈참 하늘 맑은 날〉 외 16편, 제3부 〈희망(希望)의 나라〉 외 12편, 제4부 〈차창 풍경(車窓風景)〉 외 13편 등, 전(全) 4부 61편의 시로 구성되어 있다. 여기에서는, 류재상 시인의 **시적특징(詩的特徵)**이 가장 잘 표출된 시들만 뽑아, 그의 시를 심도(深度) 있게 살펴보기로 하겠다.

제1부 〈너무나 부끄러운 죄인〉에서, 류재상 시인 특유의 감각적인 시(詩)가 나온다.

비~비~ 하는, 비비새 암컷의 목소리가 젖을 대로
젖는다!
비쭉비쭉하는, 수컷의 아랫도리에
벌써 빨갛게
불이 붙었다!
양지쪽에
내려앉은
햇살의, 그 따뜻한 애교가
오늘도 만점(滿點)이다! 아침저녁 코끝에 닿는
그 상큼한, 공기(空氣)의
맛이 더욱

달콤하고!
앞산 어린
물소리의
엉덩이에, 날로 살이 통통하게
오른다!
저쪽 건너편, 냇가에 한창 물오른 저 수양버들!
어느새, 나를

바라보는! 그녀의, 파릇한 눈빛이 정말 심상(尋常)치 않다!!
〈춘분(春分) 무렵〉 전문

  위의 시에서 인간 생존본능의 근원인 에로스(eros)를, **'춘흥(春興)에 겨운 춘심(春心)의 발로'** 로 느낄 수 있을 것이다. 무르익을 대로 무르익은 감미로운 봄날의 서경(敍景)과 자연의 서정(敍情)을, 시인은 감성의 눈으로 섬세하게 포착하여 묘사하고 있다.
  만화방창(萬化方暢)한 봄날, 따뜻하게 불어오는 나른한 봄바람은 잠자는 생명들을 깨우고, 봄을 노래하는 비비새 암컷의 목소리가 어느새 춘흥(春興)에 겨워 촉촉이 젖어오면, 수컷의 아랫도리에 불이 붙는다는 감각적 표현은 우리의 삭막한 정서를 사로잡아, 삶의 아름다움을 더 한층 찾아주는, 아마 범인(凡人)들로서는 상상(想像)할 수도 구사(驅使)할 수도 없는 **'촌철살인(寸鐵殺人)'** 의 경지(境地)라 할 수 있다. 게다가 양지쪽 따스한 햇살을 봄의 애교로 보았으며, 겨우내 얼음장을 뚫고 이제 막 흐르기 시작한 개울물을 물소리의 엉덩이에 살이 통통하게 오른다고 하는 이 놀라운 **'감칠맛 나는 표현'** 도, 청각적 심상을 시각적 심상으로 환치(換置)하여, 물소리를 살이 있는 의인체(擬人體)로 표현한 이 **'공감각적인 표현'** 에는, 그만 입이 딱 벌어질 정도다.

류재상 시인의 눈은, 자칫하면 스쳐 지나치기 쉬운 자연현상의 순간 순간을 아주 예리하게 포착하여 이미지(image)화시켜, 살아있는 시어로 환치(換置)할 수 있음은, **류 시인만이 가능한 '시적감각(詩的感覺)'이다.** 그리고 류재상 시인은 시의 형식도 **'독보적으로 개발'** 하여, 문장부호 쉼표(,)와 느낌표(!) 그리고 물음표(?)를 사용하여, 살아 움직이는 생동감 넘치는 시(詩)를 만듦은 물론, 가장 한국적이고 동양적인 여유와 멋인 시의 여백(餘白)을 동양화의 화폭(畵幅)처럼 만들고, 우리들 삶의 근본이치(根本理致)인 시(詩)의 균형과 조화, 그리고 **'한 줄의 마지막 연(聯)'** 으로, 작품 전체의 주제(主題)를 집약시켜, 마지막 마무리까지 그 작품의 감동(感動)을 지속시키기 위해, 느낌표 **'두 개[!!]'** 로 화룡점정(畵龍點睛)을 찍는, 가장 독특한 개성적 작법(作法)으로, 한국문학사(韓國文學史) 최초로 시의 형식을 새롭게 디자인(design)하여 **'자기 브랜드(brand)화'** 시켰다.

　위의 시에서 냇가에 아무렇게나 핀 수양버들이 봄바람에 흔들리는 모습에서, 마치 시인을 유혹하는 자연의 욕정(欲情)으로 느끼고 있음은, 봄기운에 생동하는 자연과 자연에 취(醉)한 시인과의 감정적 소통에서만 가능한 표현이다. 문자나 말로써 전하는 것이 아니라, 마음에서 마음으로 전하고 느끼는 오도(悟道)의 뜻을 가진 **'불립문자(不立文字)'** 의 경지를 마지막 연에서 느낄 수 있음도, 시인의 의도적인 배려일 것이다. 춘분(春分)은 이십사절기의 넷째이며 밤과 낮의 길이가 같은 날이라고 한다. 경칩(驚蟄)과 청명(淸明) 사이에 있으며 양력 3월 21일 경에 해당된다고 하겠다.

　무르익어 가는 봄기운 속에 **'춘심(春心)과 춘흥(春興)의 절묘한 조화'** 가 빚어놓은 한 폭의 소묘(素描)와 같은 시에서 점·선·여백이 빚은, 동양화풍의 〈춘분(春分) 무렵〉이 주는 봄의 흥취를 마음껏 만끽할 수 있음은, 시가 주는 크나큰 축복(祝福)이다. 흔히 우리 문학의 특징은 한(恨)과 애상(哀傷)이라고 할 때, 전통적 우리 시가(詩歌)에서 봄은 애상적 제재로 주로 쓰였다. 그러나 류재상 시어 서는 아주 새롭게 **발라드(ballade)하고 경쾌한 시(詩)로 만날 수 있어**, 우리는 봄이 주는 순수함과 따스함을 이 작품에서 또 한 번 마음껏 즐길 수 있어, 그 얼마나 황홀하고 행복한가.

 이렇게 류 시인의 시는, 시(詩)가 음악과 미술의 영역까지 함께 아우를 수 있다는 것을 여실히 보여주고 있다. 결국 문학 장르인 시(詩)가 고유한 영역을 벗어나 다른 예술과 조우(遭遇)하여 언어의 경계를 허물어, **'읽는 문학에서, 듣고 그릴 수 있는 새로운 문학'** 으로의 전이(轉移)도, 작가의 능력으로 가능할 수 있다는 실증(實證)을 보여주고 있다.

 시인은 **"푸른 생명이, 흘러넘치는 5월에! 새 한 쌍이, 나란히 날개를 편다! ······웬지? 날갯짓하는, 하늘이 꿀맛보다 더 달다!"** 라는 그의 시(詩) 〈행복(幸福)〉에서는, 새 한 쌍이 비상(飛翔)하는 모습을 보고 꿀맛보다 더 단 행복에 잠긴다고 하였으며, 〈덕유산에 오르는 날〉에서는, **'단풍과 햇볕과 하늘과 친구'** 하여 덕유산에 오르며, **'구름에 싸인 저 향적봉'** 을 첫날밤 신부(新婦)로 만들고 말겠다고 하였으니, **자연과 완전히 동화(同化)된** 시인(詩人)임을 여실히 보여주고 있다.

  고독은, 내 친구예요! 꽃을 보고, 기쁨을 요리할 때나!
  그 많은 아픔과 죽음을 보고, 슬픔을 요리할 때에!
  늘, 고독!
  그 친구는, 나와 함께 있어요!
  아침마다, 돈으로
  얼굴을
  누렇게
  세수하는 요즘 세상에! 바람처럼
  막 사방으로 흔들리는

뼈 없는

친구들이, 그 얼마나 참 많나요?

내 친구, 고독(孤獨)은요! 저 높은 지조와 절개를

이 세상에서, 가장 눈부신 보석으로 알고 있어요!

요즘 같은 세상에, 고독! 그 친구,

참으로

웃기는 친구지요! 혹,

의심나면? 실업자가 된, 저 불쌍한

하느님한테

한번 물어보세요?

하루는요, 고독(孤獨)! 내

친구

그녀석이, 그만 어쩌다? 달콤한, 내 시에 흠뻑

취해! 올봄 꽃을 데리고 오시는, 저 따뜻한 아지랑이

그녀가! 바람난

자기의, 여동생이라나 뭐라나 꽤나 참 횡설수설하네요!!

〈시인(詩人)의 친구(親舊)〉 전문

시인에게 친구는 누구일까? 놀랍게도 위의 시에서 시인은 **'고독(孤獨)은 내 친구예요'**라고 고백하고 있다. 이 시에서 간과(看過)할 수 없는 것은, 류재상 시인은 경어체(敬語体) 중에서 상대 높임법의 하나인 **'해요체'**의 표현을 사용하여 독자와 서술자인 시인과의 거리를 의도적으로 가깝게 하고 있다. 그것은 곧 독자(讀者)를 배려하는 시인의 따스한 인간미를 보여주고 있다. 현대인의 특성 가운데 하나가 **'군중 속의 고독'**이라고 하지 않는가? 류재상 시인은, 시인(詩人)에게 있어 고독

(孤獨)이야말로 참된 친구이고, 고독(孤獨) 속에서 잃어버린 자아(自我)를 보다 '**창조적**'으로 찾고 있음을 알 수 있다.

Solitary man으로서 시인의 고독(孤獨)은 생활의 일부분이며, 그의 고독은 마음의 눈을 띄우게 하는 진솔(眞率)한 사색의 원천이고, 아울러 시적자양분(詩的滋養分)이 된다고 할 것이다. 그의 시적인 주제가 농축되어있는 마지막 행 "**올봄! 꽃을 데리고 오시는, 저 따뜻한 아지랑이/그녀가! 바람난//자기의 여동생이라 뭐라나, 꽤나 참 횡설수설하네요**"에서 시인의 친구인 고독(孤獨)이, 저토록 봄기운 짙어오는 아지랑이를, 자기의 바람난 여동생이라고 하는 표현에서는, 고독(孤獨) 속으로 깊이 침잠(沈潛)하여, **자아(自我)와 자연(自然)의 구분이 없는 완전히 '동화된 합일(合一)의 경지(境地)'**를, 참으로 실감나게 보여주고 있다. 봄기운으로 인한 대지(大地)의 따스한 기운이 마치 하늘로 비상(飛翔)하는 것과 같은 대기(大氣) 속의 과학적(科學的) 현상을, 시인(詩人)은 놓치지 않고 포착하여, 바람난 여동생으로 의인화(擬人化)한 것은 그야말로 '**화룡점정(畵龍點睛)**'의 묘수(妙手)라 하지 않을 수 없다.

조병화는 고독하다는 것을 정의하면서 "**소망과 삶과 그리움이 남아있다는 증거이며, 보이지 않는 곳에 아직도 너〈삶의 의지와 사랑〉를 가지고 있다고**"하였다. 추상적인 고독의 정의이지만, 시인의 눈에는 시인 나름의 가치관이 있기에, 각 시인의 메시지는 확연히 구분된다고 하겠다.

류재상 시인은, 현대의 과학물질문명의 부작용(副作用)으로 발생한 현대인의 가장 큰 고민(苦悶)인 소외(疏外)와 고독(孤獨)의 문제를, 오히려 현대문명의 위기를 극복할 수 있는, 가장 **유일한 찬스(chance)**로 보고, 소외나 고독 속에 숨어 있는 인간의 그 엄청난 **부정적 에너지를, 보다 생산적 창조적인 긍정적 에너지로 개발하여**, 현대문명의 이 살인적(殺人的)인 위기를 극복하는 동시에, 우리 인간이 21세기에는 새로운 삶의 우주(宇宙)를 개척하는 **계기(契機)가 될 수 있다는, '혁명적 대안(代案)'을 제시하여**, 가슴 답답한 독자(讀者)들을 가장 아름다운 삶의 긍정적 세계〈창조적 세계〉로 인도(引導)하고 있다.

제2부 〈참 하늘 맑은 날〉 외 시편들 중에서는 순결, 신성, 청정을 상징하는 화중군자(花中君子)인 연꽃(lotus)에 관한 시가 돋보인다.

<u>스스로, 제 뜨거운 가슴에서! 빛을</u>
내고, 열을 내는
저 신비한
꽃!
더러운
곳에서
일어나는, 가장 깨끗한
혁명(革命)!
꽃의
의미보다.
더
고결(高潔)하게
피어나는 그 절정의 순간! 바람도
감히,

향(香) 거느린! 당신을, 흔들지 못한다!!
〈연꽃〉 전문

수생식물인 연꽃이 가슴에서 빛을 내고 열을 내며 더럽고 혼탁한 흙탕물 속에서도 더러움에 물들지 않고, 오히려 더 화려한 자태를 드러내는 연꽃의 그 고결한 아름다움을, 깨끗한 **'혁명(革命)'**이란 은유(隱喩)로, 속세에 찌든 인간들의 헛된 욕망을 경계하고 있다. 바람도 연꽃을 흔들지 못한다는 그 고아(高雅)한 자태에서, 더 이상 연꽃의 예찬은 무의미하다. **'염화시중의 미소(微笑)'**를 시(詩)로써 재현한, 〈연꽃〉에서, 류재상 시인은 연꽃의 개화(開花)의 절정(絕頂)을 **'이심전심(以心傳心)'**의 의미구조로 묘사(描寫)하고 있다.

류재상 시인의 스승이신, 미당 서정주(徐廷柱)의 시에, **연꽃**에 관한 시가 많이 보인다. 류재상 시인을 문단에 추천하여 등단하게 한 분이 바로 미당(未堂)이라면, 그의 **'시세계(詩世界)'**와 무관하지 않을 것이다. 우리의 인간은 항상 아쉬움을 남기며 산다. 미련(未練)은 오직 인간만이 가지는 심성으로, 인간관계에서 헤어질 때는 항상 뒤를 돌아보게 마련이다. 체념보다 애틋한 아쉬운 마음으로 후일을 기약하는 것이, 바로 **'연꽃을 만나고 가는 바람'**과 같은 것이라고 미당(未堂)은 그의 시에서 말하고 있지 않는가.

류재상의 시들 중에는, 꽃에 관계된 시어(詩語)들이 많이 보인다. 꽃의 의미를 삶의 깨달음으로 상징하는 동시에, 또 류재상 시인은 개나리꽃·진달래꽃·능소화·노란 들국화 등의 꽃들을 통하여 **'시심(詩心)'**을 더욱 정화(淨化)시키고 있다. 이것은 그의 **'시정신(詩精神)'**이 흙탕물 속에서도 고결(高潔)한 자태를 잃지 않는 **연꽃**의 속성(屬性)과 같다는 증거(證據)다.

제3부 〈희망(希望)의 나라〉 외의 작품에서는, 특히 그의 각별한 **애향심(愛鄕心)**을 엿볼 수 있는 시가 보인다.

새소리, 그 예쁜 긴 속눈썹! 졸졸거리는

물소리, 그 가는 손가락
끝에
딸기밭 하나!
그
예쁜, 빨간
매니큐어!
언제나 우리 누님같이, 얼굴이
갸름한!
동구 밖,
그 작은
들판 하나!
새싹들이
막
새파랗게, 휘파람 불며!
신나게 한창 달려오는, 저 작은 논두렁
밭두렁이!

꼭, 어린이 낙서(落書) 같은 그런 마을!!

〈고향(故鄕) 마을〉 전문

시가 짧은 형식의 단형시인가 호흡이 긴 장형시인가가 중요하다기보다는, **시인의 시적 정서(情緒)와 사상(思想)**이 얼마나 농축되어 잘 나타나느냐가, 더 중요한 좋은 시의 잣대다. 형식보다 **내용에 우선하는 기준**이 문학의 평가 기준이 되어야지, 시의 형식이 장형이냐 단형이냐가 문학의 평가의 기준이 될 수는 없을 것이다. 류재상 시의 특징 중 하나는 대체로 장형의 시보다는 단형의 시(詩)로써, 의미의 압축과 운율의 절조(絶調)가 가장 돋보인다. **'췌사(贅辭)가 삭제된 간결한 문체'** 에, 단아한 문장이 주는 시적(詩的) 의미구조가 단연 **압권(壓卷)이다.**

시인의 고향은 경상남도 **'함양군 안의면 봉산리 석반(石盤)'**이라고 한다. 문화 류(柳)씨의 선대조인 반곡(盤谷)어른께서, 1498년〈연산군 4년〉의 무오사화(戊午士禍)를 예견하고 낙향(落鄕)하여 삶의 터를 잡고 심었다는, 큰 **반송(盤松)의 흔적**이 지난 세월의 무상함을 말하고 있다. **'석반(石盤)'**을 돌[石]의 성스러운 기운, 즉 서기(瑞氣)가 서려 있는 고을이라 하여 흔히 **'돌서리'**라고 부르는데, 지금도 문화 류씨의 재실인 **'동양재(東陽齋)'**가, **마을을 당당히 '5백여 년'을 지키고 있다.**

흔히 고향에 대한 향수를 노스탤지어(nostalgia)라고 하는데, 류재상 시인의 고향에 대한 각별한 사랑은 그의 시를 통해 절절한 **'애향심(愛鄕心)'**을 느끼게 한다. 사람들은 누구나 어린 시절에 대한 그리운 정서를 추억의 장(場)에 잘 간직하며 일상(日常)을 살아가고 있다. 고향은 현실을 살아가는 사람들에게 영원한 **'동경의 세계'**이며, 삶에 지친 현대인들에게 위안을 주는 **'영혼의 휴식처'**다. 시대를 초월하여 항상 마음속에는 어릴 때의 꿈이 오롯이 배인 고향을 그리워하는 것은 누구나 **'인지상정(人之常情)'**이다.

비단 류재상 시인에게서 뿐만 아니라, 우리의 문학에서는 모든 장르를 불문하고 향수(鄕愁)를 중요한 제재로 다루고 있음은 명약관화(明若觀火)한 사실이다. 류재상 시인도 시각적 이미지를 차용하여 산자락에 포근히 안겨 있는 고향 **'석반(石盤) 부락'**을 다정다감한 시선(視線)으로 묘사하고 있다. 그림을 보듯 선명히 독자의 눈에 떠오르는 농촌의 서경이 마치 손에 잡힐 듯이 정겹다.

새소리의 지저귐을 예쁜 긴 속눈썹에 비유하였고, 작은 딸기밭을 빨간 매니큐어로 은유하였으며, 동구 밖 작은 들판을 얼굴이 갸름한 누님으로 비유하여, 고향 풍경을 아주 **'기발'하게 그려내고 있다.** 더구나 마지막 연에서는 이리저리 뻗어있는 논두렁과 밭두렁을 '**어린이 낙서(落書)**' 라는 직유를 사용하여, 더욱 실감(實感)나게 묘사하고 있음은, **시인의 탁월한 '언어감각'을 볼 수 있다.** 명작(名作)의 위대함은 불멸의 광휘(光輝)로, 명리(名利)와 세속(世俗)에 찌든 인간의 마음을 더욱 맑고 깨끗이 정화(淨化)시켜 주기 때문이다.

    우리가, 분명히 버림받고 있을 때! 울음보다
    웃음이 먼저 나오는, 이유(理由)는!
    눈 뜨고 있는
    자기가,
    분명히
    자기를
    지키고
    있기 때문이다! 누구나
    무서운, 병에 걸렸거나 몹시 힘들고 어려울 때!
    자기가 주는 자기의 믿음을, 끝까지 약(藥)으로
    먹고 있으면!
    죽음보다,
    더
    괴로운
    어느 날!
    갑자기, 그 무서운 병(病)과 어려움이!
    정말 아침 공기처럼 그렇게 맑고 깨끗해진다!
    이것이, 바로

    자기가! 자기를, 믿는 신념의 기적(奇蹟)이다!!

〈신념(信念)의 기적(奇蹟)〉 전문

제4부 〈차창 풍경(車窓風景)〉 외의 작품에서는, 위의 시(詩)처럼 그의 생(生)에 대한 **신념(信念)**을 잘 표출하고 있는 작품이 특히 돋보인다.

내가 70평생 살아온 동안, 가장 위대하게 남긴
업적(業績)은! 지금, 내 손자손녀들이 모여
온 집안이
날아갈 듯
깔깔대는!
저 행복한, 웃음소리 하나뿐이다!
나머지는
젊을 때,
아랫도리 그렇게 뜨거웠던 돈!
그녀와는, 입술 한번 가까이 한 적이 없었고!
늘, 속눈썹 긴 가난이! 아내의
한숨보다
더 아름다웠다!
권력(權力)은, 나하고는 거리가
멀어! 그쪽은
아예,
있는지도
몰랐다! 지나온
명예는, 늙을수록 너무 야비하고 부끄러웠다!
내 생애의 전 재산(財産)은, 오직 저 푸른 하늘이!
오직, 평생(平生)

내 친구였다는! 이 빈털터리, 저 허공 하나뿐이다!!
〈*진실(眞實) 하나*〉 전문

　류재상 시인이 생각하는 행복(幸福)이 무엇인지를 잘 표현하고 있다. 그에게 있어 '**돈과 명예와 권력**'은 하나의 장식품에 불과하다. 그에게 있어 가장 황홀한 행복은 사랑하는, '**손자(孫子), 손녀(孫女)**'들과 함께 화목하게 함박웃음을 터트릴 때라고, 이 시(詩)는 고백(告白)하고 있다. 행복은 물질에 있는 것도 아니고, 그렇다고 명예에 있는 것도 아니고 권력에 있지도 않다는 것인데, 그러면 행복은 어디에 있다는 것인가? 그 해답을 류재상 시인은 시로써 우리에게 암시하고 있다. 류재상 시인과 같이 남과 비교하지 않고 **주어진 현실에 '충실'하며, 자기가 해야 할 일을 '묵묵히' 하고 있을 때,** 우리도 모르게 행복은 스스로 우리 곁으로 찾아온다는 것이다. 류재상 시인의 시에서, 결국 행복의 정의는 '**마음먹기 나름〈정신적 창조물〉**'이라는 해답을 제시하고 있다.
　우리가 행복을 찾기 위해 아등바등 살 때, 오히려 행복은 역(逆)으로 우리 곁을 더욱 멀리 달아나 버리지나 않을는지? 행복은 류재상 시인의 시와 같이 모든 악착스러운 것들을 내려놓고, 빈 마음으로 '**안분지족(安分知足)**'할 때, 진정한 행복이 찾아온다. 류재상 시인과 같이 평생을 시(詩)와 더불어 생활하고, 시와 같이 희노애락(喜怒哀樂)을 즐길 수 있는 사람이 과연 이 세상에 몇 명이나 될까? 우리는 스스로 자문자답(自問自答)하게 된다.
　류재상 시인의 시상(詩想)이 집약된 종결행의 "**저 푸른 하늘의 빈털터리 허공이 평생 내 친구였다**"라는 고백에서, 인생은 '**공수래공수거(空手來空手去)**'라는 의미의 참 뜻을 되새겨보게 되며, 어떤 삶을 살아야 할 것인가를, 독자(讀者)들은 문득 깨닫게 될 것이다.

그 작은 먼지 한 알까지, 사랑했던!

아름다운, 내 시(詩)

5천편과 함께!

가장

황홀한

무(無)의, 나라에 와!

내가 살았을 때, 그렇게 날마다

꿈처럼 사랑했던! 내

아내,

海里

양정숙을! 다시

하늘에서, 눈부시게

만나! 저쪽, 허공의 주례(主禮)로!

이제, 우리 둘은

영원히! 가장, 달콤한 신혼(新婚)이다!!

〈류재상(柳在相) 묘비〉 전문

'**내 영혼(靈魂)의 노래**' 라는 부제가 붙은 류자상 시인의 비장미(悲壯美)가 감도는 묘비명(墓碑銘)의 시(詩)다. 자유로운 영혼의 소유자인 시인이 행복하였던 인생의 회고와, 진심을 담은 마음의 결의(決意)이기에, 모골(毛骨)이 송연(悚然)하도록 감동적이다.

류재상 시인은, 위의 시에서 시와 더불어 행복한 삶을 영위하였으며, 아울러 시인의 '**내자(內子)에 대한 끝없는 사랑**' 은 시공(時空)을 초월하여 영원히 변하지 않을 것이라는 너무나 인간적인 고백에서, 요즘 황혼이혼(黃昏離婚)이 늘어가는 현대인들에게, **참다운 부부관계(夫婦**

關係)가 무엇인지 깊이 생각할 수 있는 여지(餘地)를 남기고 있다.
　자녀들에게 묘비명을 이렇게 써 달라는 시인의 결연한 당부에서, **지고지순(至高至純)**한 순백(純白)의 삶을 살았던 시인의 굳은 심지(心志)를 깨닫게 된다. 사랑은 모든 것을 초월(超越)할 수 있기에, 저승에서 다시 만나 영원히 달콤한 신혼(新婚)으로 살아 갈 것이라는, '**시인의 불망기(不忘記)**'에서, 죽음도 가르지 못할 시인의 영원한 내자(內子)의 사랑에, 우리는 **가장 엄숙히 '숙연(肅然)'해 지지 않을 수 없다.**

3. 마무리
　시(詩)는 곧 류재상 시인 '자신'이고, 류재상 시인은 바로 '시(詩)'라는 논리가 성립된다고 할 때, 일상의 삶에서 보고 듣고 느낀 체험들 중에서 소외되어, 가치를 제대로 인정받지 못하는 소소(小小)한 것들에, 생명 있는 시어(詩語)로 그 가치와 의미를 새롭게 부여하여, **창조적 부활(復活)**의 날갯짓을 달게 하는, 시인(詩人)의 위대한 '**창조성(創造性)**'은 과연 어디에서 오는 것일까?
　류재상 시인의『삶의 여백』은 언어의 짙은 향기(香氣)로, 삶의 여백을 향긋하게 채우고 있다. 마치 셰익스피어의 말처럼, 언어의 향기를 마음의 눈으로 맡을 수 있게 하고 있다. 그것은 시인의 말처럼 언어의 진수(珍羞)를 오감(五感)으로 느끼며 황홀하게 즐기고 있기 때문이다. 공자(孔子)도『논어(論語)』옹야편(雍也篇)에서 "**知之者 不如好之者 好之者 不如樂知者(아는 것은 좋아하는 것만 같지 않고, 좋아하는 것은 즐기는 것만 같지 않다)**"라고 하였는데, 결국 류재상 시인의 시(詩)는, 독자에게 시(詩)를 통해, 사물의 의미와 인생의 의미를 새롭게 찾아 즐기는, 아주 신기한 **황홀감(恍惚感)**에 젖게 한다.
　인간과 영혼과 자연이 하나가 되는 그의 시들은 '**물심일여(物心一如)**'의 합일된 경지를, 언어의 향연(饗宴)으로 펼치고 있음은, 그의 필력(筆力)의 소산으로 믿을 수 있을 것이다. 아울러 시를 통하여 장자(莊子)의 '**호접몽(胡蝶夢)**'과 같은 이상세계를 노닐고 있는 것 같은 착각에 빠지게 됨은, 그의 시에서 느낄 수 있는 자연스러운 현상이며, 발터 벤쟈민(Walter Benjamin)이 예술 이론에서 차용(借用)한 **아우라〈Aura : 독특하고 고고한 분위기〉**라고 생각한다.

  동양인들이 꿈꾸던 무릉도원(武陵桃源)과 서양인들이 갈망하던 유토피아(utopia)를, 시의 세계에서 누리게 되는 것은, 물질문명에 종속되어 정신세계가 메말라가는 현대인들에게 크나큰 **위안과 즐거움이 아닐 수 없다.**

  샹그릴라(Shangri-La)는 1933년 출판된 제임스 힐턴(James Hilton)의 소설『잃어버린 지평선』에 등장하는 이상향으로, 평생 늙지 않고 영원한 젊음을 누릴 수 있는 상상(想像)의 지상낙원을 소설로 그리고 있는데, 평생 늙지 않고 언제나 젊음을 유지하며 살고 싶은 인간의 욕구가 확산되면서, 샹그릴라 신드롬(Shangri-La syndrome)이라는 말이 생겨날 정도였다. 우리는 자연과 인생의 함수관계를 노래한 류재상 시인의 시에서, 평화롭고 영원히 행복을 누릴 수 있는 샹그릴라와 같은 꿈을 반추(反芻)할 수 있지 않을까?

  흔히 시인은 '**제2의 창조주**'라고 한다. R. G. 몰튼(Richard Green Moulton)의 다음 말에 비쳐보건대, 시(詩)를 통한 '**새로운 자아(自我)와 새로운 세계(世界)의 확장**'은, 곧 류재상 시인에게도 해당되는 말이다.

> "**창조란, 존재의 층계에 무엇인가를 새롭게 보태는 일인데, 새로 보태지는 것이 시(詩)이며, 이 일을 행하는 사람이 바로 시인(詩人)이다.**"

  아울러 류재상 시인에게 있어 침묵(沈默)과 고독(孤獨)은 '**신(神)과**

의 소통수단(疏通手段)'이다. 시인이 소유하고 있는 절제된 고독의 세계에서, 침묵의 소리를 통하여 언어외적(言語外的)인 의미가 주는 최대의 시적 효과를 살리고 있음은, 그만이 가질 수 있는 **실상무상**〈實相無相 : 불변의 진리〉이라고 하여도 부족함이 없을 것이다. 그의 시가 추구하는 것이 **'자연(自然)의 인간화(人間化)'**라면, 결국 자연이 인간의 정신에 들어와 **'정신화(精神化)'** 되면서, 비로소 류재상 시(詩)가 탄생되는 것이다.

  시인은 시로써 자기의 존재가치를 나타낸다면, 류재상 시인은 **'자연의 사랑과 시의 사랑'**이, 바로 류재상 시인 그 자체의 인생이다. 마치 보석세공사와 같이, 정교한 표현기법과 섬세한 감정의 울림, 다양한 시적 이미지와 현란한 언어의 성찬(盛饌)은, 한평생 그가 시인으로 살아온 **삶의 결과(缺課)물이요 업적이다.** 그리고 특히 고조된 시의 절정부인, **'마지막 행과 연'**을 통한 주제의 함축적인 제시와, 자연애(自然愛)를 통한, 민족정서(民族情緒)의 확장(擴張)은, **현대시와 전통시의 '맥(脈)'을 잇고 있다.** 형이상학적이지만 어렵지 않으며, 비유와 상징이 가미되었지만 난해(難解)하지도 않고, 현란한 심상(心象)의 시어(詩語)를 통한 시적 여유는, 그가 얼마나 **'감각적 재능과 천부적 필력(筆力)'**의 소유자인가를 확인할 수 있다.

  눈으로 읽는 즐거움뿐만 아니라, 시를 통한 인생의 깊은 성찰을, 독자에게 제시하는 그의 순수 열정은, 언제나 힘차게 타오르는 불꽃이 되어, 시를 사랑하는 모든 사람들의 가슴속에 **시대를 넘어서, 영원히 꺼지지 않는 '시(詩)'의 불꽃이 될 것이다.**

    나비야 청산(靑山) 가자 범나비 너도 가자 : 〈청산의 소망〉
    가다가 저물거든 꽃에 들어 자고 가자 : 〈자연과의 동화〉
    꽃에서 푸대접하거든 잎에서나 자고 가자 : 〈자연과의 일체감〉
                            〈작가미상〉

자연과의 일체감을 노래한 조선시대 시가(詩歌) 중 가장 대표적인 시가(詩歌)가, 바로 작가미상(作家未詳)인 이 평시조(平時調)다. 류재상 시인의 자연동화적 시(詩)와 위 시조(時調)가 **시대를 초월(超越)하여, 상호 정서적 친밀성**을 가지고 있음을 독자들은 쉽사리 발견할 수 있을 것이다. 전통적(傳統的) 정서(情緒)가 류재상 시인의 시에서 단절(斷絕)되지 않고 면면(綿綿)히 계승되어 이어짐은, **"가장 한국적 것이 가장 세계적"**이라는, 이 보편적 진리를 다시 한 번 우리들에게 일깨우고 있다. 〈끝〉.

> 류재상 단상집
> 시인의 고독한 독백

제8장
준비(準備)는 파괴를 허락하는 신호(信號)다.

95. 준비(準備)는 파괴를 허락하는 신호(信號)다.

96. 일을 놀이로 만들 수 있는 사람이 가장 행복하고 가장 즐거운 사람이다.

97. 똥(糞)은 자기의 존재를 냄새로 알려 절대로 거짓말을 하지 않는다. 그래서 은폐된 세상에서는 똥은 경멸의 대상이 아니라 존경(尊敬)의 대상이다. 이런 똥이 땅속에 묻히면 그대로 나무들의 저 위대한 신(神)인 달콤한 자양(慈養)이 된다.

98. 내일은 없다. 나는 오늘뿐이다. 이렇게 사는 길이 삶의 최선(最善)이다.

99. 행복(幸福)은 항상 나보다 아래를 바라보고 사는 일이다. 그러면 나는 가장 위쪽에서 감사하며 살 수 있다. 행복은 감사(感謝)만이 오직 낳아 기를 수 있다. 행복과 불행의 차이는, 예컨대 100원과 99원의 차이다. 100원인 사람이 99원을 바라보면 가장 위쪽에서 가장 행복하게, 하느님과 부모님, 그리고 모든 이웃에게 감사하며. 뇌에서는 연신 행복호르몬이 쏟아질 것이다. 그리고 99원이 위쪽 100원을 바라보면 가장 가난하게 항상 맨 아래쪽에서 바동대며 허우적거리는 그런 불행한 사람이 된다. 그러나 99원도 98원을 바라보면 가장 위쪽에서 아무것도 부러울 것이 없는 가장 행복한 사람이 된다. 행복은 이렇게 우리의 아주 작은 1원의 생각이 만들어 내는 정신적 최고 창조물(創造物)이다. 절대로 돈, 권력, 명예로써 구해지거나 얻어지는 것이 아니다. 행복은 애초부터 이 세상에 실체가 없는, 꿈같은 인간의 언어적 허구(虛構)다. 그렇기 때문에 내가 지금 처해 있는 그 현실을 기지고, 내가 바라는 가장 만족한 행복을 내 스스로 만들어 가지는 길 밖에 또 다른 길은 없다. 그래서 행복은 삶의 정신적 최고 창조물이다.

제32시집
「우리는 모두가 혼자 꿈꾸는 존재」

우리는 모두가 혼자 꿈꾸는 존재

〈서문〉

황홀한 시적창조세계

　시(詩)의 **기법(技法)**에는 여러 가지가 있다. 그 중에서도 대표적인 기법이 바로 '**비틀기**와 **낯설기**'다. 내 시는 주로 이 두 기법을 차용(借用)했다. '**비틀기**'는 감각의 이동(移動)이다. 예컨대, 청각(聽覺)을 시각(視覺)이나 미각(味覺), 또는 후각(嗅覺)이나 촉각(觸覺)으로 이동시키는 공감각적(共感覺的)인 기법이다. '**낯설기**'는 늘 제 자리에서 날마다 기계처럼, 같은 일이 반복되고 되풀이 되는 이 싫증나고 짜증나는 우리의 일상(日常)의 생활이나, 또 늘 같은 장소에서 만나게 되는 사람들이나 사물 그리고 삶의 세계를, **가장 새롭고 낯설게 하여** 지친 우리의 일상을 보다 충격적이고 신선한 새로운 감동(感動)의 세계로 이끌어가는 창조적(創造的)인 기법이다. 시적기교(詩的技巧)가 참으로 예민한 이 두 기법의 차용은 내 시의 이상(理想)인, '**인간과 자연의 합일(合一)**'을 구현(具現)시킬 최선의 기법이기 때문이다. 존경하는 독자 여러분도, 이 시집(詩集) 속의 기법을 잘 알고 읽으면, 황홀한 '**시적창조세계**'에 보다 쉽게 접근할 수 있을 것이다.

2016년 11월 18일
월엽당 '시인의 집' 주인
월엽 류 재 상 씀.

〈대표시〉

우리는 모두가 혼자 꿈꾸는 존재

나무는, 저 혼자 꿈꾸고 싶을 때! 저렇게 가장
향기로운, 꽃을 피운다! 저쪽의
작은 새 한 마리도
저 혼자,
날고 싶어!
저렇게 날개가, 흠뻑 하늘[天]에
취하도록
날고 있다!
무더운 여름, 호박이 넝쿨에서
저렇게 노랗게 익어가는! 그 동그란, 콧노래도!
저 혼자 부르는, 가장 즐거운
콧노래다!
바람[風]에
시나브로, 흔들리는 작은 풀잎의
저 행복한
자유도!
알고 보면? 그 넓은
들판에서, 혼자 꿈꾸는 황홀이다!
과일들의 저 하얀 속살이 스스로, 혼자 단맛으로
익어가듯! 나도,

나 혼자 있고 싶을 때! 그때가, 가장 성숙(成熟)하다!!

⟨詩作 노트⟩

시(詩)는, 유일한 언어의 꽃이다!
꽃답게,
볼수록
아름답고
향기로워야 한다! 꽃답지 못한
시는,
절대로
감동의
향기(香氣)가 나지 않는다! 이것이
바로, 끝까지

양보할 수 없는! 시(詩)에 대한, 나의 편견(偏見)이다!!
　　　　　　　　이 시집을 탈고(脫稿)하고 : 월엽.

⟨후기사족⟩

현명한 독자 여러분들에게

독자 여러분! 이 세상에서 **가장 가짜가 많은 것이** 바로 시(詩)라는 사실을 알고 계십니까. 그만큼 우리 주위에 가짜 시인(詩人)이 많다는 말이 됩니다. 시(詩)란 사물과 세계를 감동〈느낌〉으로 해석하는, **즉시적이고 순간적인 언어예술입니다.** 독자〈문학대중〉가 '**즉시적으로 반응**' 하는 그 황홀한 감동이 없으면, 그것은 가짜 시(詩)일 가능성이 매우 높습니다. 이것은 시인 자신도 잘 모르고는 쓴, 즉 전달자〈독자〉가 전연 없는 가장 무용(無用)한 암호에 불과합니다. 이 세상 모든 암호는 반드시 전달자가 있는 가장 감동적인 '**유용(有用)한 비밀**' 입니다. 그런데 요즘 이 나라 시들은 시를 쓴 시인 자신에게나 독자들에게 전달되지 않는 엉터리 암호 같은 시가 대단히 많습니다. 여기에는 시〈문학〉에 대한 감수성〈천재성〉이 부족하거나, 아니면 문학공부를 충분히 하지 못한 시인 자신의 무능은 물론, 무책임한 일부 엉터리 문학이론가들도 한몫 하고 있다는 사실입니다. 그들 **문학이론가**〈평론가〉들은 독자들을 '**문학적**' 으로 설득하지 못하고, 설익은 외국문학이론을 현학적(衒學的)인 어색한 한자식 용어(用語)나 또는 영어식 우리말로 번역해 개념정립도 되지 않은 채 성급하게 원용(援用)하는 사례들이 너무나 비일비재하기 때문입니다. '**새로움이라는 미신(迷信)**' 에 홀린 몰지각한 시인들과 합작해, 오히려 그들의 문학이론이 수적(數的)으로 막강한 힘과 권력을 얻어 결과적으로 일반 문학대중과 점점 거리가 멀어지는, 참으로 안타깝고 암담한 이 나라 시문학풍토를 만들고 있습니다.

독자 여러분! 솔직히 고백하건데, 저 역시 아직 문학〈시〉을 제대로 공부하기도 전에 문학한답시고 거들먹거리며 멋모르고 설치고 다녔던 젊은 시절, 이 나라 언어를 남들보다 더 낯설게 왜곡시키는 것만이 더 좋은 시(詩)라고 착각했던, 그런 참으로 부끄럽고 어처구니없이 한심할 때도 한때 있었습니다. 문학이 '**독자와의 소통(疏通)**' 이라는 그 본질도 전연 모른 채 그냥 언어를 막무가내로 시적영감(詩的靈感)이라는 미명 아래 참으로 무책임하고 잔인하게 남발했던 사실을 솔직히 고백합니다. 요즘의 **시대정신이 바로 '대중과의 소통'입니다.** 우리의 문학도 예외일 수가 없습니다. 독자들과 소통〈공감〉되지 않는, 문학대중〈독자〉에게 아무런 감응〈감동〉을 불러오지 못하는 이런 암호(暗號) 같은 가짜 시와 이런 시를 생산하는 가짜 시인을 우리는 시대정신으로 비판하여, 이 나라 문단(文壇)이, 그들〈가짜 시인〉이 내뿜는 그 독(毒)한 **'문학공해(文學公害)'의 오염으로부터 벗어나기 위하여**, 독자 여러분들의 비판적 안목(眼目)과 그 힘을 한데 모아 강력히 항의하고 저항할 때만 이 나라 문학발전은 물론, 새로운 문학사(文學史)를 탄생시키는데 함께 동참하고 기여하는 **'참다운 독자'**가 될 것입니다. 그래야만 그 위대한 문학예술이 우리 문학대중의 품안으로 다시 돌아와 대중의 삶을 더욱 풍요롭게 만들고 행복하게 하는 문학〈시〉 그 본령의 의무를 다하게 될 것입니다.

　독자 여러분! 정신 바짝 차리시고 제 시를 한번 읽어보세요. 혹시 저도 얼마든지 저 무서운 가짜일 수 있습니다. 시는 생각〈사고〉으로 감동하는 것이 아니라 감동〈느낌〉으로 생각하는 문학입니다. 시는 **감동을 생산하는 문학이지, 결코 사고(思考)를 생산하는 문학이 아닙니다.** 안타깝게도 감동을 전연 생산하지 못하는, 없어도 될 만한 이상한 시인들이 요즘 우리 문단에 너무나 많이 활개치고 있습니다. 시에서의 생각〈사고〉은 감동 끝에 생기는, 한낱 버리기 좀 아까운 찌꺼기일 따름입니다. 시의 주목적(主目的)은 사물과 세계에 대한 삶의 가장 **'황홀한 반응(反應)'** 즉 감동입니다. 이 원칙에 어긋나는 그런 시는 사뭇 가짜일 위험성이 큽니다.

　진짜 시와 가짜 시의 식별은 전적으로 독자의 몫입니다. 가짜 시에 속아 독자 자신들이 **'나는 문학의 문외한(門外漢)'**이라고 스스로를 자학(自虐)한다면 그 얼마나 어리석고 불행한 독자입니까. 좋은 시〈문학〉는, **우리의 메마른 일상에 촉촉한 위안을 주고, 오늘의 삶이 자꾸만 더 행복해 지고, 내일의 삶에 새로운 희망을 만들고, 내 주의의 사람과 사물 그리고 자연이 어제보다 더욱 아름답게 보이고, 가슴 속에 따뜻한**

삶의 온기(溫氣)가 스스로 찾아오게 해야 합니다. 이런 시〈문학〉가 바로 진짜 좋은 시입니다. 시〈문학〉의 알고 모름과는 전연 상관이 없는 **문학의 위대한 '본연(本然)'의 힘입니다.** 현명하신 독자 여러분! 우리는 이제 이런 훌륭한 시〈문학〉를 찾아나서야 합니다. 이것이 바로 문학대중이 가지고 있는 가장 **'신성한 독자의 권리'** 입니다. 이런 독자의 권리에 반(反)하는 시〈문학〉는 그 어떤 변명에도 그것은 분명히 가짜이며, 우리 문단에서 완전히 추방해야만, 문학〈시〉이 진정 가장 위대하게 **'독자의 품안'** 으로 돌아오게 됩니다.

월엽당주인 씀

류재상 단상집
시인의 고독한 독백

제8장
준비(準備)는 파괴를 허락하는 신호(信號)다.

100. 불만족(不滿足)은 또 다른 새로운 시작이고 만족(滿足)은 오히려 그것으로 끝이다.

101. 예 참 좋군요. 그러나 아니야 혹시 몰라. 그래 확인한 결과 틀림없군요. 이렇게 3단계 사고 과정(思考過程)만이 속지 않는 유일한 방법이다. 이것이 바로 정(正)반(反)합(合)의 논리다.

102. 삶에서 조잡(粗雜)한 집착은 인생의 범죄로 단언(斷言)해도 된다.

103. 씨앗이 저렇게 단단한 이유는 그 속에 폭발하려고 하는 엄청난 생명력을 품고 있기 때문이다.

104. 똑 같이 띄운 종이배라도 똑 같이 떠내려가지 않는다. 이것이 바로 인생(人生)다.

105. 일이 없어 놀 때에는 많은 고민(苦悶)과 함께 있기 때문에 괴롭고, 일할 때는 많은 사람과 함께 있기 때문에 즐겁다.

106. 밀가루도 반드시 물을 만나야 빵이나 국수가 된다. 이것이 바로 인연(因緣)이다.

107. 끝이 시작을 낳고 시작이 또 끝을 낳는다. 우리의 삶은 이 발목 잡기 놀이에서 단 한치도 벗어날 수 없다.

제33시집
「참 새콤한 시」

참 새콤한 시

〈서시〉

언어의 창조적 쾌감(快感)

한평생 맑게 살아온 내 영혼에다가, 깨끗이
씻은 언어로! 우리 모두가
느끼는,
그 뜨거운 감동의 불꽃으로!
아주 맛있는, 촉촉한
시(詩)의
하얀
쌀밥을 지어 봅니다!
요리 썰고 조리 다듬어, 양념한 언어로!
사르르 군침 도는, 삶의 매콤한 반찬도
새로 만들어봅니다!
인간의
영혼과
아름다운 자연의
감칠맛이, 하나로 어울려!
삶의, 황홀한 진국을 만들어내는!

시(詩)의,
그 창조적(創造的) 언어의
새콤한 쾌감(快感)을! 이 시집 속에서, 독자 여러분도! 한번

입안에, 군침이 가득 고이도록 느껴보세요!!
2017년 7월 13일
월엽당 '시인의 집' 주인
月葉 류 재상 씀.

〈대표시〉

참 새콤한 시
―귀중한 행운(幸運)

청소하다가, 보석(寶石)같이 반짝이는 새로운 깨달음과
삶의 이치를! 우연히, 한 움큼 주었습니다!
대통령도
"희뿌옇게 먼지 낀 이 나라를
날마다
청소하기가,
정말 힘들겠구나!" 하는,
깨달음과!
더러움도 가슴에 가장 행복(幸福)하게

받아 안을 수 있는, 하얀 걸레의 그 뜨거운 사랑으로!
방바닥이, 저렇게 날마다 깨끗해진다는
그 소중한
삶의 이치를!
청소하다가, 그냥 우연히
공짜로
주었습니다! 몹시
더러워진 걸레를, 정성껏
빨고
또 빨다보니! 어느새, 아주 새하얗게 웃으며
다시 내 품으로 돌아오는! 이 황홀한 기쁨도, 오늘 아침

청소하다가! 새롭게, 주운 가장 귀중한 내 행운(幸運)입니다!!

〈후기사족〉

이 나라 문학교육의 문제점

 우리가 **초·중·고등학교** 때, 시(詩)에 대한 교육을 참으로 잘못 배웠다. 시를 가리키는 교사 자체가, 시에 대한 무지(無知)에서 출발했기 때문이다. 시가 무엇인가를 전연 모르는 교사〈**중·고등학교 국어 교사 포함**〉가, 국어 참고서만 보고, 자기도 모르는 소리를 막무가내로 해댔기 때문이다. 교실 칠판에 **국어 참고서 내용을 그대로 베껴주는 수준이었기 때문에**, 수업하는 교사도 모르는 시(詩) 수업을 했으니, 수업 받는 학

생들이 과연 무엇을 배울 수 있었을까? **사지선다형** 문제 푸는 것 외 과연 시를 배울 수 있는 기회가 있었을까. 그래서 국어 참고서에 나오는, 즉 교실에서 칠판에 베껴주는 수준의 시밖에, 시 공부를 더 이상 깊이 할 수가 없었던 것이다. 그래서 현재 이 나라 독자들의 시의 이해 수준과 시인들의 시 창작 수준은 정말 그야말로 한심할 정도다. **초·중·고등학교** 때 문학을 잘 못 배워, 시 하면 무조건 어렵게만 알고, 기피하는 현상까지 있어, 시인으로서 실로 섬뜩한 두려움까지 느낀다.

시의 이해는 어려운 이론이 아니다. 그냥 시를 읽을 때 느끼는 순간의 그 **'황홀감'** 그대로가 바로 최고의 **시의 감상이요 시의 이해다.** 그리고 그 시에 숨어있는 심오한 생각이나 철학 같은 것은 오직 먼 뒷날까지 그 시(詩)가 독자의 가슴 속에 오래오래 잊혀 지지 않고 길게 남아있는 한낱 **'여운(餘韻)'**일 뿐이다.

본 시인(詩人)은 오직 평생을 **고등학교 문학교사(文學敎師)로 36년간 봉직,** 정년퇴임했다. 그래서 이 나라 **'학교문학교육'**을 그 누구보다 가장 잘 알고 있다. 이 나라 문학은 대학입시가 망쳤다 해도 과언이 아니다. 왜냐하면 문학은 정답이 없다. 독자들의 마음속에 무한히 펼쳐지는 **영혼세계와 정신세계**에, 어찌 수학문제(數學問題)와 같은 그런 정답(正答)을 요구할 수 있겠는가. 그런데 이 나라 대학입시 현실에서는 **문학도 수학문제**와 같은 그런 정답을 요구하고 있다. 그러니 고등교육을 제아무리 많이 받은 사람인들 시(詩)를 진정으로 깊이 감상하고 이해할 수 있겠는가. 앞으로 대학입시의 문학문제(文學問題)에 대한 근본적인 개혁(改革)이 그래서 더욱 절실하다. 이 나라 문학〈한국문학〉이 아직도 노벨 문학상을 받지 못하는 그 후진성은, 학교에서의 문학교육과 그에 따른 잘 못된 대학입시에서, 그 **'근본적 원인'**이 있음을 절대 간과해서는 안 될 것이다.

시(詩)란, 인간의 감성(感性) 속에 자리한 영혼(靈魂)을 보다 풍부하고 기름지게 가꾸는 것이며, 현실에서 채우지 못하는 행복감의 만족을 **'상상의 세계'**를 통하여 채워가는 **'가장 아름다운 인간교육'**이 바로 시다. 이런 시를 수학문제 풀듯이 풀 수 있다고 믿는, 이 나라 교육현실〈대학입시〉이 너무나 안타깝다. 시는 수학처럼 하나의 정답을 찾는 것이 아니라, 작품 감상자의 내면에 숨어있는 **가장 정직한 진실**을 찾아내는 것이 바로 시의 **'정답'**이다. 정답은 하나가 아니라 사람마다 얼마든지 다를 수가 있다. 그래서 **사지선다형**의 문제는 시의 문제로는 절대로 맞지 않는다. 진실을 규명하는 **주관적 진술형 문제**로 반드시 바꿔져야 한다. 이렇게 대학입시가 바뀌졌을 때에만, 이 나라 **'시(詩)'**의 미래가 더욱 밝게 보장될 수 있다. 그래야만 우리도 세계 속에 우뚝 설 수 있는 시〈문학〉, 저 **'노벨문학상'**을 받을 수 있는 그날이 더 빨리 올 수 있지 않을까?!

제34시집
「가장 아름다운 초월」

가장 아름다운 초월

⟨서시⟩

가장 아름다운 초월(超越)

우주(宇宙)는 모두가, 순환관계(循環關係)로 이어져 있다!
삶과 죽음도, 역시 순환관계일 뿐이다!
즉 존재의 양식이
다를 뿐,
동일 공간 안에 공존(共存)하고 있다!
둥근 공이
지금
돌고 있는, 현상이다!
매우, 전통적인 인식이다! 아주 익숙한, 종교관(宗敎觀)이다!
다만, 삶은 불안전한
순간적
현실이요!
죽음은, 안전하고 영원한 현실이다!
이 시집은
이런 생각을, 시(詩)로
형상화했다! 죽음은 또 다른 생명으로

돌아오는, 새로운 절차일 뿐이다! 결코 슬픔이 아니라
영원한, 기쁨이다!

끝이 아니라, 또 다른 시작(始作)이다 그래서 황홀하다!!
-〈27시집〉「황홀한 죽음」'서시'에서-

〈대표시〉

가장 아름다운 초월
-작품.1

가을[秋]은, 파란 하늘 맛이에요! 참으로, 시원하고
상큼해요! 저는, 그런 가을로 태어날래요!
달콤하게 내민 저 과일들의
그
동그란
손들이, 참 예뻐요!
하느님의
은총(恩寵)이 저 과일들의
손안에, 가득가득 넘치도록 쥐어져 있네요!
햇빛이 한창 일하는, 들판에서! 벌써 바람도
노랗게 익어, 살짝 건드리면
금방이라도!
단물이 톡 하고

그만,
터질 것만
같네요! 저는, 그런 상큼한
가을로 다시 태어날래요! 지금 막 행복하게
저쪽에서, 빨갛게 달려오는! 저 잘 익은, 과일들이
죽어도!

영원히, 가장 달콤한 제 친구(親舊)들이라서 그래요!!

⟨詩作 노트⟩

독자 여러분! 여기까지 오시느라, 얼마나 수고가
많으셨습니까?
이 시집은, 탄생과 죽음 그리고 영원으로
기둥을 세워! 제 영혼(靈魂)의 세계에
아주 단단한,
삼각형
집을
짓고!
그 속에서 아름다움, 황홀,
행복, 달콤함, 사랑, 노래, 그리움, 자유(自由) 같은
이 예쁜 삶의 강아지들이!
마음껏
영원한

제
꿈을 먹고,
지금 한창 꼬리치며 가장 신나게
뛰놀고 있습니다! 독자 여러분들이 언제라도
제 영혼의 세계에
찾아오셔서, 이 신나는 녀석들과 함께 하시도록!

항상, 이 시집(詩集)의 대문은 활짝 열려 있습니다!!
월엽 씀.

〈후기사족〉

존경하는 독자 여러분 안녕하세요.

시(詩)는 때와 장소에 따라 수시로 그 맛과 모양과 색깔이 달라지는 진화(進化)하는 **'정서적(情緒的) 생명체'** 입니다. 따라서 이번 **창작(創作) 수준의 개작(改作)** 시도는 문학작품이 더 높은 완성(完成)을 향해 얼마나 몸부림치고 있는가를 보여주려는 **제 노력입니다.**

원작 『**황홀한 죽음**』과 비교하여 읽어보시면, 시 읽는 재미가 더욱 쏠쏠하지 않을까 합니다. 시인(詩人)이 시를 쓰는 남다른 이유는, **시인의 죽음**은 결코 삶의 마지막 끝이 아니라 또 다른 영적(靈的) 생명력으로 영원(永遠)을 향해 새롭게 출발하는 **가장 설레는 '꿈'** 입니다. 여기에 제가 영원으로 돌아간 다음에, 살아있는 독자 여러분들과 소통하고 싶은 간절한 제 꿈, '101'가지를 펼쳐 보았습니다. 이중에 단 한 편이라도 독자 여러분과 소통〈공감〉할 수 있다면 제 **'영혼(靈魂)'** 은 가장 행복하게, 저 아름다운 **'자연(自然)'** 에서 **"독자 여러분을 영원히 기다리고 있겠습니다."**

이 시집을 읽고 계시는 독자 여러분, 우리의 죽음은 태어나기 이전의 **원소(元素)〈물질〉로 다시 되돌아가는 환원작용(還元作用)**인 동시에, **신(神)의 저 아름다운 창조질서(創造秩序)**에 새롭게 동참하여 또 다른 생명체로 되돌아오는 가장 황홀한 '**출발점**' 입니다. 예컨대, 오늘 아침에 남편과 아내가 행복하게 먹었던 된장국과 김치찌개, 소고기국과 멸치복음, 양배추와 상추쌈 등등이 부부의 뜨거운 사랑을 통해, 그것〈**음식의 영양소**〉들이, 다시 우리들의 저 놀라운 아들딸〈**새로운 생명**〉로 태어나는 원리입니다. 이번 시집은 이런 '**초월적(超越的) 세계관**'을 형상화한 시편들입니다. 독자 여러분의 영혼(靈魂) 속에 깊이 잠들어 있는 이 성스러운 **우주성(宇宙性)과 영원성(永遠性)**을 일깨워, 삶의 '**허무(虛無)**'를 극복하고, 오늘의 삶이 더욱 활기차고 보다 희망차기를 바랍니다. 그리고 이 시집(詩集)에 자주 나오는 **아름다움 · 황홀 · 행복 · 달콤함 · 사랑 · 노래 · 그리움 · 자유** 같은 이 예쁜 단어들과 늘 함께 하시기를 진심으로 바랍니다.

山人居處居昌 '시인의 집' 月葉堂山房主人
2018년 6월 2일
류 재 상 씀.

〈평설〉 온축(蘊蓄)되어온 무념무착(無念無着)의 세계

이 성 림 (문학박사 · 문학평론가 · 수필가 · 명지대학교 문예창작과 교수)

I. 들어가는 말-개작(改作) 의도

月葉 류재상 시인의 제34시집 『가장 아름다운 초월(超越)』은 '2007년'에 출간한 『황홀한 죽음』을 '**개작(改作)**'하여 이번에 다시 펼쳐내

게 되었다.

　이미 전작(前作)에서 『황홀한 죽음』 "저는 ~로 태어날래요"라는 형식으로 100여 편의 시를 엮으면서 각 작품 밑에 '**부제(副題)를 달아**' 독자들의 이해를 도모하는 편의를 제공하였다.

　그러나 이번 '**시집(詩集)**'은 형태부터 다르다. 『**가장 아름다운 초월-작품.1**』부터 시작하여 '**101편**'으로 이어지면서 '**작품**'이라는 말로 중심내용을 감추고 있다. 읽지 않고서는 짐작하거나 가늠해 볼 길이 없다. 시인의 깊은 속생각에서 나온 창작 의도로 읽힌다.

　이렇게 비교하여 볼 때, 훨씬 성숙된 시작(詩作)의 형태임을 알 수 있다. 그것은 '**시의 본령(本領)이 원래 감추어진 은유의 세계라는 것을 실천하고자 하는 시인의 의지**'라고 해석되는 바이다. 시인 자신은 개작 의도를 "**......이번 창작 수준의 '개작(改作)' 시도는 문학 작품이 더 높은 완성을 향해 얼마나 몸부림치고 있는가를 보여주려는 제 노력입니다......**"라고 하였다. 류 시인은 작품의 완성도를 향해, 저 높은 산(山)의 그 정상(頂上)에 도전하듯, 쓰고 또 고치기를 끊임없이 해가는 그런 시(詩)의 장인(匠人)이다. 그는 무려, 시(詩)를 '**5,000여 편**'이 훨씬 넘게 창작 발표한 '**대시인(大詩人)**'이다.

　본 논자(論者)로서 자신 있게 류재상 시인을 이 나라에 감추어져 있는 '**대시인**'이라고 부르기를 주저하지 않는다. 이미 시력(詩歷) 반세기 동안, '**5,000여 편 이상**'의 작품을 **수십 권의** '**시집(詩集)**'으로 묶어 상재(上梓)했을 뿐만 아니라. 개성적인 그의 '**공감각적인 표현 기법**'은 그 어느 시인도 따라 올 수 없을 만큼 독창적이고 독보적이라 할 수 있다. 얼마나 뼈를 깎는 괴로움으로 시 창작을 평생 동안 해왔는지 감히 짐작하고도 남는다. 이 나라 **문단사(文壇史)**에서도 이만한 업적을 남긴 '**시인(詩人)**'을 아마 찾기란 그렇게 쉽지 않을 것이다.

　타고난 재주보다는 **끊임없는 노력이 얼마나 숭고한 삶의 가치(價値)**

인지를, 아는 사람은 다 알 것이라는 '**가치관(價値觀)**'에서 비롯함이다. 그것을 류 시인은 작품 속에 들어있는 함의(含意)로 여지없이 잘 입증해 주고 있다. 흉심(胸心)에서 빚어내는 그의 시 세계는 가히 두려울 만큼 넓고 크다. 여과(濾過)된 그 결과물〈작품〉에서 풍요로움과 흡족함이 흘러넘친다.

II. 돈오(頓悟)-죽음을 천착(穿鑿)하다

과연 '**죽음**'이라는 것을 존재론적으로 운위(云謂)할 수 있는 명제(命題)인가 생각해 볼 일이다. 하늘이 사람을 내심[生]도 데려가심[死]도 실은 **인간 의지** 밖의 일일 터이다. **우리들 삶** 저 먼 밖의 영역이다.

그러나 산 자와 죽은 자가 소통하는 길이 문학〈예술〉 안에 있음에 한 가닥 위안을 삼는다. 그것은 곧 '**죽음**'과 '**삶**'이 이웃해 있으며 연장선상에 놓여 있다는, 깊은 묵상에서 비롯한 사유(思惟)임을 느끼게 하고 있다. 죽음을 통해 더 좋은 삶을 기약할 수 있다는 것이다.

어쩌면 '**죽음**'이라는 사실 자체가 이번에 서른네 번째로 펼쳐내는 류 시인의 『가장 아름다운 초월』시집의 '**중심어(中心語)**'이고 '**키 워드(Key Word)**'이며 '**관통어(貫通語)**'라 할 수 있다. '**초월**'이라는 것은 과연 무엇인가. '**어떤 한계(限界)나 표준(標準)을 넘는 것, 인식(認識)·경험(經驗)의 범위(範圍) 밖에 존재(存在)하는 것, 가능적(可能的) 그 경험 영역(領域) 밖에 있는 것**'이라 풀이 할 수 있다. 철학적 의미로는 '**우리들의 경험에서 독립하여 있는 초감각적(超感覺的) 또는 초감성적(礎感性的)인 무자각적(無自覺的)인 것으로, 삶의 유한성(有限性) 밖의 무한(無限)한 세계 인식(認識)**,'이라고 설명하고 있다.

그러면 죽음이라는 이 초월 다음의 수순은 과연 무엇인가. 바로 재탄생〈윤회〉이다. 그것은 새롭게 돌아올 '**미래세계**'와의 약속이며, 현세를 극복하는 가장 **놀라운 '희망' 이다.** 이것이 바로 우리들의 **종교적인 믿음 또는 삶의 믿음을 낳게 하는 '세계관' 이다.** 류 시인의 언어 표현대로, **"~로 다시 태어날래요"** 가 바로 그것을 극명하게 잘 보여 주고 있다. 아주 실감나게 보여 주고 있다. 현생(現生)이 못마땅하고 비극적이고 절망적일수록 다음 생에 다시 태어날 때에는 **'정반대의 모습'** 으로 태어나기를 희구(希求)하게 된다. 다음 생이 확실히 보장될 수 있다는 이 굳건한 신념은 어려운 오늘의 현세(現世)를 보다 활기차고, 보다 희망차게 극복할 수 있는 **'위대한 힘'** 인 것이다. 이것은 현세(現世)의 우리의 삶이 더욱 행복해지기를 바라는, 류 시인의 배려 깊은 삶의 **'철학적 사고'** 라 할 수 있다.

　죽음을 가장 아름다운 초월이라 한 것도, 시인의 감추어진 내밀한 비의(秘意)를 함축적으로 표현한 뜻이다.

　작품 14 · 16 · 17 · 18 · 21 · 26 · 27 · 29 · 65 등에서 잘 나타나고 있다.

　　죽음은 꽃씨, 땅속에 묻히는 꽃씨!/작년에 죽은/옆집 아저씨, 땅속에 예쁘게 묻힌 꽃씨!/어제 태어난/옆집/아저씨의/손자(孫子), 새롭게/피어난 아름다운 꽃! 아직도 들리는/옆집 아기의 울음소리, 온 동네를/막 진동(振動)시키는/꽃향기!/언제나/활활 불타는/희망에,/봄을 기다리는 땅속의 저 예쁜/꽃씨! 저는, 그런 꽃씨로 다시 태어날래요! ……〈작품 18〉 중에서

　통상, 죽음을 어둡고 칙칙한 **'음(陰)'** 의 이미지로 그려내고 있음에 비하여 이 시에서는 동심적(童心的)인 **'꽃씨'** 로 비유하고 있다. 얼마나 초월적인 아름다움을 불러일으키고 있는가. 작년에 죽은 옆집 아저씨의 죽음을 땅 속에 묻힌 꽃씨로 보고 있는 대치관념(代置觀念)이 **지극히 '철학적' 이다.** 막연하게 슬프고 음습하게 브는 것이 아니라 마치 꽃

씨 하나 묻었더니 다음 해 봄에 새 생명으로 다시 태어나더라는 **우주만물의 '이치(理致)'로 환원(還元)**하고 있는, 참으로 놀라운 솜씨다.

죽음은 자연의 이치이다. 생명이 있는 모든 존재는 반드시 죽는다는 것은 응당 **'당위(當爲)'**다. 그러나 그 죽음이 진정한 종말이요, 끝이 아니라 새로운 것으로 탄생한다는 데에, 깊은 류 시인의 **'철학적 사생관(死生觀)'**이 있다. 마치, 꽃씨가 땅에 떨어져 묻혀야만 다음 해 봄에 새로이 싹이 터고 꽃이 피는 이치와 같다. 집안 어른이 돌아가도, 또 연이어 새로이 탄생하는 어린 생명, 즉 손자의 그 신비스러운 울음소리로 집안의 미래는 끊임없이 이어져 간다. 이것이 바로 **'생명순환의식(生命循環儀式)'**이다. 이처럼 깊은 삶의 원형이정(元亨利貞)을 자연스런 시 한 편으로 노래하고 있음이 가히 압권(壓卷)이라 하지 않을 수 없다. **참으로 탁월한 수작(秀作)이다.**

이번 시집에서 반복적으로 보이고 있는 "**~로 다시 태어날래요**"나 "**~이 되고 싶어서 그래요**"로 구사되는 어린 아이의 어투(語套)가 오히려 시적 효과를 훨씬 더 배가(倍加)시키고 있다. 심각하지 않은, 어른스럽지 않은 화법(話法)이지만, 실은 대단한 심각성과 깊은 **'철리(哲理)'**가 들어 있는 것이다. 마치 투정이라도 부리는 듯한 그 어투는, 사실은 한없이 목마른 갈망(渴望)이요, 아주 절박한 염원(念願)이다. 마치 하늘을 향해 어린애처럼 **떼쓰고 잔뜩 투정부리는 듯하다.** 하늘에 계신 그 크신 분에게, 우주만물을 창조하신 그분에게, 늙은 어른이 어리광 부리듯이 "**나, 이다음에 꼭 그렇게 태어나게 해 주세요**"라고 간절히 청탁(?)하는 형국이다. 그러나 실은 깊고 깊은 간절한 **'기도(祈禱)'**임을, 우리의 가슴 속 깊은 감동(感動)이 먼저 알아차리고 있다.

봄을 기다리는 뜨거운 꽃씨로 다시 태어나고 싶다는 그 꿈이 너무 귀엽고 어여뻐, 슬몃 우리를 미소 짓게 만드는 것이다. 이렇게 볼 때, **'죽음이 죽음'**이 아니고 **'절망이 절망'**이 아님을, 이 작품을 읽고 있는 독자들은 이미 눈치 챘으리라 본다.

　사랑과 죽음이, 겹치는 계절! 아련히 들리는,/저 가을 귀뚜라미소리! 얼마나 그리운,/ 사랑의 비밀(秘密)일까?/아니면,/얼마나/괴로운/죽음의 공포일까?/ 아무도/알 수 없는, 저 가을 귀뚜라미소리!/참으로 알 수 없는, 삶의 비밀! 그 얼마나/간절한, 사랑의 노래일까? 아니면,/그 얼마나/엄숙한 삶의 마지막/기도일까?/우리의/울음과 웃음이, 하늘이 준 가장/큰 선물이라면! 저는, 저렇게 멀리서 들리는/그 아련한, 가을 귀뚜라미소리로 다시 태어날래요/.......　〈작품 14〉중에서

　......./이렇게,/죽음과 삶이/빙글빙글 어지럽게 돌아가는/ 어느 늦가을 오후! 무심히 떨어지는, 저 낙엽들 보세요!/알고 보면/저것들이, 해마다 얼마나 잘 굴러가는 커다란/원(圓)입니까? 저는, 그런 낙엽(落葉)으로 다시 태어날래요!/죽어도,// 영원히 동그란 원(圓)으로 돌돌돌 굴러가고 싶어서 그래요!! .　〈작품 21〉중에서

　탄생(誕生)이 곧 죽음이라는, 우리들의 이 기막힌 슬픔!/시작이 끝이라는, 가장 익숙한 우리들의 경험!/심장(心臟) 뛰는 속도로, 날마다 달리고 달리는/ 이 슬픈 인생길!/저는, 그런 눈물로/ 태어날래요!/.......　〈작품 26〉중에서

　......./사람은/그 누구나 죽어야,/저 깨끗한 물소리와 봄날의 저 아름다운 꾀꼬리로!/ 다시 태어날 수 있잖아요?/삶의 이 괴로움은 죽어야,/비로소 저 찬란한/ 꽃잎으로!/ 다시/돌아올 수 있잖아요?/.......　〈작품 27〉중에서

　위의 시들에서 보듯이 月葉 류재상 시인의 '**시어(詩語)**'는 자연을 노래한 서정적 분위기의 고운 언어를 주조(主潮)로 하고 있다. 꽃씨 · 귀뚜라미 · 연기(煙氣) · 물소리 · 봄 날 · 꾀꼬리 · 꽃잎 · 바위 · 하늘 · 푸

른숲·벌레·갈매기·과일·산골마을·시골길·꿀벌·구름·나비·꽃길·꽃밭·민들레·산새·저녁노을·아침이슬·진달래·바람·달빛·바다·까치·오솔길·푸른 초원 등등 지극히 목가(牧歌)적인 분위기에서, **'자연'을 가장 엄숙히 사색하고 있다.**

여기에서 더 나가, 인생 자체를 자연의 일부분으로 보면서 사유(思惟)의 지평을 넓혀나가고 있다. 본래, 인간 자체가 자연의 일부분이 아니던가. 잠시 잠깐 이것을 잊고 사는 우리 인간들에게 **'자연의 그 위대한 본질'**을 일깨워 주고 있는 것이다.

보잘 것 없는 작은 귀뚜라미가 한낱 미물(微物)인 것 같지만, 실은 미물이 아님을 보여준다. 자연은 생물과 무생물 그리고 크고 작음을 서로 비교할 수 있는 대상이 아니다. 생물이든 무생물이든 크든 작든 자연은 오직 하나의 위대한 자연일 뿐이다. 그렇기에 귀뚜라미에 의탁한 〈작품 21〉에서 자신의 심사를 매우 효과적으로 표출시키고 있다. 그냥 들리는 단순한 귀뚜라미소리일 수도 있을 터인데, 시인의 귀에는 사랑과 죽음의 **교차적인 엄숙한 '기도(祈禱)'로 듣고 있다.** 그래서 다음 생에는 아련히 들리는 귀뚜라미소리로 다시 태어나고 싶다고 노래하고 있음이다.

살아 있는 생물뿐만 아니라 죽음의 껍질일 수도 있는 자연의 저 **'낙엽'**까지도 연민(憐憫)의 정을 불러일으키도록 하고 있다. 살아 있었을 때의 생명력 넘치는 영롱한 잎사귀와 그 생명력을 잃어버리고 떨어져 나뒹구는 낙엽과의 관계에서도 **'자연의 순환성(循環性)'**을 치밀하게 유추(類推)하기도 한다. 벌써, 여기에서 그가 얼마나 자연에 푹 빠져 있는 **'시인'**인지 짐작하고도 남는다.

〈작품 26〉과 〈작품 27〉에서는 극명하게 삶과 죽음의 속성을 잘 표현하고 있다. 공자도 **"생(生)을 모르거늘 어찌 죽음을 말하리오"**라 했다는데, 류 시인은 **'탄생이 곧 죽음이요, 죽어야만 새로이 저 찬란한 꽃**

잎으로 다시 태어날 수 있다'라고 하는 가장 근원적인 사색과 통찰을 하고 있음을 본다. 생물학적인 죽음을 통하여 또 다른 생을 꿈꾸고 있음이다. 그래서 **'낙엽과 눈물과 꽃잎'**으로 다시 태어나고 싶다는 맑은 갈망의 염원을 표출시키고 있다.

이렇게 하늘에 보내는 기구(祈求)의 시(詩)로, 흠향(歆饗)하게 하고 있음을 알 수 있는 그 외 여러 편의 시들이 있다. 이 시들은 산자와 죽은 자가 서로 영혼을 교환할 수 있도록 **'삶과 죽음'을 자유로이 넘나드는 시상전개(詩想展開)**로 우리들 마음을 더욱 애틋한 감동의 세계로 빨려들게 하는 **'아주 묘한 마성(魔性)'**을 갖고 있다.

우리의 인지상정(人之常情)의 영별(永別)인 생자필멸(生者必滅), 회자정리(會者定離)의 **그 심원한 돈오(頓悟)의 경지**를 체득한 류 시인만이 노래할 수 있는, 독특한 **'개성적 어법'**으로 해득(解得)되는 바이다. 빈방에 스며드는 그 고요한 달빛처럼, 가슴 깊숙이 파고드는 그 아련함이 한없이 뭉클하다.

III. 계절을 사색(思索)하다

가을이란 무슨 의미인가. 가을은 어떠한 모습으로 우리들 앞에 오는가. 류 시인은 유독 **가을의 이미지를 다양하게 포착하려고 '고심(苦心)'한 흔적이 많이 있다.** 그것은 아마, 가을이 **'결실과 사색'**의 계절이기에 더욱 그럴 것이다.

봄에는 겨우내 얼어붙은 밭을 갈고 씨를 뿌려 새로운 한 해를 준비해 나가는 시기이다. 모든 만물이 다시 소생(蘇生)하는 봄의 그 아름다움도 시인은 놓치지 않고 있다. 이것은 장(章)을 달리하여 다음 **'자연 찬미 항목'**에서 고찰하고자 한다.

그리고 여름이란 계절은 또 어떠한가. 뜨거운 햇볕에 온 몸을 데여가며 김매고 거름 주고 힘들게 곡식을 가꾸어 나가는 그런 시기가 아닌가. 모든 곡식은 진초록으로 흐드러져 폭염과 소낙비 속에서도 **당당하게 '열매' 맺어나가는 계절이 아닌가.** 이 활기찬 여름을 지나, 결실의 가을에는 추수와 수확을 하는 풍요로움과 풍성함이 있다. 힘들었던 일 다 잊고 기쁨을 만끽하기도 한다. 온갖 어려움을 극복하고 참으로 보람을 느끼는 **수확(收穫)의 계절이다.**

그리고 또 특히 **우리나라 가을 날씨**는 그 얼마나 좋은가. 눈부시게 청명하고 하늘은 더없이 높고 푸르다. 그래서 시인은 **'가을의 풍경으로 다시 태어나고 싶어 하는 소망'** 을 아주 감동적으로 그려내고 있다.

작품 1·2·3·94·95·96 등의 작품에서 집중적으로 드러나고 있다.

온갖 우주 만물이 태어나고 자라고 죽고, 또 태어나는 이 **'순환원리'** 가 하늘의 이치(理致)임을 우리 스스로 깨닫게 한다.

 가을은, 파란 하늘 맛이에요! 참으로 시원하고/상쾌해요! 저는, 그런 가을로 태어날래요!/달콤하게 내민, 과일들의/작은/손들이 참 예뻐요!/하느님의/은총이, 저 과일들의/손(手)에! 가득가득 넘치도록, 쥐어져 있네요!/햇빛이, 한창 일하는 들판에서! 벌써, 바람도/노랗게 익어! 건드리면,/금방이라도!/단물이/톡! 하고, 터질 것 같네요!/저는, 그런 상큼한 가을로 다시 태어날래요!/…… 〈작품 1〉중에서

시인은 볼 수 없는 것을 보는 눈, **'신비안(神秘眼)'**을 가지고 있다. 또한 평범한 범인(凡人)들이 느낄 수 없는 것들을 천부적으로 느끼고 있다. 어떻게 가을의 맛이 파란 하늘 맛이라 하는 지, 어떻게 과일 속에 하느님이 들어와 계시다고 할 수 있는 지, 어떻게 바람이 노랗게 익어 건드리면 그냥 단물이 톡 터져 나올 것 같은 지, 상식의 눈으로는 풀길이

없다. 그러나 **류 시인에게로 오면 그 모든 것이 다 '가능(可能)' 해진다.**

그만큼 사물의 **본질(本質)을 꿰뚫어 보고 있다. 만물의 이치(理致)를 아는 것이다.** 이 세상에는 저절로 이루어지는 것은 단 하나도 없음을 이미 알고 있는 것이다. 조그마한 과일 하나가 익기까지에도 어떠한 과정을 거쳐야 하는 지, 시인은 이미 경험을 통해 잘 알고 있다. 모든 생명체는 하늘의 도움 없이는 살아갈 수 없다. 그것을 '**하느님의 은총**'이라 했다. 하늘의 도움을 받고 사는 것이다. 아니 하늘에 늘 푹 젖어 사는 것이다. 하늘이 깊숙이 스며들어온 것이다. 하늘은 자연이다. 하늘은 우주만물의 포용(包容)이다. 가을에 빨갛게 익은 과일 앞에 섰을 때, 하늘도 어느새 파랗게 익어 우리들 눈[目]속 가득 단맛이 돌고, 들녘의 곡식들도 어느덧 누렇게 익어 바람에 어깨춤이 절로난다.

궁극적으로 류 시인은 '**달콤하게 익어 빨갛게 달려오는 저 과일들의 친구**'이며, 그러한 가을하늘로 죽어, 다시 태어나고 싶다는 염원을 발(發)하고 있다. 〈작품 2〉에서도 이러한 사고의 지평을 더욱 넓혀가고 있다.

인간의 생명을 지배하는, 동그란 금빛 제왕이!/무릎 꿇고, 깊이 고개 숙인 저 황금벌판!/저는, 그런 가을로/태어날래요!/......./가을 햇빛이 지배하는, 저 눈부신 황금빛 나라!/죽어도 영원히//저는, 햇빛 같은 그런 저 위대한 제왕이 되고 싶어서 그래요!! 〈작품 2〉중에서

이번에 류 시인이 펼쳐내는 제34시집 『가장 아름다운 초월(超越)』의 특징 중의 하나는 바로 '**친절한 논리적 수사학(修辭學)**'이다. 왜 그런지를 구체적으로 잘 부연(敷衍)하고 있다. 이것도 류재상 시인의 '**시적 기법(詩的技法)'의 하나다.** 가을 햇빛이 곡식에 깊이 스며들지 않으면 들판은 황금물결을 이룰 수 없음을 시인은 너무 잘 알고 있다. 가을 햇

살의 위대한 힘과 그 역할을 충분히 인식했기 때문이다. **'가을 햇빛'**이 궁극적으로 인간의 생명까지도 지배하고 있음을 안다. 가을의 이미지를 여러 갈래로 유추해 가는 **참으로 '신기(神技)' 하고 아름다운 시(詩)다.**

파란 하늘에, 빨갛게 달린 달콤한 풍경(風景)! 저는,/그런 감(柿)이 익는 가을 풍경으로 태어날래요!/가을 들판을 애무하는,/하느님의 저 촉촉한 입술!/오곡(五穀)을/저렇게 노랗게/익게 하는, 하느님의/그 따뜻한/손길! 저쪽에서 과일들이 막 깔깔거리는, 하느님의/저 빨간 웃음소리! 눈[目]이 시리도록 파란 하늘에,/.......〈작품 3〉중에서

하늘이 들어가지 않고서 이루어지는 일은 단 하나도 없다고 단언(斷言)하리 만큼 **'인간의지(人間意志) 밖의 영역'**을 인지(認知)하고 있음을 위의 작품은 보여주고 있다.

작은 단추〈키(key)〉하나만 뽕뽕 누르면 온 세상이 하나로 마음대로 연결되고 소통되는 이 최첨단 **'21C IT시대'** 인데도, 그래도 자연(自然)은 그 무엇보다 가장 위대하고, 우리의 행복한 삶을 창조하는 데 전적으로 가장 유효(有效)한 존재다. 자, 한번 보자. 봄날에 다시 돌아오는 새싹도, 4월의 저 황홀한 꽃잎도, 5월의 신록도 가을의 빨간 과일 속에 가득 담기는 저 달콤한 과즙의 생산도 **다 '하늘' 의 저 부지런한 손길이 아니던가.** 죽고 사는 생명의 생사(生死)의 관리도, 눈비내리는 계절의 바뀜도 또한 날씨와 습도와 온도까지 **다 '하늘' 이 하시는 일이다.** 이 자연의 조화(造花)를 만들어 주시는 주체(主體)가 바로 절대자 **'하느님'** 임을 감히 우리들 앞에 똑똑히 보여주고 있다. 하느님의 촉촉한 입술과 깔깔거리는 웃음소리까지 우리에게 느끼게 하는, **'절대감각'** 의 소유자가 바로 **류재상 시인이다.** 참으로 영험(靈驗)한 시인의 촉수(觸

手)라 하지 않을 수 없다.
〈작품 94〉에서는 이러한 점을 더욱 심화(深化)시키고 있다.

하늘은, 표정(表情)이에요! 예민한, 그분의 표정이에요!/그분의 뜨거운 입술은, 올해도 빨갛게 꽃피우는/저 봄바람인걸요!/방긋 웃는 그분의 예쁜 보조개가,/벌써 양지쪽 저 노란/개나리로/활짝 피었네요!/……〈작품 94〉중에서

만연(漫然)한 봄 풍광을, **'의인법'을 활용하여 질편하게 잘 늘어놓고 있다.** 뜨거운 입술의 봄바람, 예쁜 보조개 같은 노란 개나리, 파란 풀잎들은 봄비[春雨] 그 엄마 젖꼭지를 물고 있는 듯 하고, 맑은 물빛은 그분의 그윽한 눈빛이고, 상냥한 말솜씨는 6월의 장미꽃으로 비유하고 있다. 이것을 **'하늘의 다양한 표정'**이라고 묘사하고 있다. 하늘의 고운 마음씨는 주렁주렁 열리는 과수원집 저 빨간 사과라 하고, 이렇게 모든 생명들을 태어나게 하고 잘 자라게 하고 또 익어 열매 맺게 하는, 저 파란하늘로 다시 태어나고 싶다는 갈망으로 매듭짓고 있다.

그리고 보니 하늘도 이리 다양한 표정을 짓고 있다는 시인의 심정에 동화(同化)되어가는 느낌을 잠시도 떨구어버릴 수가 없다. 그리고 이렇게 예쁜 모습으로 그려지고 있는 반면, 그러나 또 한편 인간의 **'생사여탈권(生死與奪權)'**을 쥐고 있는 절대 권력자의 무서운 모습도 보여주고 있다.

여보게, 하늘 자네! 자네의 그 무성한 구레나룻, 인간의 저 삶의/고통(苦痛)을! 누가, 참 멋지다 하였는가?/내가, 자네 곁으로 가는 날! 그 시퍼런 구레나룻,/확 잡아! 뽑아버릴 수도 있지마는! 하늘 자네, 언제 봐도/너무 건방져! 저 고귀한 우리 인간의/생명도, 하늘 자네는!/한낱, 하잘 것 없는/아주/작은 장난감으로 가지고 놀고/있지 않는가!/……〈작품 95〉중에서

우리 인간의 명(命)줄을 쥐고 있는 '**하늘**'이다. 하늘이 부르시면 가야한다. 그것이 순리(順理)이다. 안가겠다고, 안가겠다고 아무리 그렇게 발버둥 쳐봤자 헛일이다. 그것을 시에서는, '**이 나라 그 잘난 대통령도 한낱 하늘의 작은 코털에 지나지 않는다.**'고 일괄하고 있다. 유한한 생명의 한계를 일침(一針)하고 있다.

'**만물을 살리시는 것도, 죽이시는 것도 하늘이다**'라는 사유를 여러 가지 비유로 풀어놓고 있음을 본다. 인간의 그 고귀한 생명도 한낱 '**자기의 장난감**'처럼 가지고 노는 하늘이기 때문이다. 이렇게 삶의 시작부터 삶의 마지막 끝까지 하늘이 들어가지 않고서 되는 일이 아무 것도 없다는 것이다.

거기에서 우리 인간들은 **절대로 '겸손(謙遜)'해야 한다.** 인생은 가을 길목의 연약한 풀잎과도 같은 존재다. 바람에 흔들리는 풀잎은 금방 이내 마르고, 그 찬란한 꽃잎 역시 곧 시들고 만다. 우리 인생도 어느새 풀잎처럼 사라진다. 그래서 영원한 시간은 오직 하늘나라에만 있다는 것을 직시(直視)하게 된다. 이 깨달음은 한 개인의 세계관을 넘어 우리의 '**존재원리(存在原理)**'가 된다. 그래서 우리는 **류 시인의 '시(詩)'**에 더욱 공감하게 된다.

세상만사에는 다 '때' 가 있는 법. 지금까지 거둬들인 달콤한 열매만 즐기며 살아갈 것인가. 아니다, 우리의 삶 그 자체 과정에서 볼 때, 씨 뿌리는 과정이 있고, 알찬 삶의 열매를 풍성히 거둬들이는 과정이 있다. 이 과정들을 충실히 인간으로서 살고 난 다음에는, 절대 거역할 수 없는 **하늘의 부르심에 흔쾌히 응해야 한다.** 이것이 곧 천시(天時)를 거두는 '**자연의 이치(理致)**'이기 때문이다. 하늘이 바로 우리의 모든 삶의 씨를 뿌리고 거둔다는, 이 엄중한 이치를 참 알뜰히도 뜨겁게 밝혀 놓고 있다.

Ⅳ. 세태를 개탄(慨歎)하며 일갈(一喝)하다

  月葉 류재상 시인은 **예리한 비평의식**과 현실을 직시하는 **안목(眼目)**이 높고도 깊음을, 여러 작품에서 다양한 방식으로 표출시키고 있다. 그만큼 감각이 살아 있고, '**세상사(世上事)**'를 놓치지 않고자 하는 꼿꼿한 인식(認識)이 조용하면서도 부드러운 어조 속에 강하게 드러나 있다.
  작품 5 · 7 · 8 · 23 · 31 · 38 · 49 · 51 · 57 · 80 · 82 · 86 · 90 · 98 등의 작품에서 더욱 사실적이고 리얼하게 드러나고 있다.

  가장 존경(尊敬)스러운, 작은 벌레! 그 어떤 가혹한/환경도, 오히려 삶의 향기로 만들어가는/저 처절한 생존!/저는, 그런 작은 개미로 태어날래요!/저 잘난, 인간은 싫어요!/돈 때문에, 싫어요!/눈물 나는 저 차별 때문에,/싫어요!/거짓말 같은/무서운 저 종교(宗敎) 때문에,/냄새나는 저 권력 때문에, 인간은 정말 싫어요!/.......〈작품 5〉 중에서

  소위, 만물의 영장이라고 하는 인간이 오히려 작은 '**벌레**' 만도 못하다는 깨우침을 실어 놓고 있다. 인간 세상에서 빚어지고 있는 온갖 추악 · 추잡한 일들을 함축적으로 나열하고 있다. 독자들로 하여금 인간이 부끄러워 차마 고개를 들 수 없도록 반성(反省)하게 만들고 있다.
  〈작품 7〉에서도 "......**당장 얼어 죽을 놈들이 어디 한 두 명뿐인가요, 그 동안 이 세상이 얼마나 쌀쌀하고 추워졌나요?**......"라고 하여 세상인심이 각박해졌다는 것을 직시(直視)하며 지적하고 있다. 세상이 추워지면 추워질수록 밤하늘에 영롱하게 빛나는 '**겨울 밤하늘의 별빛으로 태어나고 싶다**'는 맑고 깨끗한 마음을 노래하고 있다.

더 나아가서 세상에서 가장 더럽다고 하는 '**걸레**'에 인간을 비유하고 있는 아래의 시편을 보기로 하자.

깨끗함은, 걸레의 한없는 희생(犧牲)이에요! 걸레를, 그렇게/더러워하지 마세요! 사람 같으면, 가장 위대한/성인(聖人)이에요! 걸레 같은 놈이라/욕한다면, 당신이/오히려 가장 더러워져요!/깨끗함을 강조하는 놈치고,/깨끗한 놈이 어디/세상에 한 놈이라도 있던가요?/……./알고 보면!/마음속에, 시꺼먼 욕심(慾心) 냄새 안 나는 사람이 어디 있나요?/아랫도리에, 이상한 비뇨기냄새 안 나는 사람이 또 누가 있나요?/그렇게 모두들, 너무 깨끗한 척 하지 마세요!…….〈작품 8〉 중에서

우선, 소재의 독특함이 눈에 띈다. 문학의 에센스라고 하는 시 형식에서 '**걸레**'라는 소재어(素材語)를 선택한, **시인의 '문학적 의미부여' 방식이 매우 탁견(卓見)임을 지적하고 싶다.** 사람들이 더럽다고 하는 걸레지만, 류 시인은 사람들이 걸레만도 못하지 않느냐고 오히려 '**대로(大怒)**'하고 있다. 깨끗한 놈 하나 없는 세상, 제 아랫도리 하나 제대로 단속 못하는 놈들이 수두룩한 이 세상에서, 오히려 걸레의 **위대한 희생성(犧牲性)**, 그 깨끗함을 대조적으로 부각시키고 있다.

그래서 〈작품 31〉과 〈작품 38〉에서는 짐승들보다 더 시끄럽고 수다스럽게 타락한 세상에, 끝까지 인내하며 고요히 홀로 살아가는 저 '**들국화**' 나, 그리고 길가에서 언제나 짓밟히며 쓰디 쓴 아픔만을 먹고도, 이 나라 **그 긴 역사(歷史), '오천년 동안'** 노랗게 콧노래 부르며, 절대로 죽지 않고 살아남은 저 작은 '**민들레**'로 다시 태어나고 싶다고 하였다. 들국화와 민들레의 이미지가 지극히 감동적인 시적 의미망(意味網)으로 결합하여 더 한층 상승적 효과를 가져 오게 한다.

아래 작품에서는 짐승만도 못한 인간이라 하여, 포효(咆哮)하는 호랑이의 이미지와 대조시켜 더욱 뚜렷이 보여주고 있다.

자유를, 완전히 죽인 동물원의 호랑이! 그래도 밤마다/포효(咆哮)하는, 아직도 살아있는/저 위대한 야성(野性)!/저는,/그런 분노로/태어날래요!/가장 위대하다고, 자만(自滿)하는/우리 인간들!/알고 보면,/한낱/길들여진 사회적 동물!/타고난 야성을 죽인, 우리 안에서 사는 가장 비참한/동물!/......./보이지 않는, 권력의/채찍으로!/엄밀하게/길들여지는,/우리들의 현실!.......〈작품 49〉 중에서

 진정한 의인(義人)이라면, 아니 인간다운 인간이라면 **분노해야 할 때 분노할 수 있어야만 한다.** 그러나 오늘날 우리 현대인은 어떠한가. 마치 우리 안에 갇혀 있는 **'호랑이' 만도 못하지 않는가 말이다.** 우리 안에 갇혀있는 호랑이는 그래도 본연의 역할을 잊지 않고 **'밤마다 포효하면서 위용(威容)'** 을 보여주고 있다. 그런데 인간은 사회적 동물로 길들여져, 반드시 말하고 지적해야 할 때, 그렇게 하지 못하는 **아주 비굴한 '바보'로 전락하고 말았다는 것이다.** 이러한 지적이 〈작품 90〉에서는 파리보다도 못한 인간이라고 일갈(一喝)하고 있다. 파리를 더럽다고 하는 인간이지만, 파리의 눈으로 인간 세상을 들여다보면 파리보다 더 더럽고 하찮은 것이 오히려 인간들이란 것이다. 부질없는 인간의 헛된 욕망을, 〈작품 98〉에서는 **'하루살이'** 에 비유하여 **'죽음 속에 담겨있는 삶의 의미를 직접 목숨 던져 알려 주시는 스승'** 이라고까지 하였다.

 도대체 올바른 인간 삶이란 과연 어떤 삶인가. 류 시인은 다양한 소재를 동원하여 날카로운 비평의식과 차분한 현실직시로 올바른 삶의 모습을 보다 실감나게 보여주려고 하고 있다. 세상사(世上事)를 놓치지 않고 주시하고 있으며 감각이 시퍼렇게 펄펄 살아 있음을 느끼게 하고 있다. **'냉철한 인식'** 의 곤추세움에, **우리들에게 정신 바짝 차리고 '옷깃'을 똑바로 여미게 한다.**

그러한 인간 세상에 비하여, 적막과 고독을 이겨내며 그 추운 겨울에도 언 땅 밑에서 두 눈 부릅뜨고, 그 연약한 뿌리로 질기게 버텨내며 살아가는 저 '**잡초(雜草)**' 같은 산천초목은 얼마나 의연한가. 야비한 우리 인간 세상을 다시 한 번 엄숙히 되돌아보는 반성의 순간이다. 정곡(正鵠)을 찌르는 이 번득이는 '**혜안(慧眼)**'에, 우리가 어찌 분연(憤然)한 기상을 불러일으키지 않을 수 있겠는가. 이 순수 증류수 같은 류 시인의 세상사 개탄(慨歎)에 우리는 언제까지 모르는 척 외면할 수만 있겠는가?!

V. 자연을 향한 찬미가(讚美歌)를 부르다

'**화소성미청(花笑聲未聽)**'이라 하여 꽃은 웃고 있지만 그 소리는 듣지 못하고, '**조제루난간(鳥啼淚難看)**'이라 하여 새는 울고 있지만 그 눈물은 볼 수 없다는 말이 있다. 이러한 자연의 찬미가를 月葉 류재상 시인은 탁월하게 많은 작품들에서 잘 그려내고 있다.

작품 11 · 12 · 19 · 20 · 37 · 39 · 40 · 53 · 60 · 66 · 70 · 71 · 72 · 74 · 75 · 77 · 78 · 79 · 91 · 100 등의 작품에서 자연의 순수함과 자연의 섭리를 맑고 투명하게 그려 내고 있다.

〈작품 11〉에서는, '**하늘이 파랗게 내려와 노는 산골마을로 태어날래요**'라고 노래하고 있다. 산골마을의 그 깨끗함 · 맑음 · 행복에 겨운 새소리 · 노래하듯 흐르는 맑은 물소리 · 바람이 놀다간 자리에 흰 구름 내려와서 춤추고 노래하는 그곳이, 바로 **영혼이 더렵혀지지 않는 '산골마을'** 이다.

〈작품 12〉에서도 '**빨간 사과 한 알, 햇빛과 결혼해서 달콤하게 신혼을 즐기는 행복한 가을날**'이라 했다. 참으로 멋진 **자연의 찬미가(讚美**

歌)가 아닌가. 산비둘기 짝 지어 나르는 눈부신 파란하늘과 앞산 가득히 담긴 오색찬란한 단풍, 빨갛게 익어가는 사과 한 알의 그 달콤한 행복을 읊조리고 있다.

〈작품 19〉에서는 지극히 유아적(幼兒的)이며 아름다운 동심(童心)으로 자연을 노래하고 있다. 언어 자체가 지극히 **'목가(牧歌)적'**이다. 윙윙거리는 꿀벌을 친척으로 묘사한 의인법에서도 감탄이 절로 나온다. 꽃길 따라 피어난 장미꽃 속에 한 마리 작은 벌레로 살고자 하는 시인이다. 그윽한 꽃향기를 대화로 삼으며, 하늘의 뭉게구름을 가장 멋진 오빠로, 뚝뚝 눈물 흘리는 그 빗방울을 친구로 삼는, 그야말로 **'자연에 완전히 동화·몰입(沒入)되는 그런 경지'**를 희구하고 있다.

물빛 속에 숨겨 논 비밀이, 바로 저 물소리예요!/물소리는/지금도, 산속에서 싱싱한 고요를 낚고 있네요!/……./물소리는, 앞이 막혀/돌아갈수록!/낭떠러지에/떨어져,/절망할수록! 더욱 황홀한,/음악인걸요! 저는, 그런 물소리로 다시 태어날래요!……〈작품 37〉 중에서

마치 싱그러운 초록빛언어의 속삭임이 **'귀[耳]'를 간지럽혀 주는 듯하다.** 맑은 물소리의 청아(淸雅)함이 일렁이는 듯하다. 현대생활에 찌들어 덕지덕지 때 묻고 먼지 묻은 우리의 영혼을 깨끗이 씻어주는 듯하다. 이러한 물소리를 **'아내에 비유하여'** 세상에서 가장 아름다운 물소리 같은 아내와 살고 싶다는 그 속마음을, 마지막 결연(結聯)에서 얼핏 비추어 줌으로서, 더욱 부수적인 효과를 가져와 시적(詩的)인 맛과 멋을 한껏 끌어내고 있다.

〈작품 39〉와 〈작품 40〉에서는, **'두둥실 어깨춤을 추는 저 하늘의 뭉게구름 같은 낭만파(浪漫派) 시인'**으로 다시 태어나고 싶다는 소망을 피력(披瀝)하고 있다. 또한 **'꽃 피는 4월의 봄바람으로 태어날래요'**라

고 읊고 있다. 뭉게구름과 봄바람의 이미지가 서로 조우(遭遇)하여 전원(田園)적 아취(雅趣)를 한 폭의 아름다운 **'수채화(水彩畵)'처럼 펼쳐 보이고 있다.**

이어진 작품들에서는, 산딸기·소나무·초록빛 시인(詩人)·실개천·아지랑이·작은 씨앗 하나·작은 열매·아침이슬·시원한 여름 바다·건강한 초록빛 여름·호젓한 오솔길·5월의 눈부신 신록·아카시꽃·장미꽃나라·작은 제비꽃·진달래·초록빛 풀잎들·순백의 천사 같은 하얀 눈[雪] 등 우리 주위의 그 흔하디흔한 **'자연적 소재'**들을 취하여 보다 아름다운 작품으로 승화시키고 있다.

자연 속에 숨어사는 **'은자(隱者)'의 깊은 삶을**, 아래의 시는 참 고요하고 아름답게 노래하고 있다. 류 시인의 고즈넉함을 감지(感知)하게 한다.

집 두어 채, 뚝뚝 눈물처럼 떨어져 사는! 저는, 그런/산골마을 고요로 태어날래요! 사람은 원래가, 외로운/존재(存在)!/가장 외로울 때, 가장 위대한/존재가 되는 법(法)!/혼자 있을 때,/비로소 하늘을 가장 가까이/느낄 수 있고!/꽃과/ 열매에서, 나무들의/그 다정한 목소리가 들리는 가장 황홀한 시간(時間)!/저쪽에서, 고요히 홀로 계시는 외로운 돌부처 한 분!/죽음보다 더 고요하게/살아도,/누구나/그 앞에선 무릎 꿇고! 보이지/않는, 때 묻은/속내를 깨끗이 드러내/보이는 성스러운 존재! 저는,/그런 산골마을/고요로 다시 태어날래요!........〈작품 53〉 중에서

참으로 **요요적적(寥寥寂寂)**하지 않은가. **시(詩) 속에 '그림'이 있고, 그림 속에 '시'가 있는 경지가 아닌가.** 쓸쓸하고 휑함 속에서도 툭 터진 분위기, 텅 빈 것 같으면서도 동양화의 여백(餘白)처럼 가득 찬 충만감, 그 얼마나 고요하고 평온한가. 세상이 번다(繁多)하면 번다할수록 더욱 고요할 일이다. 고즈넉이 들어 앉아 묵상(默想)에 잠겨 있을

때, 비로소 들리는 자연의 저 숭고한 숨소리어 귀 기울일 일이다. 류 시인이 시(詩)에서 직시하듯이 **'가장 외로울 때 가장 위대한 존재가 되는 법'**이라 하였다. **진정 아름다운 삶은 저 혼자만의 그 많은 '고독'을 이겨내는 시간들이다.** 그럴 때 나무들의 저 맑은 숨소리와 속삭임을 들을 수 있고, 꽃과 잎이 벙그는 그 행복한 소리도 들을 수 있다. 그때가 바로 내가 나를 **'진실로 사랑해 보는'** 가장 소중하고 가장 황홀한 시간이 될 것이다.

무언(無言)의 자연과 속삭이며 대화(對話)하는 수편의 작품에서, 어쩌면 **'득도(得道)의 경지'**까지 느낄 수 있다.

VI. 자유로움을 구가(謳歌)하다

사람은 누구나 자유로워지고 싶어 한다. 자유롭게 살고 싶어 한다. 창공을 나는 새처럼 얽매이지 않고 훨훨 날고 싶어 한다. 그러나 실제 우리의 삶은 자유롭게 날아갈 수 있는가. 그럴 수 없음을 류 시인은 너무나 잘 알고 있다.

그럴 때 문학의 **'효용성(效用性)'**이 발휘된다. **문학은 '상상(想像)'의 산물(産物)이다.** 우리가 가장 자유롭고 가장 아름답게 꿈꾸고 싶을 때, 비로소 문학의 그 효용성이 발휘된다. 특히 시문학(詩文學)에서는 얼마든지 **비유로 그것을 가능케 한다.** 그 가능성을 작품 4·9·10·13·15·22·24·41·61·62·64·81·87에서 우리는 만족하게 찾아볼 수 있다.

아득히 홀로 날아오르는, 외로운 갈매기! 그/날개 끝에, 한없이 묻어나는/출렁거리는/저 푸른 바다!/저는,/그런/외로운 갈대기로 태어날래요!/······.한없는, 자유를 사랑하는 제 영혼이! 죽어도,/영원히 갈매기//날 개 끝에! 파란

하늘로, 묻어있고 싶어서 그래요!! 〈작품 4〉 중에서

어쩔 수 없이 묶여 살아야 하는 인간들의 삶에 비하여 창공을 자유롭게 날아다니는 갈매기의 삶이 얼마나 자유로운지를 노래하고 있다. **영역과 소유의 개념에서 자유롭다는 시상(詩想)이 새롭다.** 이러한 류 시인의 사유(思惟)는 아주 작은 미물(微物)인 '**나비 한 마리**'로 옮아가고 있다. 〈작품 22〉에서 작은 나비가 온 하늘을 다 소유하고 넓은 들판까지 지배하고 있음을 본다. 얼마나 멋진 발견인가. 푸른 하늘과 넓은 벌판을 애인(愛人)삼아 노니는 한 마리 나비로 다음 세상에 태어나고 싶다고 노래하는 류 시인은, **가장 자유로운 '영혼'의 소유자이다.** 새들의 날개로 태어나 파란하늘을 가장 행복한 세상으로 만들고 싶다는 염원을 〈작품 24〉에서도 아주 감칠맛 나게 표현하고 있다.

〈작품 62〉에서는 "……저 출렁거리는 수평선 너머로 가고픈, 오늘도 이리 오라는 수평선 저 아득한 손짓!"을 망망(茫茫)하게 쳐다보며 영원을 노래하고 있다. '**영원(永遠)**'이란 것은 끝없음이 아닌가. 끝없다는 것은 자유롭다는 것이다. 묶이지 않는 저 **피안(彼岸)의 세계를 꿈꾸어 보는 것이다.**

행복은, 새[鳥]예요! 자유를, 소유한 새예요! 저는, 그런/새로 태어날래요! 제 꿈은, 언제나/탐욕과 집착으로 얼룩진 이 지상(地上)을/박차고!/저 맑고 푸른 하늘을 향해, 마음껏/훨~훨~날아오르고 싶은/새예요!/…….〈작품 81〉 중에서

탐욕과 집착과 짜증스러운 불쾌지수로 가득 찬 인간 세상에 비하여 '**마음껏 푸른 하늘을 날아오르는 새들의 자유로움**'을 진정 구가(謳歌)하고 싶은 것이다. 탐·진·치(貪·塵·痴)로 먼지 묻고 때 묻은 어리

석은 인간들의 '**속물근성**'을, 저 멀리 새의 날갯짓으로 그만 훌훌 날려버리는 흔쾌(欣快)함까지도 보이고 있다. 더 나아가 아득하게 푸르른 초원의 자유로움을 그림처럼 펼쳐 보이고 있다.

……..훨훨 날아 하늘을 막 지배(支配)하고 싶은,/저 아득한 푸르름! 저는, 그런 초원으로 태어날래요!/저 반짝이는, 이슬의 나라! 영롱한 희망이,/마음껏/무지개/ 타고 말[馬]달려보는 저 넓은 푸르른 초원!/……../활짝 날개 펴고, 하늘 높이 날아오르는 저 아득한 풀밭!/커다란 흰 구름이, 날개 접고/하얀/학(鶴)으로/내려앉는!/저 끝없는, 지평선(地平線)!……../하늘 가득히 빨간 점액질(粘液質)로 달려오는, 저 황홀한/저녁노을! 저는, 그런 더 넓은 초원(草原)으로 다시 태어날래요!/……. 〈작품 87〉 중에서

가없는 초원의 지평선에서 뜨거운 태양과 무더위가 한창 신나게 뛰노는 들판을 노래하였다. '**커다란 흰 구름이 마치 학(鶴)처럼 나래를 접고 내려앉는 초원(草原)**'의 그 막힘없는 경지가 한없이 자유롭기만 하다.

경계선(境界線)은 인간이 필요에 의하여 인위적으로 그려 놓은 것이다. 푸른 초원과 풀밭에는 경계가 없다. '**자유로운 의지**' 그 자체이다. 푸른 초원에서 마음껏 노래 부르며 살고 싶다는 시인의 의지가 더 한층 밝고 싱그럽다.

이렇게 눈에 보이는 것 말고도 류 시인에게는 추상적인 개념에서도 자유로움을 보이고 있다. 〈작품 9〉에서는 '**고독의 자유로움**'을, 〈작품 41〉에서는 '**영원(永遠)의 자유로움**'을, 〈작품 10〉에서는 **텅 빈 '허공'을 노래하고 있다.** 고독이나 영원함이나 허공은 형체가 없는 자유로움의 '**극치(極致)**'이다. 이렇게까지 자유로움을 이상향(理想鄕)으로 추구하고 싶어 하는 시인의 의지를, 독자들에게 은연중 감동적으로 각인(刻印)시키고 있음을 확인할 수 있다.

Ⅶ. 나가는 말—온축(蘊蓄)되어온 철학

月葉 류재상 시인은, 신산(辛酸)스러운 삶의 본질을 잘 꿰뚫어 보고 있는 혜안(慧眼)을 가지고 있는 **'영험(靈驗)한 시인'**이다. 그것을 시적 변용(變容)으로 잘도 능청스레 감추는 듯 하지만, 실은 **하고픈 '속셈' 은 하나도 남김없이 다 풀어 놓고 있다.**

온갖 탐욕스러움과 게걸스러운 먼지를 뒤집어쓰고 앉아 있으면서도, 그렇지 않은 척 하는 세상만사를 직시하기 때문에, 다음 세상에는 절대로 그러한 모습으로 다시는 태어나지 않겠다는, **'101편'**의 시를 씀으로써 그것을 역설적으로 보여 주고 있다. 작품마다 힘찬 결의(決意)가 **반복되는 리듬 역시, 시(詩)를 빚어 싫증나지 않도록, 감칠맛을 낼 줄 아는 류 시인만의 독특하고 아주 개성적인 묘한 '작법(作法)'인 셈이다.**

깊게 읽으면 읽을수록 만단정회(萬端情懷)가 표표(漂漂)히 스친다. 왜냐면 류 시인의 무후(無朽)한 마음이 닿고 있기 때문이다. **증류수(蒸溜水)같이 맑고 투명한 시인의 '눈[目]'으로** 온갖 부정과 타락이 횡행(橫行)하는 부조리한 현실을 바라보며, **'다음 세상'**에는 좀 더 좋은 세상, 아름답고 선(善)한 세상이 되기를 바라는 간절한 희구(希求)가 들어 있음을 간과(看過)할 수 없다.

그래서 끝내 시인이 꿈꾸는 세상, 시집『가장 아름다운 초월』은 그 마지막 작품 〈101〉에서 절규하듯 표출하고 있다. **"제가 끝내, 못다/읽고!/넘기던/책장/그대로, 접어/둔/책(册)이!/바로,/저 하늘입니다//하느님, 아버지!!"**라고 이렇게 대미(大尾)를 장식하고 있지 않는가. 참으로 사유의 깊고 깊음을 느끼며 숨을 멈추게 만든다.

'이 세상에서는 이루지 못하고 오직 아버지나라에 가서만 이루어질

수 밖에 없습니다. 인간세상에서는 도저히 불가(不可)합니다. 하느님, 아버지'라고 손 모아 무릎 꿇는 묵상(默想)의 기도가 절절하게 들려오는 듯하다. 가히 압권(壓卷)이요, 대종결(大終結)의 매듭을 확연(確然)케 하고 있다.

위에서 나열한 목차(目次) 외에도 많은 것을 읽을 수 있었다. 순수한 정서를 밑그림으로 **'은은한 달빛처럼 아내 사랑'**을 스며들게 하기도 하고, 부성애(父性愛)를 기반으로 한 **'따뜻한 가족 사랑'**을 감추지 않고 있다. 때로는 강하게 **'민족의식'**을 불러일으키기도 하고, 어느 때는 한없이 부드러운 촉감으로 삶의 흡족한 만족감을 아주 나른하게 안겨주기도 한다. 시종(始終)한 것은 **'하느님의 섭리(攝理) 속에서 자연을 사랑하는 순리(順理)의 철학'**을 견지(堅持)하고 있다는 점에서 중견 시인의 풍모(風貌)를 유감없이 발휘하고 있다.

대한민국에서 이만한 시적 사유(思惟)로, 이만한 시적 변용(變容)을 시도하고 있는 시인을 찾기란 참으로 쉽지 않을 것이다. 다음 시집에서는 또 어떠한 작품들이 나올지 지금부터 자못 기대감을 갖게 된다. 서두에서 말한 바대로, 류 시인은 세상의 잣대와 무관하게 **'대시인(大詩人)'**이라는 그 명예(名譽) 값을 충분히 하고도 남음이 있다.

부화뇌동(附和雷同)하지 않는 **月葉 류재상** 시인의 그 단단한 **'문력(文力)'**이 시대를 이어 이 나라 **'문학사(文學史)'**에 영원히 빛날 것을, 우리 독자(讀者)들은 하늘에 맹세코 믿는다. 끝.

류재상 단상집
시인의 고독한 독백

제9장
삶은 모순(矛盾)이 진실(眞實)이다. 삶은 논리로 설명할 수 없는 매우 극적인 우연과 신비의 세계이기 때문이다.

108. 삶은 모순(矛盾)이 진실(眞實)이다. 삶은 논리로 설명할 수 없는 매우 극적인 우연과 신비의 세계이기 때문이다.

109. 행복(幸福)은 불만족에 만족하는 기술이다.

110. 자만(自慢)은 행복의 한계(限界)다.

111. 사랑은 알 수 없는 가장 애매한 집착(執着)이다.

112. 인내심(忍耐心)은 그 사람의 최대의 유연성(柔軟性)이다.

113. 과속(過速)은 죽음을 가득 싣고 달리는 쾌락이다.

114. 기회(機會)란 긴장의 지속적인 묘미(妙味)다.

115. 살다보면 차라리 바보가 되고 싶을 때가 종종 있다. 이렇게 인생은 참 미묘한 것이다.

116. 삶이란 뜻대로 안 되는 것이 정상이다. 여기에 바로 삶의 신비(神秘)가 있다.

117. 삶의 최고 탄력성(彈力性)은 고통(苦痛)이다. 고통 없는 기쁨은 가장 무서운 슬픔이다.

118. 불만족(不滿足)은 또 다른 강력한 삶의 에너지로 이용할 가치가 있지만, 그러나 만족(滿足)에는 삶이 이용할 에너지가 전연 없다. 사실, 만족이란 삶에서는 얻을 수 없는 한낱 언어적 허구다. 존재하지 않는, 인간의 상상이 만들어 낸 저 아득한 꿈일 뿐이다.

119. 숫자로 만족하여 사는 오류(誤謬)가 현대사회의 치명적인 오류다.

120. 반드시, 사랑이 감사를 낳고, 감사가 행복을 낳는다. 이들 관계는 할머니와 어머니 그리고 딸의 관계와 같다. 그 역순(逆順)은 존재하지 않는다.

류재상詩論
편집을 끝내면서

〈류재상 詩論 편집을 끝내면서〉

시인(詩人)이 추구하는 **'시(詩)의 완벽한 언어적 욕망'** 은, 그 시인이 죽어야만 비로소 끝나는, **무한한 '고뇌(苦惱)'** 의 연속이다.
— 2021년 5월에, 월엽 류 재 상 —

月葉 류재상(柳在相) 시인의 연보

● 출생 및 가족

- 아호: **月葉**
- 1944년 7월 7일(음5월 9일 오후 4시경 탄생), 경남 함양군 안의면 봉산리 석반부락(새주소:봉산길 53)에서 아버지 **류동열(柳東烈)** 과 어머니 **박문숙(朴文淑)** 의 8남매 중 장남(長男)으로 태어나다.(문화 류가 대승공파 33세손)
- 1972년 1월 13일, 장인 **양동석(梁東錫)** 과 장모 **신용순(愼用順)** 의 장녀인 **양정숙(梁正淑)** 과 결혼하여, 큰딸 **선아(仙娥)** 와 작은딸 **지아(芝娥)** 그리고 아들 **용아(龍我)** 3남매를 두다.
- 큰딸 **선아**와 사위 **임재충(林在沖)** 과의 사이에 외손녀 **성하(成河)**· **성희(成熹)** 외손자 **성우(成雨)** 가 있고, 작은딸 **지아(芝娥)**(1973

년 11월 18일생)는 아버지 문학 작업을 돕고 뒷바라지 하느라, 그만 결혼도 깜빡 잊어버린 채 내 문학의 **'가장 위대한 동반자(同伴者)'**. 아들 **용아**(의학박사·성형외과전문의)와 며느리 **명소영(明素英)**과의 사이에 친손 **호빈(浩彬)·호연(浩然)·호준(浩俊)** 3형제가 있다.

◉ **학력 및 등단**
- 1951년에서 1963년까지 안의 초·중·고등학교를 졸업하다.
- 1970년 2월 26일 서라벌예술대학 문학부 문예창작과 4년간 수석으로 졸업하다.
- 1977년 6월 25일 시집 『감하나』로, 未堂 서정주 서문(序文) 추천으로 등단하다.
- 명예시문학박사

◉ **문단활동**
- 詩 5,000편 이상 창작하다.
- 著書, 현재 **41권**(創作시집34권·**詩抄시집4권.단상집(류재상잠언집)1권, 류재상詩歌曲集1권·류재상 詩論1권**) 상재하다.
- 「韓國詩大事典」및「現代詩人大事典」과 그 밖의 문학사전에 등재되다.
- 2013년 7월 7일, 충남 보령시 주산면 작은샘실길58-18 '시와숲길공원'에 〈**류재상詩四千篇創作詩碑**〉를 제자들이 세우다.
- 한국문인협회 제24기 이사(理事) 역임하다.
- 2006년 세계계관시인학술원에서 명예시문학 박사 학위 받다.
- 2006년 8월 31일자로 36년간 고교 국어와 문학교사로 정년퇴임하다

◉ **수상**
- 1999년 제2회 '한국녹색시인상, 수상하다.
- 2000년 제2회 '세계계관시인대상' 수상하다.

· 2001년 제1회 '이육사문학상본상' 수상하다.
· 2009년 제1회 '방촌문학대상' 수상하다.

◉ **출간 작품집**
· 1977년 제1시집「감하나」
· 1980년 제2시집「素朴한 愛國」
· 1983년 제3시집「달콤한 죽음의 演習」
· 1984년 제4시집「大地의 힘」
· 1987년 제5시집「동백꽃」
· 1987년 제6시집「가슴 뛰는 세상」
· 1989년 제7시집「정말 반성해 봅시다」
· 1989년 제8시집「돌아보기(1)」
· 1989년 제9시집「돌아보기(2)」
· 1997년 제10시집「여보, 당신만을 사랑해요」
· 1998년 제11시집「꺾어 심은 나무」
· 1999년 제12시집「과수원집 빨간 사과」
· 2000년 제13시집「하얀 밥풀 하나」
· 2001년 제14시집「시인의 나라」
· 2001년 제15시집「아침 이슬」
· **2002년 단상집「시인의 고독한 독백」**
· 2002년 제16시집「감각. 21」
· 2002년 제17시집「이야기」
· 2003년 제18시집「봄소식」
· 2003년 제19시집「사랑의 詩」
· 2003년 제20시집「가장 싸늘한 불꽃」

- 2004년 제21시집 삼행시「위대한 사람」
- **2004년「류재상詩歌曲集」**
- 2004년 제22시집「파란 풀잎」
- 2005년 제23시집 일행시「寸鐵殺人」
- 2005년 제24시집「詩는 행복해요」
- 2005년 제25시집「가장 촉촉한 沈黙)」
- 2006년 제26시집「행복을 팔아요」
- **2006년 류재상 詩 100選 시집「月葉詩魂)」**
- 2007년 제27시집「황홀한 죽음」
- **2007년 류재상 戀歌(2쇄)「여보, 당신만을 사랑해요」**
- **2008년 류재상 시집「오솔길」**
- 2009년 제28시집「수채화」
- 2010년 제29시집「가장 황홀한 원(圓)」
- 2013년 제30시집「정말 감사합니다」
- 2014년 제31시집「삶의 여백」
- 2015년 제32시집「우리는 모두가 혼자 꿈꾸는 존재」
- 2016년 제33시집「참 새콤한 시」
- **2016년 류재상 戀歌(3쇄)「여보! 당신만을 사랑해요」**
- 2018년 제34시집「아름다운 초월」
- **2021년「류재상詩論」**
- 현재, 저서 41권(創作詩集34권 · 詩抄詩集4권 · 斷想集(류재상잠언집)1권 · 류재상詩歌曲集1권 · 류재상 詩論1권) 상재
- 월간「한맥문학」에, 〈'감동창조(시)' 연재〉(2017년 10월부~2021년 2월까지〈총41회 연재)

5,000편이 넘는 그 많은 '詩'를
"나는 이렇게 썼다!!"

류재상詩論

인쇄일	2021년 10월 29일
발행일	2021년 11월 05일
지은이	류 재 상
디자인	도서출판 평강
펴낸곳	도서출판 평강
	창원시 마산합포구 남성로 28
	☎ 055) 245-8972
	E-mail. pgprint@nate.com

· 도서출판 평강과 저자의 서면 동의 없는 무단 전재 및 복제를 금합니다.
· 저자의 도장이 없는 책을 판매하거나 기증할 수 없습니다.

ISBN 979-11-89341-13-8 03600

※ 이 책은 한국예술인복지재단으로부터 발간비 일부를 지원받았습니다.